Nadia Magnenat-Thalmann
Daniel Thalmann
Jean Vaucher

LE LANGAGE PASCAL ISO

AVEC PASCAL 6000 ET PASCAL UCSD

2° édition

**gaëtan morin
éditeur**

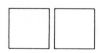 **gaëtan morin éditeur**

C.P.965, CHICOUTIMI, QUEBEC, CANADA,
G7H 5E8   TEL.:(418)545·3333

ISBN 2-89105-056-8

Dépôt légal : 3e trimestre 1979
Bibliothèque nationale du Québec
Bibliothèque nationale du Canada

TOUS DROITS RÉSERVÉS
©1979, 1982, Gaëtan Morin & Associés Ltée
2e édition
23456789 ECL 98765432

Pays où l'on peut se procurer cet ouvrage

CANADA
Gaétan Morin & Associés Ltée
C.P. 965, Chicoutimi, P.Q.
Tél.: 1-418-545-3333

Algérie
Société Nationale d'Edition
et de Diffusion
3, boulevard Zirout Youcef
Alger
Tél.: 19 (213) 30-19-71

Benelux et pays scandinaves
Bordas-Dunod-Bruxelles S.A.
44, rue Otlet
B. 1070 - Bruxelles (Belgique)
Tél.: 19 (32-2) 523-81-33
Télex: 24899

Brésil
Sodexport-Grem
Avenida Rio Branco 133 GR 807
Rio-de-Janeiro
Tél.: 19 (55-21) 224-32-45

Espagne
D.I.P.S.A.
Francisco Aranda n° 43
Barcelone
Tél.: 19 (34-3) 300-00-08

France
Bordas-Dunod
Gauthier-Villars
37, r. Boulard - 75680 Paris
cedex 14 - Tél.: 539-22-08
Telex: 270004

Guadeloupe
Francaribes
Bergevin
Zone des petites industries
97110 Pointe-à-Pitre
Tél.: 19 (33-590) par opératrice
    82-38-76

Italie
C.I.D.E.B.
Strada Maggiore, 37
41125 Bologne
Tél.: 19 (39-51) 22-79-06

Japon
Hachette International Japon S.A.
Daini-Kizu Bldg. n° 302
10, Kanda-Ogawacho 2-chrome
Chiyoda-Ku, Tokyo
Tél.: 19 (81-3) 291-92-89

Maroc
Société Atlantique
140, rue Karatchi
Casablanca
Tél.: 19 (212) 30-19-71

Martinique
Francaribes
Boulevard François Reboul
Route de l'Eglise Sainte Thérèse
97200 Fort-de-France
Tél.: 19 (33-596) par opératrice
    71-03-02

Portugal
LIDEL
Av. Praia de Vitoria 14 A
Lisbonne
Tél.: 19 (351-19) 57-12-88

Suisse
CRISPA
16, avenue de Beaumont
1700 Fribourg
Tél.: 19 (41-37) 24-43-07

Tunisie
Société tunisienne de diffusion
5, avenue de Carthage
Tunisie
Tél.: 19 (216-1) 25-50-00

COLLECTION
Système d'information

- L'ordinateur à la portée de tous, par Jean-Pierre BOUHOT et Lin GINGRAS.

- Conception et implantation de langages de programmation : une introduction à la compilation, par Bernard LEVRAT et Daniel THALMANN.

- Basic et Basic-Plus, par Daniel PASCOT.

- Fortran WATFIV-S, programmation structurée et exercices, par R.C. HOLT, J.N.P. HUME, J. LAVOIE et P.N. ROBILLARD.

- Gestion des fichiers et bases de données, par Nadia MAGNENAT-THALMANN et Daniel THALMANN.

- La conception d'un système d'information, par Hubert TARDIEU, Daniel PASCOT et Dominique NANCI.

- Cobol : une approche structurée à la résolution de problèmes, par Nadia MAGNENAT-THALMANN et Daniel THALMANN.

- Pascal : un outil pour la gestion, par Nadia MAGNENAT-THALMANN, Daniel THALMANN et Jean VAUCHER.

TABLE DES MATIÈRES

12

PREFACE DE LA DEUXIEME EDITION

La grande diffusion du langage PASCAL a rendu nécessaire la définition d'un standard: le PASCAL ISO. Nous avons donc pensé qu'il fallait présenter, dans cette deuxième édition, le langage PASCAL ISO; ce qui nous a évidemment amenés à modifier un certain nombre de définitions et d'exemples.

Nous avons également ajouté 3 chapitres au volume. Le chapitre 25 est consacré à la qualité d'un programme; il montre comment résoudre un problème et quels sont les facteurs principaux dont il faut tenir compte dans l'écriture d'un programme. Les deux chapitres 26 et 27 présentent les principales différences par rapport à PASCAL ISO de deux implantations particulièrement répandues: PASCAL 6000, développé conjointement par l'École polytechnique de Zurich et l'Université du Minnesota et PASCAL UCSD, le système le plus répandu au niveau des micro-ordinateurs et des ordinateurs individuels. Cette nouvelle édition devrait donc permettre à des utilisateurs de PASCAL le développement de bons programmes sur toute une gamme de machines.

PREFACE DE LA PREMIERE EDITION

Introduction

Le langage PASCAL a été créé, vers la fin des années 60, par Niklaus Wirth de l'École polytechnique fédérale de Zurich. Cela répondait à un besoin: celui de disposer d'un langage rigoureux, structuré et d'une certaine façon plus proche de la manière de penser de l'humain. On assistait, en effet, à cette époque, à une crise du logiciel. Ce dernier, développé souvent de manière incohérente et indisciplinée avec des langages limités, était devenu peu fiable et trop coûteux. On s'est, par exemple, rendu compte que les programmes renfermant trop d'instructions GOTO étaient illisibles, difficilement modifiables et peu fiables. La prise de conscience de ces idées a conduit à la programmation structurée et à la conception de langages permettant le développement de programmes lisibles et fiables. De plus, les utilisateurs de programmes écrits dans de tels langages peuvent facilement adapter ces programmes à leurs besoins particuliers.

Le langage PASCAL est le principal langage né de ce courant d'idées; il connaît un vif succès tant en Europe qu'aux Etats-Unis et au Canada, où de très nombreuses universités l'utilisent comme langage d'introduction à la programmation. Implanté tout d'abord sur de gros ordinateurs, PASCAL est aujourd'hui disponible sur la plupart des micro-ordinateurs, ce qui lui donne une nouvelle dimension et va accroître encore considérablement sa diffusion.

Conception et utilisation de l'ouvrage

Chaque nouvelle notion est présentée par des exemples et suscite, pour le lecteur, de nouvelles questions qui sont traitées immédiatement après. L'étudiant apprend ainsi de manière très progressive et naturelle. La syntaxe du langage est présentée, tout au long du texte, par des diagrammes syntaxiques. L'étudiant n'a donc pas à apprendre les règles du langage, mais qu'à suivre les diagrammes.

Nous n'avons pas voulu réaliser un simple manuel d'étude d'un langage, mais plutôt montrer les principales méthodes de conception de bons programmes. Nous insistons tout particulièrement sur des aspects tels que la sécurité, la fiabilité et la lisibilité des programmes. On explique la programmation structurée en introduisant les concepts d'action séquentielles, sélectives et itératives. Les sous-programmes sont amenés en montrant comment un problème peut être résolu facilement par raffinement graduel. Nous avons accordé une grande part aux structures de données pour exploiter les vastes possibilités du langage.

L'étudiant peut, dès le deuxième chapitre, rédiger un programme complet et l'exécuter sur une machine. Le texte contient un grand nombre d'exemples de programmes complets qui ont été exécutés par l'ordinateur. Cela permet à l'étudiant, à chaque notion importante, d'avoir un exemple concret à sa disposition. Il y a également, à la fin de chaque chapitre, une série d'exercices.

Certains d'entre eux sont précédés d'une étoile, ce qui indique que la solution de ces problèmes se trouve à la fin du livre. Pour permettre à l'étudiant de reviser les notions qu'il a apprises, il y a également des exercices supplémentaires; les uns existent sous forme de choix multiple avec les réponses à la suite et les autres sont des exercices d'assez grande importance.

A la fin du livre, on trouve plusieurs annexes. L'annexe A donne une brève introduction à la représentation interne des informations dans la mémoire d'un ordinateur. L'annexe B contient les diagrammes syntaxiques du langage PASCAL dans l'ordre alphabétique (alors que dans le texte, ils sont dans l'ordre logique). L'annexe C contient la liste des mots réservés et des identificateurs standards avec les numéros des paragraphes où ils sont introduits pour la première fois. On trouve aussi une traduction française des mots réservés et des identificateurs standards afin que ceux qui programment en PASCAL français aient la correspondance avec l'anglais. L'annexe D montre comment compiler et exécuter un programme sur une grosse machine (CDC CYBER) et sur un micro-ordinateur (selon la version de l'Université de Californie à San Diego).

Enfin, une bibliographie très complète est mise à la disposition du lecteur et contient de nombreux ouvrages en anglais consacrés au langage PASCAL ainsi que les principaux articles concernant la définition, l'implantation, les extensions, l'enseignement et les applications du langage PASCAL.

Ce livre est le premier ouvrage complet, en français, sur le langage PASCAL. Il répond donc à une demande toujours croissante.

Les auteurs tiennent à remercier Luigi Zaffalon de l'Université de Genève pour ses critiques judicieuses et Hélène Collerette de l'Université de Montréal pour avoir si soigneusement dactylographié le manuscrit.

CHAPITRE 1

INTRODUCTION A LA

PROGRAMMATION

1.1 La programmation

Pour communiquer avec un ordinateur, il est nécessaire d'avoir un langage commun à l'homme et à la machine: un **langage de programmation**. La **programmation** est l'art d'écrire des instructions indiquant à l'ordinateur un traitement à effectuer. Un **programme** est une liste d'instructions à exécuter par l'ordinateur. Ce dernier n'est en fait capable que d'exécuter des instructions extrêmement simples: les 4 opérations, reconnaître si un nombre est positif, etc. C'est la rapidité d'exécution qui fait la puissance d'un ordinateur (millions d'opérations par seconde). Un ordinateur a un langage de base, le langage-machine, dans lequel il est pénible de programmer. On a donc développé des langages plus évolués et plus humains, les langages de programmation et des traducteurs (compilateurs qui traduisent des langages évolués en langage-machine).

1.2 Les langages de programmation

Les langages de programmation se comptent aujourd'hui par milliers; parmi les principaux, citons:

COBOL: le langage le plus répandu dans le monde. C'est un langage à vocation commerciale, proche de l'anglais.

FORTRAN: le langage scientifique le plus répandu. C'est le premier langage évolué important. Il est né en 1956 et a été amélioré par la suite.

ALGOL 60: c'est un langage créé en 1960 par un comité formé avant tout de mathématiciens. Le langage est plus rigoureux, mais il est resté très académique et a maintenant perdu de sa popularité.

PL/1: ce langage créé par IBM est une tentative de réunion de COBOL, FORTRAN et ALGOL 60. C'est donc un langage très complet. Sa diffusion est restreinte en dehors des machines IBM.

PASCAL: c'est un langage dérivé d'ALGOL 60 dont la popularité ne cesse de croître. Il répond surtout à des critères méthodologiques et permet une bonne structuration des données.

ALGOL 68 c'est un langage créé également par un comité. La définition est très rigoureuse et complète. Les implantations sont rares.

APL: c'est un langage créé par IBM. La principale caractéristique est la nécessité d'un «alphabet» étendu à des signes particuliers très nombreux.

D'autres langages sont connus comme: BASIC, LISP 1.5, SNOBOL 4, SIMULA 67, POP-2, ADA.

1.3 La programmation structurée

Au début de la programmation, on essayait avant tout de minimiser le nombre d'instructions d'un programme au détriment de la clarté et parfois de l'exactitude. Aujourd'hui, la programmation est devenue un art et une discipline plus stricte. Le but de la programmation dite **structurée** est l'écriture de programmes clairs et bien construits. On essaie de prévoir comment se comporte un programme dans tous les cas possibles.

Ceci signifie:

— essayer, «à la main», tous les cas possibles si ces derniers sont peu nombreux;

sinon, — essayer les plus significatifs;

— utiliser des méthodes théoriques de vérification de programmes. Cependant, ces méthodes ne sont pas très développées à l'heure actuelle.

1.4 La notion d'action

Un programme peut être défini comme une combinaison de composantes appelées actions. Par exemple, calculer la somme C de 2 quantités A et B est une action qui peut s'écrire: $C \leftarrow A + B$

Imprimer le texte «BONNE JOURNEE» est une autre action qui peut s'écrire:
IMPRIMER «BONNE JOURNEE»

Les conditions de déroulement d'une action peuvent varier. L'action peut être **inconditionnelle**; elle peut s'effectuer selon un critère de **choix**; elle peut être répétée un certain nombre de fois.

Exemples:

1) On désire imprimer le texte «BONNE JOURNEE» seulement si la personne est présente, ce qu'on peut décrire par:
   Si personne présente **alors** imprimer «BONNE JOURNEE»

2) On désire imprimer 5 fois le texte «BONNE JOURNEE», on pourra décrire ceci par:

tant que pas imprimé 5 fois **faire** imprimer «BONNE JOURNEE»

Il est important de noter qu'une action peut être élémentaire ou composée d'actions élémentaires. Pour la suite de ce chapitre, on désignera sous le nom d'action aussi bien une action élémentaire que composée.

1.5 La notion de structure de contrôle

Le déroulement des actions d'un programme peut être contrôlé par 3 types de structures fondamentales:

- i) **Les structures séquentielles**: les actions se déroulent à la suite les unes des autres.
- ii) **Les structures sélectives**: les actions se déroulent selon un critère de sélection.
- iii) **Les structures itératives**: les actions se déroulent plusieurs fois.

Une structure de contrôle est donc un constituant d'un programme, nous ne décrirons que des structures ayant une seule entrée et une seule sortie:

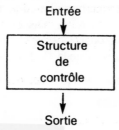

1.6 Les structures séquentielles

La structure séquentielle type est formée d'une suite d'actions $a_1, a_2 \dots a_n$. Chaque action a_i se déroule inconditionnellement après l'action a_{i-1}. Nous pouvons schématiser cette situation par:

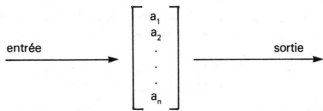

Exemple: Lire 3 nombres K, J et N et imprimer le résultat de l'expression K + 2J - 3N

Les actions à effectuer sont:
a_1: lire K, J et N
a_2: calculer l'expression I = K + 2J - 3N
a_3: imprimer le résultat de l'évaluation de I

1.7 Les structures sélectives

Un programme doit souvent prendre des décisions, c'est-à-dire être capable de répondre à des questions du type:

— Quelle action a_i choisir étant donné la condition C?
— L'action a_j doit-elle s'effectuer?

De telles structures peuvent se ramener à la structure plus générale:

Suivant que

cas 1 : a_1
cas 2 : a_2
cas 3 : a_3
$\vdots$
$\vdots$
cas n : a_n
autre cas : a

Par exemple

Suivant que

le temps est chaud : on va à la plage
le temps est incertain : on va se promener au parc près de la maison
il neige : on va skier
autre cas : on regarde la TV à la maison

2 situations sont très fréquentes:

i) **Il n'y a que 2 cas possibles**
Suivant que
cas 1 : a_1
autre cas : a

ce qui s'exprime plus aisément par: **Si** c'est le cas 1 **alors** a_1 **sinon** a

Exemples

1) **Si** c'est dimanche **alors** je me promène **sinon** je travaille
2) **Si** $x > 0$ **alors** $y \leftarrow \sqrt{x}$ **sinon** imprimer «c'est une erreur»

3) **Si** $x > y + 1$ **alors** $\begin{bmatrix} \text{imprimer } x \\ y \leftarrow y + 1 \end{bmatrix}$ **sinon** $\begin{bmatrix} \text{imprimer } y \\ x \leftarrow x + 1 \end{bmatrix}$

ii) **Il n'y a qu'un cas où une action est prévue**
Suivant que

cas 1 : a_1
on écrira plus volontiers: **si** c'est le cas 1 **alors** a_1

Exemples

1) **Si** la porte est ouverte **alors** j'entre
2) **Si** $x < 0$ **alors** $x \leftarrow -x$

3) **Si** $z > 0$ **alors** $\begin{bmatrix} w \leftarrow z*2 \\ x \leftarrow w + 2 \end{bmatrix}$

1.8 Les structures itératives

Il arrive très fréquemment que des actions doivent être répétées un certain nombre de fois. Il est évidemment nécessaire d'avoir un test limitant le nombre d'exécutions de ces actions. Ce test peut être effectué en début ou en fin de boucle, ce qui conduit aux deux structures itératives suivantes:
1. **tant que** condition vérifiée **faire** a_i
2. **répéter** a_i **jusqu'à** condition non vérifiée

Dans le premier cas, la condition est testée à chaque fois avant d'effectuer l'action a_i tandis que dans le second cas, la condition est testée après l'exécution de a_i.

Exemples

a) **tant que** j'ai faim **faire** je mange une entrecôte
b) **répéter** je mange une entrecôte
   jusqu'à je n'ai pas faim

La différence entre les deux formulations est essentielle, car dans le premier cas, si je n'ai pas faim, je ne mangerai pas d'entrecôte, tandis que dans le second cas, de toutes façons, je mange une entrecôte, même si je n'ai pas faim, car le test se fait après l'action.

1.9 Les règles lexicales, syntaxiques et sémantiques

Un langage de programmation suit des règles strictes qu'il est obligatoire d'observer. On distingue, en particulier, 3 types de règles:

i) **les règles lexicales**
   Un langage comporte un certain nombre de mots dont l'ortographe doit être respectée. Ainsi, en français, la phrase ''Le chient est danz la nyche» possède 3 erreurs lexicales.

ii) **les règles syntaxiques**
   Ce sont les règles de grammaire, elles déterminent quelles sont les phrases appartenant au langage. Ainsi, la phrase «Est niche la chien le dans» n'est pas une phrase française, bien que tous les mots soient lexicalement corrects.

iii) **les règles sémantiques**
   Elles déterminent si une phrase a un sens ou non. La phrase française «La niche est dans le chien» est, par exemple, correcte du point de vue syntaxique, mais n'a pourtant aucun sens.

Il faut aussi remarquer l'importance de la ponctuation dans tous les langages. Une phrase sans ponctuation peut avoir plusieurs sens. Par exemple, en français «Paul dit Jean est bête» peut signifier
   Paul dit: «Jean est bête».
ou   Paul, dit Jean, est bête.

1.10 Les diagrammes syntaxiques

Pour décrire les règles syntaxiques d'un langage, il existe diverses approches dont les deux principales sont
- i) les formes normales de Backus (BNF)
- ii) les diagrammes syntaxiques.

Nous ne décrirons que les diagrammes syntaxiques dans le cadre de cet ouvrage.

Un diagramme syntaxique se compose de 3 éléments principaux:
- i) des rectangles indiquant les symboles **non terminaux**, c'est-à-dire ceux pour lesquels il existe un diagramme syntaxique,
- ii) des ovales indiquant les symboles **terminaux**, ou symboles de base, pour lesquels il n'existe pas de diagramme syntaxique,
- iii) des flèches indiquant l'enchaînement des éléments, et permettant ainsi la construction d'une phrase.

Exemples:
- i) Considérons les 3 diagrammes syntaxiques de la Figure 1.1

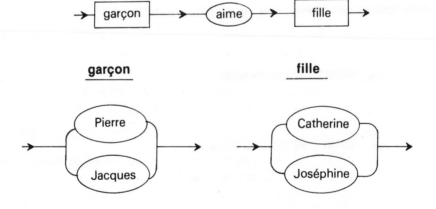

Fig. 1.1 Diagramme permettant la construction de 4 phrases

Ils permettent l'existence de 4 phrases:
Pierre aime Catherine
Pierre aime Joséphine
Jacques aime Catherine
Jacques aime Joséphine

- ii) Un nombre entier, sans signe, peut être représenté par les diagrammes syntaxiques de la Figure 1.2.

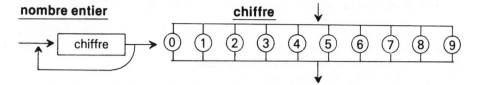

nombre entier

chiffre

Fig. 1.2 Diagrammes syntaxiques permettant la construction de nombres de grandeur quelconque

Les nombres suivants peuvent être ainsi formés:

124   732   0   30   002

Il faut introduire des diagrammes syntaxiques plus compliqués, si l'on désire supprimer les zéros non significatifs (voir exercice 1-5).

1.11 Exercices

* 1.1   Réduire **si possible** les structures suivantes à de plus simples:

a) **Suivant que**
le chien a faim: il mange
autre cas: il dort

b) **Suivant que**
a < 0: imprimer «négatif»
a = 0: imprimer «nul»
autre cas: imprimer «positif»

c) **Suivant que**
a = b: imprimer «les nombres sont égaux»

1.2   Expliquer les différences entre les 3 structures suivantes:

a) **si** j'ai froid **alors** j'enfile une veste
b) **tant que** j'ai froid **faire** j'enfile une veste
c) **répéter** j'enfile une veste
jusqu'à je n'ai pas froid

1.3   Soit la phrase française:
La vache regardait le train passer
Transformer cette phrase de manière à ce qu'elle devienne:
a) lexicalement incorrecte
b) syntaxiquement incorrecte
c) sémantiquement incorrecte

* 1.4   Soient les phrases suivantes:
Pierre boit
Pierre boit une bière
Paul boit une bière
Paul dort
Paul boit un café

Dessiner les diagrammes syntaxiques qui permettent de construire ces 5 phrases et aucune autre.

* 1.5 Dessiner les diagrammes syntaxiques représentant des nombres entiers sans zéro non signicatifs.

CHAPITRE **2**

STRUCTURE D'UN PROGRAMME

PASCAL

2.1 L'impression de texte

Un programme effectue un certain nombre d'actions. L'utilisateur désire, en général, connaître le résultat de ces actions; il exige donc l'impression de résultats, et pour la clarté de ceux-ci, il lui est nécessaire de pouvoir imprimer des textes.

Il existe deux ordres PASCAL permettant l'écriture d'un texte:
i) l'ordre «writeln» qui imprime le texte donné, puis effectue un positionnement au début de la prochaine ligne.
ii) l'ordre «write» qui imprime le texte donné sans aucun positionnement ultérieur.

Le texte à imprimer est encadré d'apostrophes. On appelle un tel texte une chaîne de caractères.

Voici des exemples de chaînes de caractères:
'BONJOUR'
'COMMENT ALLEZ-VOUS?'
'IL FAIT TRES CHAUD'

Si l'on veut placer une apostrophe, dans une chaîne de caractères, il faut la doubler.

p.e.　'L''ECOLE'
'AUJOURD''HUI'

La syntaxe d'un ordre d'impression de texte peut être, pour l'instant, décrite par le diagramme syntaxique de la Figure 2.1.

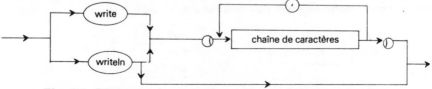

Fig. 2.1 Diagramme syntaxique d'un ordre d'impression

Un certain nombre de remarques peuvent se déduire de la figure 2.1:

i)   Les ordres write et writeln nécessitent l'emploi de parenthèses.
     p.e. write ('BONJOUR')
          writeln ('COMMENT ALLEZ-VOUS')

ii) Il est possible d'imprimer plusieurs chaînes de caractères avec un seul ordre. Dans ce cas, les chaînes doivent être séparées par des virgules.
     p.e. write ('BONJOUR, COMMENT ALLEZ-VOUS?')
          writeln ('ABCD', 'EFGH', 'IJKL')

iii) L'ordre writeln peut être utilisé sans aucune chaîne de caractères et, par conséquent, sans parenthèses. Dans ce cas, il sert uniquement au positionnement, au début de la prochaine ligne.
     p.e. writeln

2.2 La structure d'un programme PASCAL

Tout programme PASCAL a la structure présentée dans la Figure 2.2:

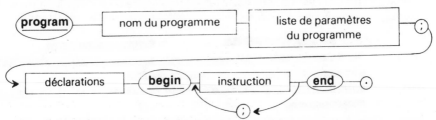

Fig. 2.2 Diagramme syntaxique de la structure d'un programme PASCAL

i)   **program**, **begin** et **end** sont des mots réservés du langage; ils ont une signification déterminée et il est impossible de les employer à d'autres fins. Dans ce livre, les mots réservés sont toujours en caractère gras, sauf dans les exemples imprimés par ordinateur.

ii) Tout programme doit avoir un nom. Ce dernier est un **identificateur**. Le programmeur peut choisir ses identificateurs, mais il doit respecter les deux règles suivantes:
     1. L'identificateur doit être une combinaison de lettres et de chiffres.
     2. Le premier caractère doit être une lettre.

On peut donc représenter un identificateur par la Figure 2.3.

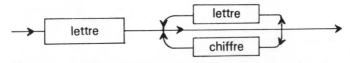

Fig. 2.3 Diagramme syntaxique d'un identificateur

Il n'y a pas de limite au nombre de caractères d'un identificateur; pourtant, seulement un certain nombre de caractères est pris en considération; ce nombre dépend de la machine avec laquelle on travaille, mais vaut entre 8 et 12.

Il est vivement recommandé de choisir des identificateurs ayant une signification. Par exemple, un programme calculant des moyennes peut s'appeler «moyennes».

Les identificateurs suivants sont corrects:

b   premier   somme   treslongnomdeprogramme   a223

Les identificateurs suivants sont incorrects:

22ab   tres ∧ long ∧ nom ∧ de ∧ programme

Le signe ∧ est une convention pour représenter l'espace qui n'est pas autorisé dans un identificateur.

iii) Un programme peut avoir besoin de **paramètres**; leur signification sera étudiée au chapitre des fichiers. Pour l'instant, le seul paramètre nécessaire indique que des informations seront imprimées. C'est le paramètre «output».

Un programme résolvant une équation commencera donc ainsi:

program equation (output);.........

On remarque que le paramètre est entre parenthèses et qu'un point-virgule est obligatoire. Ce signe est un séparateur très utilisé en PASCAL.

iv) Un programme PASCAL contient généralement un certain nombre de déclarations que nous étudierons dans les chapitres suivants.

v) Les instructions du programme sont séparées par des point-virgules; elles sont précédées du mot réservé **begin** et suivies du mot réservé **end.**

vi) Un point termine tout programme PASCAL.

2.3 Exemple de programme d'impression de texte

Nous désirons écrire un programme qui imprime le texte BONJOUR, COMMENT ALLEZ-VOUS? puis saute 3 lignes et imprime TRES BIEN, MERCI ET VOUS?

Ce programme a la forme:

```
program dialogue (output);
begin
writeln ('BONJOUR, COMMENT ALLEZ-VOUS?');
writeln; writeln; writeln;
writeln ('TRES BIEN, MERCI ET VOUS?')
end.
```

Dorénavant, nous ne donnerons pas un programme sous cette forme, mais tel qu'il doit être fourni à l'ordinateur. Le défaut d'une telle forme est que les mots réservés ne sont pas soulignés. Par contre, les programmes ont été de cette manière tous vérifiés et les résultats imprimés par l'ordinateur suivent généralement la liste des instructions du programme. Le listage et l'exécution de ce programme se trouvent à la Figure 2.4.

```
PROGRAM DIALOGUE(OUTPUT);
BEGIN
WRITELN(' BONJOUR, COMMENT ALLEZ-VOUS ?');
WRITELN; WRITELN; WRITELN;
WRITELN(' TRES BIEN, MERCI ET VOUS ?')
END.



BONJOUR, COMMENT ALLEZ-VOUS ?



TRES BIEN, MERCI ET VOUS ?
```

Fig. 2.4 Programme imprimant un texte

2.4 La clarté des programmes

Lorsqu'on écrit un programme, il est très important de le rendre le plus clair possible. En effet, un programme doit être compréhensible aisément par tout programmeur à qui il est transmis. D'autre part, tout programme risque d'être utilisé ou modifié par son créateur des mois, voire des années, après son écriture originale, ce qui n'est facilement réalisable que pour des programmes bien écrits. Si, dans ce livre, des règles de bonne programmation vont être exposées, il faut d'abord considérer les critères de bonne présentation.

1. Les identificateurs doivent avoir une signification.
2. Les instructions doivent être «aérées». Le langage PASCAL n'impose pas un format d'écriture, il est donc possible d'avoir plusieurs instructions sur la même ligne, ou d'avoir une instruction sur plusieurs lignes. On peut ajouter des espaces supplémentaires partout sauf à l'intérieur d'un identificateur, d'un mot réservé, d'un nombre, ou d'une chaîne de caractères. On ne peut pas, non plus, partager un tel symbole sur 2 lignes.

Ainsi, parmi les 4 programmes suivants, les 3 premiers sont identiques; le quatrième est incorrect, car une chaîne de caractères est partagée en deux.

i) **program** essai (output);
   begin writeln ('CECI EST UN EXEMPLE');
   writeln; writeln;

writeln ('IL EST TRES SIMPLE')
end.

ii) **program** essai (output);
begin
writeln ('CECI EST UN EXEMPLE');
writeln;
writeln;
writeln ('IL EST TRES SIMPLE')
end.

iii) **program** essai (output); **begin** writeln
('CECI EST UN EXEMPLE'); writeln;
writeln; writeln ('IL EST TRES SIMPLE') **end**.

iv) **program** essai (output);
begin writeln ('CECI EST
UN EXEMPLE');
writeln; writeln;
writeln ('IL EST TRES SIMPLE')
end.

La première forme est la meilleure; la seconde n'est pas assez compacte, tandis que la troisième est illisible.

3. Le programmeur a la possibilité d'insérer des commentaires dans son programme. Ce sont des explications qui n'influencent en aucune manière le déroulement du programme. Il ne faut pas en abuser, mais un bon programme doit contenir des informations expliquant son but, la méthode utilisée et les intentions cachées du programmeur.

Un commentaire PASCAL se présente sous la forme d'un texte précédé de (* et suivi par *).

p.e. **program** essai (output);
(*ce programme imprime un texte *)
begin writeln ('EXEMPLE DE DÉMONSTRATION');
(* saut de 4 lignes *)
writeln; writeln; writeln; writeln;
writeln ('FIN')
end.

2.5 Compilation et exécution

Le langage PASCAL, que nous utiliserons pour exprimer des programmes, est un langage de haut niveau proche de la langue naturelle. Par contre, l'ordinateur est une machine qui traite des signaux électroniques binaires limités à deux valeurs, soit 0, soit 1 (allumé ou éteint). Le langage de la machine est donc très différent de celui des programmes, et l'exécution d'un programme PASCAL exigera plusieurs étapes préalables de traduction et de codage.

Bien qu'il ne soit pas essentiel de savoir exactement comment fonctionne un ordinateur pour bien programmer, il est utile d'avoir une idée générale pour se fixer les idées. Ceci «expliquera» la nécessité de perforer un programme sur carte et d'y ajouter des «cartes de contrôle», avant de le soumettre à l'exécution.

Dans ce qui suit, nous allons décrire brièvement les composantes principales d'un ordinateur et leur fonctionnement. Nous expliquerons aussi le codage numérique des programmes et des données. Finalement, nous parlerons du rôle de deux programmes utilitaires, le compilateur et le système d'exploitation qui masquent les caractéristiques primaires du matériel et facilitent l'emploi de l'ordinateur.

2.6 Fonctionnement d'un ordinateur

L'ordinateur est une machine qui traite des nombres représentés électroniquement par des suites d'éléments binaires (l'annexe A donne plus de détails sur le codage binaire). On distingue trois catégories de composantes présentes dans tout ordinateur: la mémoire, les unités d'entrée/sortie (organes périphériques) et l'unité de traitement.

La mémoire est composée d'un ensemble de cellules numérotées pouvant chacune contenir un nombre dont la taille maximum est fonction du matériel. On appelle les cellules des «mots» et le numéro d'une cellule est dit son «adresse». Typiquement, la mémoire principale d'un ordinateur moderne peut comporter 100,000 mots pouvant chacun stocker un nombre dans l'intervalle - 2,000,000,000 à + 2,000,000,000.

Les organes périphériques servent à échanger des informations entre la mémoire et le monde extérieur. Ces organes électromécaniques effectuent automatiquement un codage numérique de l'information à l'entrée et un codage correspondant à la sortie. Par exemple, le caractère «B» lu par un périphérique serait transformé en le nombre 2 et, parallèlement, l'envoi du nombre 2 à une imprimante provoquerait l'impression du caractère «B». Un ordinateur typique peut facilement comporter plusieurs dizaines d'unités d'entrée/sortie, par exemple: lecteurs de cartes, terminaux, imprimantes, dérouleurs de bandes, etc. Pour l'identifier, sans ambiguïté, dans les commandes-machine, chaque unité est identifiée par une adresse (numéro) de périphérique.

L'unité de traitement est l'organe exécutif. Elle a typiquement un répertoire d'une centaine d'instructions primitives comme l'addition, la multiplication ou la comparaison de deux nombres, le déplacement d'un nombre d'un mot mémoire à un autre, ou le transfert d'un nombre entre la mémoire et un organe périphérique. Tout comme les mots mémoire et les unités d'entrée/sortie, chaque opération-machine a un code numérique, par exemple: 01 pour l'addition, 13 pour la lecture d'un caractère ou 14 pour l'écriture. L'exécution de ces instructions-machine est très rapide, de l'ordre d'un million à la seconde.

Généralement, le simple code d'opération ne spécifie pas complètement l'instruction; il faut aussi spécifier les opérandes sur lesquelles l'opération doit agir. On devra indiquer, par exemple, que l'addition (code 01) porte sur les nombres contenus dans les mots numéros 13 et 27. Une instruction-machine combine ces informations dans un seul nombre selon un format défini par le matériel: c'est-à-dire que l'ordinateur interprétera les chiffres dans certaines positions d'un nombre comme étant le code d'opération, et d'autres comme étant des adresses. L'addition dont nous avons parlé pourrait donc être codée par le nombre «012713». De la même façon, soit 22 l'adresse du lecteur de carte et 25 celle de l'imprimante, la lecture d'un caractère et son impression seraient codées par la suite des deux instructions suivantes: «132250», «142550» (50 étant l'adresse d'un mot mémoire où stocker temporairement le caractère).

On remarque que les instructions-machine sont des nombres au même titre que les données. Elles seront placées elles aussi en mémoire, pour permettre un accès rapide par l'unité de traitement. Notons que rien ne distingue en mémoire une donnée d'une instruction; le nombre «012713» pourra donc apparaître, dans un mot, comme instruction d'addition et, dans un autre, comme salaire hebdomadaire ($127.13). Cette banalisation de l'information est à la base de la puissance de calcul de l'ordinateur, mais c'était autrefois une source courante d'erreurs dans les programmes.

Bien que l'ordinateur traite exclusivement des nombres, il est donc possible, par le biais d'un **codage** numérique, de lui faire manipuler des caractères ou des instructions-machine, et bien d'autres choses encore. Une information qui peut sembler a priori qualitative comme une couleur pourrait, par exemple, être représentée par trois nombres donnant sa composition en termes de couleurs primaires: 10% de jaune, 30% de bleu et 60% de rouge. (10-30-60).

2.7 La traduction des programmes

Nous avons décrit, en gros, comment fonctionnait un ordinateur. Ainsi, nous avons souligné la disparité qui existe entre le langage numérique «compris» et exécuté par la machine et le langage de haut niveau utilisé pour l'expression d'un programme en PASCAL. Pour être exécuté, un programme PASCAL devra subir plusieurs étapes de codification et de traduction. Mais que le lecteur se rassure; en majeure partie, ces étapes seront effectuées automatiquement par les organes de l'ordinateur et par un programme de traduction, déjà présent dans l'ordinateur. Nous allons, cependant, regarder les transformations successives d'un fragment de programme, afin d'expliquer le processus.

Comme exemple, nous prendrons la lecture d'un caractère et son impression sur l'imprimante. En PASCAL, ceci s'exprime par le code suivant:

```
C : CHAR ;
READ (C) ; WRITE (C) ;
```

«C» est un nom utilisé pour désigner le caractère lu. READ et WRITE sont les ordres de lecture et d'écriture, et la présence du même nom «C», après les deux ordres, indique que le caractère à afficher est le même que celui qu'on vient de lire. Comme indiqué précédemment, le code-machine correspondant à ce travail serait: 132250, 142550.

La première transformation que doit subir le programme, c'est la perforation sur cartes par l'usager. Une perforatrice se présente comme une grosse machine à écrire avec un clavier, à la différence que la dépression d'une touche provoque la perforation d'une colonne de trous dans une carte, plutôt que l'impression d'un caractère sur une feuille de papier. Dans une colonne, 12 positions sont prévues pour des trous (dénotées de haut en bas: 12, 11, 0 ... 9) et à chaque touche correspond une combinaison de trous distincte. La perforation effectue donc une première codification binaire (trou ou pas) de l'information.

La carte perforée pour notre programme est donnée à la Figure 2.5.

Fig. 2.5 Une carte perforée

On note que le «R» en colonne 4 ainsi que celui en colonne 15 sont tous deux codés par les trous «11-9», le point-virgule est codé par les trous «11-6-8» et le blanc est représenté par l'absence de trous. Pour faciliter la détection d'erreurs de frappe, par l'usager, les caractères perforés sont imprimés en haut de la carte; mais pour le traitement informatique, ce sont les trous qui comptent. Bien qu'il existe des organes d'entrée/sortie qui peuvent lire des caractères écrits à la main, le procédé n'est ni rapide ni fiable. La perforation ou l'entrée directe par un clavier de terminal est donc la première étape, dans la soumission d'un programme.

Ce premier codage n'est pas le seul que subissent les informations perforées. Pour un ordinateur donné, chaque caractère a un code interne standard. Sur la CYBER de Control Data, «A» est représenté par le nombre 1, «B» par 2, ... «Z» par 26, le chiffre «0» par 27, le blanc par 45, etc. Ce codage sera fait automatiquement, lors de la deuxième étape: la lecture des cartes par l'organe d'entrée de l'ordinateur. Les dix premiers caractères de la carte seront donc stockés en mémoire par la séquence de nombres: 45 (blanc), 45, 45, 18 (R),

05 (E), 01 (A), 04 (D), 41 (''(''), 03 (C), 42 ('')'').

Nous sommes encore bien loin des instructions-machine désirées. La traduction de la suite de caractères qui forme un programme PASCAL en code-machine se fait par l'intermédiaire d'un programme appelé «compilateur». Ce genre de programme est très utile, et il en existe un pour chaque langage de haut niveau (COBOL, PASCAL, FORTRAN) utilisé sur l'ordinateur. Les compilateurs sont déjà codés en langage-machine et résident en permanence dans une mémoire auxiliaire (disque) de l'ordinateur. On remarquera, dans ce qui suit, que les calculs effectués par les programmes de compilation sont passablement différents de ce qu'on entend généralement par «calcul». Il sera rare qu'un tel programme fasse des additions ou des multiplications; le travail consistera plutôt à examiner les caractères lus tour à tour, afin de les regrouper, à comparer ces groupes avec des mots connus du langage comme «BEGIN», «READ» ou «END» et à produire les instructions-machine correspondantes.

Dans le cas de notre ligne de PASCAL, le compilateur saute par-dessus les blancs du début de carte (code 45) pour regrouper ensemble les lettres (codes entre 01 et 26) du premier mot, READ, sur la carte. Comparant ce groupe de lettres avec le vocabulaire connu de PASCAL, le compilateur reconnaît une instruction de lecture. Sachant le code-machine pour la lecture (13), l'adresse du lecteur de carte (22) et ayant décidé d'un emplacement mémoire, où stocker le caractère lu (mot 50), le compilateur peut produire l'instruction-machine «132250» correspondant à «READ (C)». Un traitement analogue produira l'instruction «142550» comme traduction de «WRITE (C)».

Remarquons que la reconnaissance de l'instruction de lecture «READ (C)» ne provoque pas la lecture immédiate d'un caractère; le compilateur ne fait que traduire. Une fois le programme traduit en entier, il pourra être exécuté directement et c'est seulement à ce moment-là que la copie demandée par le programme sera faite.

Le compilateur a beaucoup de travail à faire, mais les opérations de base sont relativement simples et il lui suffira de quelques secondes pour traduire un programme d'une centaine de lignes.

Le procédé de traduction est mécanique; on ne doit pas s'attendre à une compréhension intelligente du programme traduit par le compilateur. Donc, si le programme ne suit pas exactement les règles syntaxiques et sémantiques du langage, le compilateur ne pourra pas deviner l'intention de l'usager. Par contre, le compilateur pourra signaler les erreurs trouvées, afin que l'usager puisse les corriger. Cette détection d'erreurs est un rôle très important du compilateur, et le langage PASCAL a été conçu pour qu'un maximum d'erreurs puissent être détectées et signalées. Néanmoins, certaines erreurs de logique passeront inaperçues et ne se manifesteront qu'à l'exécution du programme.

L'existence des compilateurs simplifie beaucoup la programmation en permettant à l'usager de faire abstraction des détails d'implantation électronique pour se concentrer sur l'expression logique des programmes. Nous allons maintenant décrire le rôle d'un autre programme utilitaire que vous utiliserez chaque fois que vous soumettrez un programme: le système d'exploitation.

2.8 Le système d'exploitation

Tout ordinateur moderne dispose d'une bibliothèque très fournie de programmes utilitaires. En plus des compilateurs, il y a des programmes pour faire l'analyse statistique des données, des programmes pour dessiner des graphiques sur écrans, des programmes pour la mise en page de textes littéraires et beaucoup d'autres. Le plus important de ces programmes est le système d'exploitation qui gère les activités de l'ordinateur et lance les autres programmes selon les désirs des usagers. Ce programme s'assure aussi que seuls les usagers autorisés aient accès à l'ordinateur, fait la comptabilité des services utilisés et surveille l'exécution pour s'assurer qu'un programme erroné n'accapare pas indûment la machine. Cependant, cette gestion automatique exige que chaque usager spécifie certaines informations additionnelles à son programme en lui ajoutant des «cartes de contrôle» ou «cartes de commandes». Tout programme soumis à l'ordinateur est d'abord lu par le système d'exploitation qui décide du travail à effectuer en fonction du contenu de ces cartes. Dans notre cas, ce sera généralement l'exécution du compilateur PASCAL suivie de l'exécution du programme-machine fabriqué par le compilateur.

Chaque sorte d'ordinateur a un format particulier pour les cartes de contrôle, mais l'information à fournir est sensiblement la même pour tous. On trouvera, dans l'annexe D, des exemples de cartes à utiliser pour faire compiler et exécuter un programme PASCAL sur un ordinateur CDC Cyber qui est une très puissante machine. On trouvera, également, comment compiler et exécuter un programme PASCAL sur un micro-ordinateur, puisqu'il existe un compilateur disponible pour la plupart de ces très petites machines (Pascal de l'Université de Californie à San Diego).

2.9 Exercices

* 2.1 Quels sont les identificateurs incorrects parmi ceux-ci?
a23   a2b3   2ab3   solution   program   anticonstitutionnellement

* 2.2 Ecrire un programme qui imprime les 3 lignes suivantes:
UN DEUX TROIS
QUATRE CINQ SIX
SEPT HUIT NEUF

* 2.3 Ecrire un programme qui imprime:
À
VOTRE
SANTÉ

* 2.4 Ecrire un programme qui imprime:

```
N     N OOOOO EEEEE L
NN    N O   O E     L
N N N O   O EEEEE L
N   NN O   O E     L
N     N OOOOO EEEEE LLLLL
```

CHAPITRE 3

LES NOMBRES ENTIERS

ET REELS

3.1 Les nombres entiers

Ils sont formés d'une suite de chiffres.
   p.e.   42   327   13674

Ils peuvent être précédés d'un signe « + » ou d'un signe «-».
   p.e.   -42   + 327   -13674

Les nombres entiers sont limités en grandeur; celle-ci dépend du type d'ordinateur utilisé (voir appendice A: la représentation de l'information).

3.2 Les nombres réels

Si l'on désire utiliser des décimales, on emploie des nombres réels. Ceux-ci sont formés d'un point (le point décimal) précédé d'au moins un chiffre et suivi d'au moins un chiffre.
   p.e.   3.25   12.56   0.15   17.675

Les nombres suivants ne sont pas des nombres réels.
   424   12.   .75

Le premier nombre n'a pas de point décimal, le second n'a pas de chiffre après le point décimal, tandis que le troisième n'a pas de chiffre avant le point décimal.

Les nombres réels peuvent être précédés du signe « + » ou du signe «-».
   p.e.   + 3.14   -6.28   -0.0125

Il est aussi possible d'utiliser la notation scientifique en employant un exposant formé de E suivi de la puissance de 10 souhaitée.
   p.e. $6.23.10^7$ s'écrit 6.23E + 7
   $4.24.10^{-15}$ s'écrit 4.24E-15

La partie précédant le «E» est **la mantisse**, la partie suivant le «E» est **l'exposant**.

La mantisse et l'exposant peuvent tous deux être munis d'un signe.

p.e. -6.22E-3

3.3 Les opérations entre nombre entiers

Il est possible d'effectuer des opérations arithmétiques entre 2 nombres, le résultat est alors un nouveau nombre. Pour les nombres entiers, 6 opérations sont disponibles:

i)   **l'addition** (+)
     p.e.   5 + 3   -6 + 2

ii) **la soustraction** (-)
     p.e.   6 - 2   -7 - 5

Dans le dernier exemple, il faut remarquer que les deux signes «-» n'ont pas la même signification: le premier est le signe du nombre -7, le second est le signe opératoire de soustraction entre -7 et 5.

iii) **la multiplication** (*)
     p.e.   15 * 12   -6 * 17

iv) **la division** (/)
     p.e.   12/8   17/5

Le résultat d'une telle division est un nombre réel; ainsi 12/8 fournit le nombre 1.5, tandis que 17/5 produit le résultat 3.4.

v)   **la division entière (div)**
     p.e.   12 **div** 8   17 **div** 5

Le résultat d'une telle division est un nombre entier; il représente le résultat de la division, sans tenir compte du reste; ainsi 12 **div** 8 fournit le nombre 1, tandis que 17 **div** 5 produit le résultat 3.

Le mot **div** est un mot réservé, au moins un espace est nécessaire entre un nombre et **div**.

vi) **le reste de la division (mod)**
L'opération **mod** permet d'obtenir le reste de la division de 2 entiers.
     p.e.   17 **mod** 5   fournit le résultat 2 car:

$$\begin{array}{r|l} 17 & \;5 \\ -15 & \overline{\;3} \\ \hline \textcircled{2} \end{array}$$

reste

3.4 Les opérations entre nombres réels

Pour les nombres réels, 4 opérations sont disponibles:

i)   **l'addition** (+)
     p.e.   4.12 + 6.02   -17.6 + 0.5

ii) **la soustraction** (-)

      p.e.   6.2 - 3.4   -4.51 - 0.02

iii) **la multiplication** (*)

      p.e.   4.2 * 6.3   -4.03 * 6.02

iv) **la division** (/)

      p.e.   7.8/4.2   -4.1/0.02

La division entière et le reste de la division n'ont pas de sens pour des nombres réels, il est donc impossible d'employer les mots **div** ou **mod** entre 2 nombres réels.

3.5 Les fonctions arithmétiques standards

Un certain nombre d'opérations sont disponibles en utilisant des fonctions arithmétiques prédéfinies dans le langage. Ces fonctions doivent être invoquées selon la convention suivante: on mentionne d'abord le nom de la fonction, puis entre parenthèses le nombre sur lequel elle s'applique (argument). Ainsi, par exemple, pour calculer le carré du nombre 124, on emploie la fonction dont le nom est sqr sous la forme : sqr (124).

Certaines fonctions ne s'appliquent que sur des nombres entiers, d'autres que sur des nombres réels; enfin, certaines peuvent s'appliquer aussi bien sur des nombres réels que sur des nombres entiers. Le résultat est parfois un entier, parfois un réel, cela dépend de la fonction.

Le tableau de la Figure 3.1 donne les principales fonctions arithmétiques ainsi que le type de l'argument et le type du résultat.

fonction Pascal	signification mathématique	type de l'argument	type au résultat
abs (x)	$|x|$	entier ou réel	le même que l'argument
sqr (x)	x^2	entier ou réel	le même que l'argument
sin (x)	sin x	réel ou entier	réel
cos (x)	cos x	réel ou entier	réel
arctan (x)	arctg x	réel ou entier	réel
sqrt (x)	$\sqrt{x}^{\,\rceil}$	réel ou entier	réel
ln (x)	ln x	réel ou entier	réel
exp (x)	e^x	réel ou entier	réel
trunc (x)	PE (x) pour x $\geq$ 0 -PE($|x|$) pour x < 0	réel	entier
round (x)	trunc (x + 0.5) pour x $\geqslant$ 0 trunc (x-0.5) pour x < 0	réel	entier

PE (x) signifie la Partie Entière de x, c'est-à-dire le plus grand entier inférieur ou égal à x.

Fig. 3.1   Tableau des principales fonctions arithmétiques

Exemples d'invocations de fonctions

	résultat
abs (-3)	3
abs (-2.5)	2.5
sqr (0.5)	0.25
sin (3.1415...)	0.0
trunc (5.6)	5
trunc (-5.6)	-5
round (5.6)	6
round (-5.6)	-6

3.6 Les déclarations de constantes

Il est très fréquent d'utiliser, tout au long d'un programme, une même valeur comme π en mathématique ou la charge de l'électron en physique. Il est possible, en PASCAL, de donner un nom à ces valeurs en les déclarant en début de programme.

Une telle déclaration commence par le mot réservé **const** et se présente sous la forme syntaxique de la Figure 3.2.

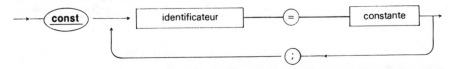

Fig. 3.2 Diagramme syntaxique d'une déclaration de constante

p.e. **const** pi = 3.14159; charge = 1.602E-19; entete = 'CHERE MADAME';

Pour l'instant, une constante est soit un nombre entier, soit un nombre réel, soit une chaîne de caractères et lorsqu'on lui a attribué un nom ou **identificateur de constante**, celui-ci peut être utilisé partout à la place du nombre.

p.e. sqr (pi) - charge; writeln (entete).

Une constante est prédéfinie: maxint, elle représente le plus grand entier disponible.

3.7 Les expressions arithmétiques

Une **expression arithmétique** est une combinaison de valeurs numériques (constantes, invocation de fonctions ...), de signes opératoires et de parenthèses.

Les valeurs numériques peuvent être entières ou réelles, mais il faut respecter les exigences des opérateurs et des fonctions.

Exemples d'expressions

```
3 + 4 * 5
sqrt (7.5 - sin (0.4))
7 div (3 + 4 mod trunc (5.2))
```

La syntaxe des expressions arithmétiques peut être illustrée par la Figure 3.3:

Les diagrammes syntaxiques de la Figure 3.3 seront complétés et modifiés, dans les chapitres ultérieurs.

expression arithmétique

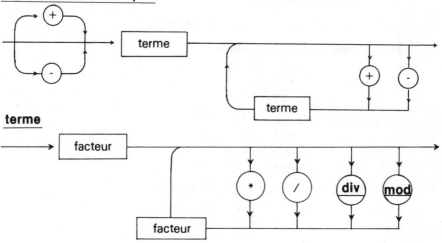

terme

facteur

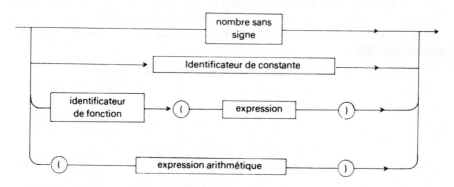

Fig. 3.3 Diagrammes syntaxiques d'une expression arithmétique

3.8   La priorité des opérations

Si nous considérons l'expression 3 + 4 * 7 **div** 2-5, il est impossible de prévoir le résultat sans connaître l'ordre dans lequel vont s'effectuer les opérations ou **priorité des opérations**.

Les principales règles d'évaluation sont les suivantes:

i) En l'absence de parenthèses, les multiplications et les divisions (*,/,**div**, **mod**)sont traitées avant les additions et les soustractions.

ii) En cas d'égalité de priorité, il faut savoir que l'évaluation se fait de gauche à droite.

iii) S'il y a des parenthèses, elles sont effectuées en premier. Cette règle est aussi valable pour les arguments de fonctions qui sont évalués en premier.

Exemples d'évaluation d'expressions PASCAL

i) 3 + 4 * 7 **div** 2 - 5 → 3 + 28 **div** 2 - 5
   → 3 + 14 - 5
   → 17 - 5
   → 12

ii) 3 + 4 * 7 **div** (2 - 5) → 3 + 4 * 7 **div** (-3)
   → 3 + 28 **div** (-3)
   → 3 + (-9)
   → -6

iii) 3 + 4 * trunc (sqrt (4.0)) → 3 + 4 * trunc (2.0)
   → 3 + 4 * 2
   → 3 + 8
   → 11

3.9 Impression des résultats

Lorsqu'on a effectué des calculs, on désire généralement en imprimer le résultat. On utilise, dans ce but, les ordres «write» et «writeln» introduits en 2.1. Ainsi, pour imprimer la valeur de la racine carrée de 2.25, on utilise l'instruction write (sqrt (2.25)).

On peut donc imprimer le résultat de toute expression et combiner un tel résultat avec du texte, comme le montre la Figure 3.4 représentant une modification de la Figure 2.1.

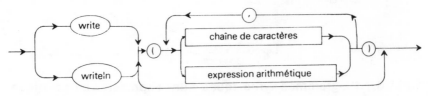

Fig. 3.4 Diagramme syntaxique d'un ordre d'impression

p.e. write ('LE RESULTAT EST: ', 10 + 2)
   imprime
   LE RESULTAT EST 12

Les valeurs numériques sont imprimées selon un format fixe (dépendant de la machine). Par exemple, pour un ordinateur CDC Cyber, un entier est imprimé à la droite d'une plage de 10 places, tandis qu'un réel est imprimé en notation scientifique à la droite d'une plage de 22 places.

Si un utilisateur désire fixer lui-même la taille des plages d'impression de ses valeurs, il peut le faire de la manière suivante:

i) **pour les valeurs entières**, on précise le nombre de places à la droite de l'expression dont on veut le résultat; deux points séparent l'expression du nombre de places.

p.e. write (trunc (2.5 + 3.2) : 5, 62 **mod** 15 : 4)
imprime:

∧∧∧∧5∧∧∧2

ii) **pour les valeurs réelles**, on précise de la même façon le nombre de places désirées, mais on peut aussi indiquer le nombre de décimales.

p.e. write (37/8: 12:5)
imprime

∧∧∧∧∧ 4.62500

Exemples de programmes de calcul d'expressions

i) Le programme de la Figure 3.5 imprime Π, Π^2, $\sqrt{\Pi}$ et ln Π.

```
PROGRAM PI(OUTPUT);
CONST PI=3.14159;
BEGIN WRITELN(' PI=',PI:10:5,'  PI 2=',SQR(PI):10:5,'  RACINE PI=',
         SQRT(PI):10:5,'  LN PI=',LN(PI):10:5)
END.
```

```
PI=   3.14159  PI 2=   9.86959  RACINE PI=   1.77245  LN PI=   1.14473
```

Fig. 3.5 Programme imprimant Π, Π^2, $\sqrt{\Pi}$, ln Π

ii) Le programme de la Figure 3.6 résoud l'équation du second degré $ax^2 + bx + c = 0$ pour $a = 0.5$, $b = 2.5$ et $c = 3$.

Rappel: les solutions de l'équation du second degré sont données par la formule de Viète: $x = \dfrac{-b \pm \sqrt{b^2 - 4ac}}{2a}$

```
PROGRAM EQUATION(OUTPUT);
CONST A=0.5; B=2.5; C=3.0;
BEGIN
WRITELN(' X1=',(-B-SQRT(SQR(B)-4.0*A*C))/(2.0*A));
WRITELN(' X2=',(-B+SQRT(SQR(B)-4.0*A*C))/(2.0*A))
END.

X1= -3.0000000000000E+000
X2= -2.0000000000000E+000
```

Fig. 3.6 Programme de résolution d'une équation du second degré

3.10 Exercices

* 3.1 Parmi les nombres suivants, lesquels sont des entiers, lesquels sont des réels, lesquels ne sont pas admis en PASCAL?
    a) 100 b) -100. c) 4.5E-19 d) -.75
    e) 92.998 f) 14.4 g) 6.72E + 44 h) 44.
    i) 1.602E-19

  3.2 Expliquer les différences entre les 4 opérations suivantes;
    10/4 10.0/4.0 10 **div** 4 10 **mod** 4

* 3.3 Evaluer les expressions suivantes:
    a) 6 + 2 * 5 **div** 3
    b) 4.5 + sqrt (8 / 2)
    c) 6 + 4 * 7 - 2 * (8 **mod** 3 + 5)
    d) round (6.62) - trunc (6.62)
    e) sqr (abs (1.1 - 5.4))
    f) 1.2 + 1.3 * 1.4 / 0.5 - 1.6

  3.4 Ecrire un programme de démonstration de toutes les fonctions arithmétiques standards.

* 3.5 Ecrire un programme qui calcule le périmètre d'un triangle rectangle dont l'hypothénuse vaut 4.24 et l'un des côtés 2.73.

* 3.6 Ecrire un programme qui calcule le volume d'une sphère de rayon 5.21.

  3.7 Ecrire un programme qui résoud les équations du second degré suivantes:
    $6x^2 - 2.5x - 7.5 = 0$ et $-4.2x^2 + x + 5.25 = 0$

* 3.8 Ecrire un programme qui détermine la quantité (en litres) d'essence nécessaire pour parcourir une distance de 1750 km avec une voiture dont la consommation moyenne est de 22 milles au gallon.

CHAPITRE **4**

LES VARIABLES, LES TYPES

ET L'AFFECTATION

4.1 La notion de variable

Nous avons vu, au chapitre 3, qu'il était possible de donner un nom à une valeur numérique, ce que l'on appelle un identificateur de constante. Ainsi, on peut donner le nom pi à 3.14, on a alors à disposition la constante pi dont la valeur ne changera pas tout au long du programme.

Il est encore plus souvent nécessaire de donner un nom à une valeur numérique de manière à la retrouver ultérieurement. Il est aussi très utile de pouvoir modifier cette valeur tout en lui laissant le même nom. Une telle information pouvant varier est appelée une **variable** et son nom est un **identificateur de variable**.

Par exemple, la variable «salaire» peut avoir comme valeur le salaire mensuel d'un employé, p.e. $1000.00; un tel salaire peut être réduit de $25.00 pour les frais de stationnement, la variable «salaire» prend alors la valeur $975.00.

4.2 La notion de type et la déclaration des variables

Nous avons montré, dans le chapitre 3, l'utilisation de nombres entiers et de nombres réels. On distinguait un nombre réel d'un nombre entier par la présence d'un point décimal. De même, un identificateur de constante est entier ou réel suivant qu'il représente une valeur numérique entière ou réelle. Toutes les variables doivent être déclarées en PASCAL et comme rien ne peut distinguer un nom de variable entière d'un nom de variable réelle, il est obligatoire de préciser le **type de la variable**. Pour l'instant, nous n'avons vu que deux types simples: le type entier et le type réel. Nous pouvons définir le type d'une variable comme l'ensemble des valeurs qu'elle peut prendre.

La déclaration des variables d'un programme doit être placée au début du programme après la déclaration des constantes s'il y en a. Une telle déclaration commence par le mot réservé **var** et a la forme décrite par le diagramme syntaxique de la Figure 4.1.

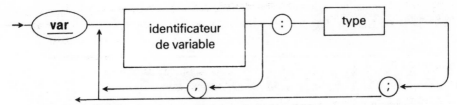

Fig. 4.1 Diagramme syntaxique d'une déclaration de variable

Actuellement, le type doit être l'un des deux identificateurs standards:

    i)   «integer» pour les variables entières
    ii)   «real» pour les variables réelles

Exemples

    var z, age: integer; vitesse, concentration: real;

Ici, nous déclarons le numéro atomique Z d'un atome, l'âge d'une personne, la vitesse d'un véhicule et la concentration d'une solution chimique.

4.3 Les variables dans les expressions arithmétiques

Une expression arithmétique peut aussi contenir des variables, mais il faut évidemment respecter les exigences des opérateurs et des fonctions arithmétiques standards quant au type des opérandes.

Exemple

Lorsqu'un objet tombe en chute libre, sa vitesse d'arrivée au sol est donnée par la racine carrée $\sqrt{2\,gh}$ où g est l'accélération de la pesanteur (~ 9.81 m/s²) et h la hauteur de chute.

En PASCAL, nous déclarons g comme une constante valant 9.81 et la hauteur h comme une variable réelle:

    const g = 9.81;
    var   h : real;

L'expression de la vitesse s'écrit donc:

    sqrt (2.0 * g * h)

Pour tenir compte de la possibilité d'introduire des variables dans des expressions, nous allons modifier le diagramme syntaxique d'un facteur décrit dans la Figure 3.3. Le nouveau diagramme est présenté dans la Figure 4.2.

Comme une variable peut figurer dans une expression, et que le résultat de celle-ci peut être imprimé, nous pouvons donc imprimer la valeur courante d'une variable.

    p.e.   writeln ('LA CONCENTRATION DE CE PRODUIT EST', concentration)

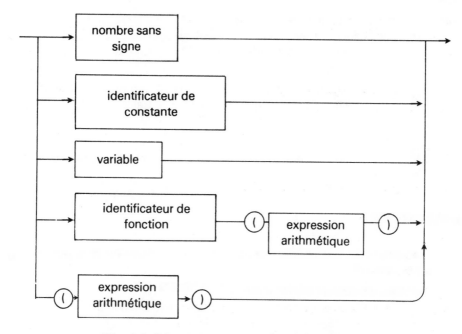

Fig. 4.2 Diagramme syntaxique d'un facteur

Il nous reste maintenant à décrire la manière de donner une valeur à une variable.

4.4 L'affectation

C'est l'instruction PASCAL la plus importante; elle consiste à donner à une variable la valeur d'une expression. Du point de vue syntaxique, l'instruction a la forme présentée dans la Figure 4.3.

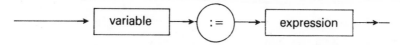

Fig. 4.3 Diagramme syntaxique d'une affectation

Le symbole := ou **symbole d'affectation** est formé des 2 caractères «:» et « = » **sans aucun espace entre eux.**

Exemples

On suppose les déclarations suivantes:

var z, age: integer;
    vitesse, distance, temps, concentration, masse, volume: real;

i)   On donne à la variable numéro atomique Z la valeur correspondant à l'oxy-
       gène:

       z := 8

ii) On sait qu'une personne a 10 ans de plus qu'une autre; si les âges des 2 personnes sont représentés par les variables age1 et age2, et que l'on connaît l'âge de la personne la plus jeune (age2), on peut écrire:

age1 : = age2 + 10

iii) Dans un mouvement rectiligne uniforme, la vitesse peut être calculée à partir de la distance parcourue et du temps nécessaire au trajet par l'affectation:

vitesse : = distance/temps

iv) La concentration d'une solution chimique est le rapport de sa masse et de son volume:

concentration : = masse/volume

Remarques

A) Comme une variable perd sa valeur primitive lors d'une affectation, il est indispensable d'utiliser une variable auxiliaire pour échanger les valeurs de 2 variables.

p.e. auxiliaire : = v1 ; v1 : = v2; v2 : = auxiliaire

B) Il est fondamental de noter que l'affectation est une opération totalement différente de l'égalité au sens mathématique du terme.

Ainsi, dans une affectation, l'expression peut contenir la variable à laquelle l'expression est affectée.

p.e. nombre : = nombre + 1

Cette instruction n'aurait aucun sens si c'était une équation mathématique, mais cette affection signifie «on donne à nombre la valeur de nombre plus 1». Si nombre vaut 10, il vaudra dorénavant 11. On peut donc interpréter l'affectation ci-dessus comme : «augmenter nombre de 1».

4.5 Problèmes de conversion et expressions mixtes

Normalement, dans une affectation, le type de l'expression et de la variable doivent être les mêmes. Pourtant, il est souvent nécessaire de convertir une valeur réelle en entier et vice-versa.

i) **conversion d'une valeur réelle en entier**

Il est impossible d'affecter une valeur réelle à une variable entière. Il faut donc convertir la valeur réelle en entier par l'une des 2 fonctions «trunc» (troncation) ou «round» (arrondi).

Exemples

a) On doit payer une somme d'argent en n'ayant que des billets de $100.00

On désire connaître le nombre de billets de $100.00 nécessaires.

En supposant la déclaration

var somme: real; nbillets; integer;

on a l'instruction:

nbillets : = trunc ((somme + 99.999)/100.0)

On a ajouté la valeur de 99.999 à la somme, de manière à ce que, pour une somme exactement multiple de 100.0, il n'y ait pas de billet supplémentaire.

On a, par exemple, la correspondance suivante:

somme	nbillets
600.0	6
610.0	7
690.0	7
700.0	7

b) On calcule la moyenne des 3 notes d'un étudiant. Les notes comportent des décimales, mais la moyenne doit être arrondie à l'unité.
En supposant la déclaration

var note1, note2, note3, : real; moyenne: integer;

on a l'instruction:

moyenne : = round ((note1 + note2 + note3)/3.0))

ii) **Conversion d'une valeur entière en réel**

Il est directement possible d'affecter une valeur entière à une variable réelle.

p.e. On a la note d'un étudiant dans une variable réelle, on désire l'arrondir à la valeur entière la plus proche, tout en rangeant cette nouvelle valeur dans la même variable. Ceci est possible par l'affectation:

note : = round (note)
real   integer

iii) **Arrondi et troncation à une décimale donnée**

Il arrive souvent qu'un nombre réel ait plus de décimales que l'on en désire. Nous allons montrer comment réduire ce nombre de décimales à l'aide d'un exemple.

Exemple

On veut ajouter à un prix une taxe de vente de 8%. La somme finale doit être arrondie au cent près.
En supposant la déclaration

var somme, prix : real;

On a l'instruction suivante:

somme : = round (prix * 108.0)/100

Si, par exemple, le prix est de $4.20, on multiplie par 108.0, on obtient 453.60, on arrondit à 454 et on divise par 100, on a alors $4.54. En employant la fonction trunc, on aurait obtenu $4.53.

iv) **Expressions mixtes**

Dans l'instruction ci-dessus, on devait multiplier la variable réelle prix par le nombre 108. On a donc écrit prix * 108.0; c'est-à-dire qu'on a utilisé le nombre réel 108.0. On peut se demander s'il aurait été possible d'employer l'expression prix * 108. Oui, il est possible de mélanger dans une expression arithmétique des grandeurs réelles et entières; dans ce cas, le résultat de l'expression est réel. Il ne faut pourtant pas oublier les règles strictes concernant les arguments des fonctions définies au chapitre 3.

Exemples

a) 4 * 2.8 + 15 vaut 26.2
b) 4 * trunc (15) est illégal, car l'argument de la fonction trunc doit être réel.

4.6 Deux exemples de programmes

i) Pour une somme donnée en dollars, on désire imprimer le nombre de billets de $100.00, $50.00, $20.00, $10.00, $5.00, $2.00 et $1.00 nécessaires pour que le nombre total de billets soit minimum. On trouve le listage et l'exécution du programme dans la Figure 4.4.

```
PROGRAM BILLETS(OUTPUT);
VAR SOMME:INTEGER;
BEGIN SOMME:=593; (*CHOIX ARBITRAIRE*)
WRITELN(' SOMME:',SOMME,'.00');
WRITELN(SOMME DIV 100:3,' BILLETS DE $100.00');
SOMME:=SOMME MOD 100;
WRITELN(SOMME DIV 50:3,' BILLETS DE $50.00');
SOMME:=SOMME MOD 50;
WRITELN(SOMME DIV 20:3,' BILLETS DE $20.00');
SOMME:=SOMME MOD 20;
WRITELN(SOMME DIV 10:3,' BILLETS DE $10.00');
SOMME:=SOMME MOD 10;
WRITELN(SOMME DIV 5:3,' BILLETS DE $5.00');
SOMME:=SOMME MOD 5;
WRITELN(SOMME DIV 2:3,' BILLETS DE $2.00');
WRITELN(SOMME MOD 2:3,' BILLETS DE $1.00')
END.

SOMME:      593.00
  5 BILLETS DE $100.00
  1 BILLETS DE $50.00
  2 BILLETS DE $20.00
  0 BILLETS DE $10.00
  0 BILLETS DE $5.00
  1 BILLETS DE $2.00
  1 BILLETS DE $1.00
```

Fig. 4.4 Programme de décomposition d'un montant

ii) On désire imprimer le carré, le cube, la racine carrée et le logarithme naturel d'un nombre entier n . On trouve, dans la Figure 4.5, le listage et l'exécution de ce programme.

```
PROGRAM FONCTIONS(OUTPUT);
CONST N=17;
VAR CARRE,CUBE:INTEGER;  RACINE,LOGARITHME:REAL;
BEGIN
CARRE:=SQR(N);
CUBE:=CARRE*N;
RACINE:=SQRT(N);
LOGARITHME:=LN(N);
WRITELN(' CARRE:',CARRE);
WRITELN(' CUBE:',CUBE);
WRITELN(' RACINE CARREE:',RACINE);
WRITELN(' LOGARITHME NATUREL:',LOGARITHME)
END.

CARRE:          289
CUBE:          4913
RACINE CARREE:    4.1231056256177E+000
LOGARITHME NATUREL:  2.8332133440562E+000
```

Fig. 4.5   Programme de calcul de différentes fonctions

4.7   Simulation d'exécution

Considérons un programme complet; nous allons écrire les instructions et, à côté, simuler l'exécution en inscrivant la valeur des variables après exécution de l'instruction située sur la ligne concernée.

```
program conversion (output);
```

	a	b	c	x	y	z
var a, b, c: integer ; x, y, z: real;						
begin						
a := 4 ;	④	–	–	–	–	–
x := 2.5 ;	4	–	–	2.5	–	–
b := trunc (x) ;	4	②	–	2.5	–	–
y := b ;	4	2	–	2.5	2.0	–
c := trunc (x/y) ;	4	2	①	2.5	2.0	–
z := x/y ;	4	2	1	2.5	2.0	1.25
a := round (y/z) ;	②	2	1	2.5	2.0	1.25
x := y/z ;	2	2	1	1.6	2.0	1.25
write (a, b, c, x, y, z)	2	2	1	1.6	2.0	1.25
end.						

4.8 Exercices

* 4.1 Ecrire les formules suivantes sous forme d'affectations PASCAL.

a) $e = \frac{1}{2} gt^2$ b) $v = \frac{4}{3} \pi r^3$ c) $x = \frac{- b \pm \sqrt{b^2 - 4 ac}}{2a}$

* 4.2 Ecrire l'expression de la différence entre la moyenne arithmétique et la moyenne géométrique de deux nombres r et s.

* 4.3 Comment arrondir une somme à 5 cents près?

4.4 Ecrire un programme qui imprime le sinus, le cosinus et la tangente d'un angle X.

4.5 Compléter le programme 4.4 de manière à ce qu'il détermine également les pièces de monnaie nécessaires pour que leur nombre total soit minimum.

4.6 Simuler l'exécution du programme suivant:

```
program  calcul (output);
var p,q,s,t: integer; r: real;
begin  p := 4;  p := p + 1;  q := p;  p := q + 2;
r := p/q;  s := p div q;  s := s mod q;  r := s;
t := trunc (r-2.5);  t := trunc (t-2.5)

end.
```

CHAPITRE 5

LE TYPE BOOLEEN

5.1   Vrai ou faux

Nous avons défini, au chapitre 4, un type simple comme l'ensemble des valeurs que peut prendre une variable de ce type. Une variable de type booléen (boolean) ne peut prendre que l'une des deux valeurs vrai (true) ou faux (false); true et false sont des identificateurs de constante prédéfinis. Il est donc tout à fait possible de déclarer une variable adesdents de type booléen par la déclaration:

   var adesdents : boolean;

puis d'affecter une valeur à adesdents par l'une des affectations suivantes:

   adesdents : = true;   (* pour un orque *)
   adesdents : = false;   (* pour une baleine *)

5.2   Les opérateurs booléens

Trois opérateurs peuvent être définis sur des grandeurs booléennes:

i)   **le «et» logique**   ($\wedge$)
   Cet opérateur binaire est représenté par le mot réservé **and**.
   Si l'on admet la déclaration
        var p, q, r: boolean;
   le résultat de l'affectation r: = p **and** q
   est fourni par la table de vérité suivante:

p	q	r
false	false	false
false	true	false
true	false	false
true	true	true

r est vrai si et seulement si p et q le sont tous deux.

ii)   **le «ou» logique** (V)

Cet opérateur binaire est représenté par le mot réservé **or**.
Si l'on admet la déclaration
    var p, q, r: boolean;
Le résultat de l'affectation r := p **or** q
est fourni par la table de vérité suivante:

p	q	r
false	false	false
false	true	true
true	false	true
true	true	true

r est faux si et seulement si
p et q le sont tous deux.

iii) **le «non» logique** (⌐)

Cet opérateur unaire agissant sur une seule valeur est représenté par le mot réservé **not**.
Si l'on admet la déclaration
    var p, q : boolean;
Le résultat de l'affectation q := **not** p est fourni par la table de vérité suivante:

p	q
false	true
true	false

q est faux si et seulement si
p est vrai et vice-versa.

5.3   Les expressions booléennes

Il est évidemment possible de construire des expressions booléennes contenant plusieurs opérateurs.
    p.e. p := (q **and** r) **or not** p   (* $(q \wedge r) \vee \neg p$ *)

Dans ce cas, il est important de connaître la priorité des opérateurs définie par les 3 règles suivantes:

i)   En l'absence de parenthèses, les opérations sont effectuéees dans l'ordre suivant: **not and or**.
Ainsi, si p est vrai, q est faux et s est vrai, l'expression **not** p **or** q **and** s est évaluée ainsi:
    not p **or** q **and** s   → false **or** q **and** s

$\rightarrow$ false **or** false

$\rightarrow$ false

ii) En cas d'égalité de priorité, les opérations sont évaluées de gauche à droite.

iii) Les expressions entre parenthèses sont évaluées en premier. Ainsi, si p est faux, q est faux et s est vrai, l'expression **not** ((p **or** q) **and** s) est évaluée ainsi:

not ((p **or** q) **and** s) $\rightarrow$ **not** (false **and** s)

$\rightarrow$ **not** false

$\rightarrow$ true

Nous pouvons, maintenant, remplacer le diagramme syntaxique d'une expression arithmétique par celui d'une expression simple et compléter les diagrammes facteur et terme. Les diagrammes syntaxiques sont présentés à la Figure 5.1.

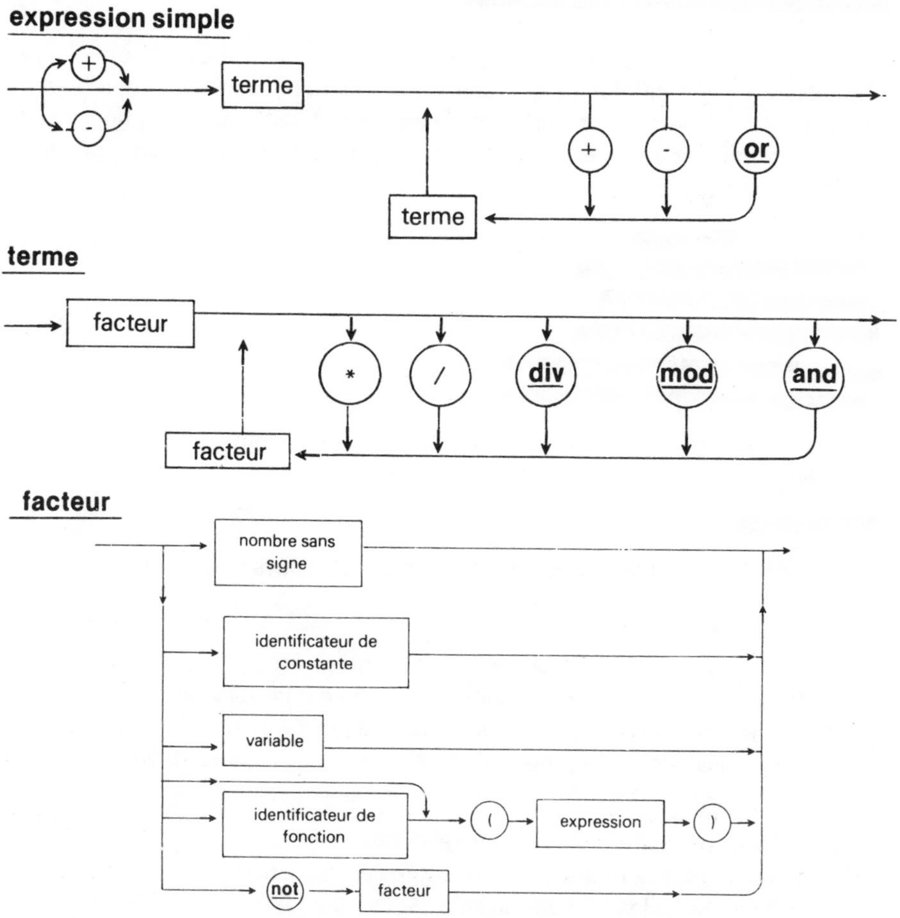

expression simple

terme

facteur

Fig. 5.1   Diagrammes syntaxiques d'une expression simple

Impression d'expression booléenne

Il est possible d'imprimer la valeur d'une expression booléenne par un ordre write ou un ordre writeln: l'un des deux identificateurs false ou true est alors imprimé.

p.e. write (p **and** q **or** p) imprime true si p est vrai et q faux.

La fonction standard odd

Il existe une fonction odd qui détermine si l'argument (qui doit être entier) est impair.

Le résultat de cette fonction est booléen:
i)   true si l'argument est impair
ii)   false si l'argument est pair

p.e. odd (10 **mod** 3) vaut true

5.4   Les opérateurs relationnels

Les actions que doit effectuer un programme sont souvent dépendantes de relations entre différentes grandeurs. Par exemple, la racine carrée de a - b n'est possible que si a est supérieur ou égal à b. Il est donc très important de pouvoir comparer deux expressions simples à l'aide d'un des six opérateurs relationnels suivants:

=	est égal à
< >	n'est pas égal à
<	est inférieur à
>	est supérieur à
< =	est inférieur ou égal à
> =	est supérieur ou égal à

Les expressions simples que l'on compare peuvent être entières, réelles ou booléennes, mais elles doivent être de même type.

Exemples

i)   Le fait de produire ou non du charbon dans un pays peut s'écrire:
            charbon : = quantité > 0
        avec la déclaration:
            var charbon: boolean; quantite: integer;
ii)   Si on suppose qu'une personne célibataire est taxable lorsque son revenu dépasse $3000.00, l'affectation suivante peut s'écrire:
            taxable : = (revenu > = 3000.0) **and** célibataire avec la déclaration:
            var taxable, célibataire: boolean; revenu: real;

Il faut remarquer qu'il est possible de relier des expressions relationnelles par les opérateurs logiques, mais que les expressions doivent être placées entre parenthèses. Ainsi l'instruction suivante est incorrecte:
            taxable : = revenu > = 3000.0 **and** célibataire

iii) Soit l'affectation p := q > r avec la déclaration **var** p, q, r: boolean;
Une telle situation est possible, car 2 expressions booléennes peuvent être comparées. Il faut évidemment savoir que, par convention, false est toujours inférieur à true. Ainsi, dans cet exemple, si q vaut false et r vaut true, alors p prend la valeur false.

On peut remarquer les correspondances suivantes:

q <> r	signifie	q **exclut**	r
q <= r	signifie	q **implique**	r
q = r	signifie	q **est équivalent** à	r

Maintenant, nous allons compléter la collection des diagrammes syntaxiques par celui d'une expression présentée dans la Figure 5.2.

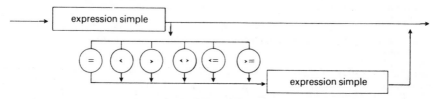

Fig. 5.2 Diagramme syntaxique d'une expression

5.5 Vérification de théorèmes logiques

Il existe un grand nombre de théorèmes logiques s'exprimant sous la forme d'une équivalence vérifiée pour toutes les valeurs que peuvent prendre les variables booléennes contenues dans l'équivalence. Par exemple, la commutativité de l'opération **et** peut s'écrire:

p **et** q < => q **et** p

La vérification peut s'effectuer en écrivant la table suivante

p	q	p **et** q	q **et** p	p **et** q <=> q **et** p
F	F	F	F	V
F	V	F	F	V
V	F	F	F	V
V	V	V	V	V

V signifie vrai et F faux. La dernière colonne ne contient que des valeurs vraies, ce qui prouve bien la propriété. On peut donc vérifier tous ces théorèmes de cette manière.

Un exemple: la première loi de Morgan

Morgan a formulé deux célèbres lois qui permettent le passage de l'opérateur **et** à l'opérateur **ou** et vice-versa.

i)   **non** (p **et** q) <=> (**non** p) **ou** (**non** q)

ii)   **non** (p **ou** q) <=> (**non** p) **et** (**non** q)

Le programme de la Figure 5.3 vérifie la première loi en imprimant le tableau des différents cas.

```
PROGRAM MORGAN(OUTPUT);
VAR P,Q,PQ,NPQ,NP,NQ,NPNQ: BOOLEAN;
BEGIN
(* NOTATIONS: NPQ: NON(P ET Q) --- NPNQ: (NON P) OU (NON Q)
                  EQUIV: NON(P ET Q) <=> (NON P) OU (NON Q) *)
WRITELN('    P   ','   Q  ','P ET Q',' NPQ  ','NON P ',' NON Q',
        ' NPNQ ',' EQUIV');
WRITELN(' ===============================================');
P:=FALSE; Q:=FALSE;
PQ:=P AND Q; NPQ:=NOT PQ; NP:=NOT P; NQ:=NOT Q; NPNQ:=NP OR NQ;
WRITELN(P:6,Q:6,PQ:6,NPQ:6,NP:6,NQ:6,NPNQ:6,NPQ=NPNQ:6);
Q:=TRUE;
PQ:=P AND Q; NPQ:=NOT PQ; NQ:=NOT Q;    NPNQ:=NP OR NQ;
WRITELN(P:6,Q:6,PQ:6,NPQ:6,NP:6,NQ:6,NPNQ:6,NPQ=NPNQ:6);
P:=TRUE; Q:=FALSE;
PQ:=P AND Q; NPQ:=NOT PQ; NP:=NOT P; NQ:=NOT Q;    NPNQ:=NP OR NQ;
WRITELN(P:6,Q:6,PQ:6,NPQ:6,NP:6,NQ:6,NPNQ:6,NPQ=NPNQ:6);
Q:=TRUE;
PQ:=P AND Q; NPQ:=NOT PQ; NQ:=NOT Q; NPNQ:=NP OR NQ; NPNQ:=NP OR NQ;
WRITELN(P:6,Q:6,PQ:6,NPQ:6,NP:6,NQ:6,NPNQ:6,NPQ=NPNQ:6);
WRITELN(' ===============================================')
END.
```

P	Q	P ET Q	NPQ	NON P	NON Q	NPNQ	EQUIV
FAUX	FAUX	FAUX	VRAI	VRAI	VRAI	VRAI	VRAI
FAUX	VRAI	FAUX	VRAI	VRAI	FAUX	VRAI	VRAI
VRAI	FAUX	FAUX	VRAI	FAUX	VRAI	VRAI	VRAI
VRAI	VRAI	VRAI	FAUX	FAUX	FAUX	FAUX	VRAI

5.6 Exercices

* 5.1   Ecrire un programme qui vérifie la deuxième loi de Morgan

* 5.2   Ecrire un programme qui vérifie la propriété d'idempotence du **et** logique: p ⇔ p **et** p.

* 5.3   Ecrire un programme qui vérifie la propriété de distributivité du **et** logique par rapport au **ou** : p **et** (q **ou** r) ⇔ (p **et** q) **ou** (p **et** r).

* 5.4   Comment peut-on vérifier qu'un nombre entier est divisible par un autre?

CHAPITRE 6

L'INSTRUCTION COMPOSEE,

LES INSTRUCTIONS

CONDITIONNELLES ET REPETITIVES

6.1 L'instruction composée

On appelle **instruction composée** une suite d'instructions précédée du mot réservé **begin** et suivie du mot réservé **end**. Le diagramme syntaxique correspondant se trouve dans la Figure 6.1:

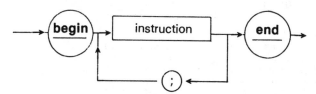

Fig. 6.1 Diagramme syntaxique d'une instruction composée

p.e.

```
begin delta: = sqr (b) - 4*a*c;
      x1: = (- b  + sqrt (delta)) / (2 * a);
      x2: = (- b - sqrt (delta)) / (2 * a)
end
```

6.2 L'instruction if ... then

Comme nous l'avons vu au premier chapitre, il est très fréquent de vouloir effectuer une action seulement si une condition est réalisée. En d'autres termes, une instruction ne doit être exécutée que lorsqu'une expression booléenne a une valeur vraie.

La possibilité d'exécuter une instruction conditionnellement à la valeur d'une expression booléenne est donnée par l'instruction **if ... then** dont le diagramme syntaxique est présenté dans la Figure 6.2:

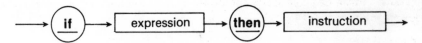

Fig. 6.2 Diagramme syntaxique de l'instruction if ... then

L'expression doit être booléenne tandis que l'instruction peut être symbolisée par le diagramme syntaxique (encore incomplet) de la Figure 6.3:

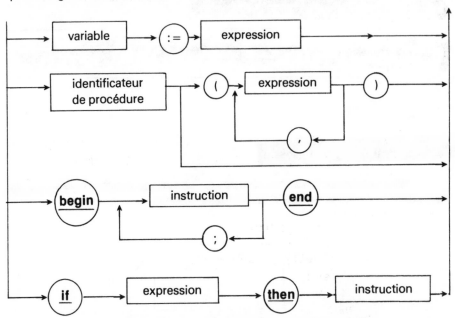

Fig. 6.3 Diagramme syntaxique d'une instruction

Nous remarquons ici 4 possibilités: **l'affectation, l'appel de procédure** que nous étudierons plus tard, mais auquel correspond actuellement le cas particulier de l'ordre d'écriture, **l'instruction composée** et l'instruction **if ... then**.

Exemples

i) On ne désire diviser le numérateur d'une fraction par le dénominateur que si le dénominateur est non nul.

    if dénominatreur < > 0 **then** quotient: = numérateur **div** dénominateur

ii) On désire placer, dans la variable max, la plus grande des deux valeurs a et b et dans min l'autre.

    max: = a ;
    min : = b ;
    if a ⟨ b **then begin** max : = b;
                    min : = a
        end

On voit ici l'utilité de l'instruction composée: si a est inférieur à b, il faut effectuer deux affectations successives.

Indentation

On remarque, dans l'exemple précédent, qu'on a aligné **begin** et **end** et décalé de cette manière toute l'instruction composée par rapport à l'instruction **if ... then**. Cette disposition ou **indentation** est nécessaire à la clarté des programmes. Il aurait été malheureux d'écrire le même exemple ainsi:

```
max : = a;
min : = b;
if a < b then
begin
max : = b;
min : = a
end
```

Cette indentation devient indispensable lorsqu'il y a une forte imbrication des instructions, telle qu'elle est permise par les diagrammes syntaxiques.

p.e.

```
if a < b then
    begin if c > d then
        begin a : = c;
            if a < d then d : = a
        end;
        c : = d
    end;
    a : = b
```

6.3 L'instruction if ... then ... else

Considérons à nouveau l'exemple ii) du paragraphe 6.2:

```
max : = a;  min : = b;
if a < b then begin max : = b;
                    min : = a
            end
```

Nous voyons que si a ≥ b, max et min, prennent tout de suite les bonnes valeurs; mais dans le cas contraire, max et min prennent de mauvaises valeurs avant d'être corrigés lors d'une seconde suite d'affectations. On évite une telle inefficacité en utilisant l'instruction **if ... then ... else** qui permet d'effectuer des actions suivant une condition, ou d'en effectuer d'autres dans le cas contraire. Ainsi, notre exemple devient:

```
if a < b then     begin max : = b;
                        min : = a
```

```
                end
    else      begin max := a;
                     min := b
          end
```

Le diagramme syntaxique de l'instruction **if ... then** peut alors être modifié comme le montre la Figure 6.4:

Fig. 6.4 Diagramme syntaxique de l'instruction if ... then ... else

Exemples

i)   On peut prendre la valeur absolue d'un nombre x sans utiliser la fonction abs par l'instruction suivante:

     if x > 0 **then** absx := x **else** absx := - x

     absx est un nom de variable

ii) On sait que l'opérateur **ou exclusif** entre deux variables booléennes p et q est semblable à l'opérateur **ou** sauf dans le cas où p et q sont tous deux vrais. On peut donc obtenir le ou exclusif r de p et q par l'instruction suivante:

     if p **and** q **then** r := false **else** r := p **or** q

iii) Il faut prendre garde qu'une instruction du genre:

     if p **then** q := true **else** q := false

     peut être avantageusement remplacée par:

     q := p

6.4 L'instruction while ... do

Un des principaux atouts d'un ordinateur est la possibilité de répéter, en un temps très court, un grand nombre d'opérations. Il est donc indispensable, dans un bon langage de programmation, d'avoir à disposition des instructions permettant de répéter plusieurs fois une suite d'instructions.

Dans le langage PASCAL, l'instruction **while ... do** permet, tant qu'une condition est vérifiée, d'exécuter une suite d'actions. Il est évident qu'une des actions doit modifier la condition à un instant donné. Syntaxiquement, l'instruction **while ... do** se présente comme le montre la Figure 6.5:

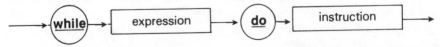

Fig. 6.5 Diagramme syntaxique de l'instruction while ... do

L'expression est évidemment booléenne.

Exemples

i) Calculer la somme des carrés des 100 premiers nombres entiers. Le listage et l'exécution de ce programme se trouvent dans la Figure 6.6.

```
PROGRAM SOMMECARRES(OUTPUT);
VAR NOMBRE,SOMME:INTEGER;
BEGIN NOMBRE:=1; SOMME:=0;
WHILE NOMBRE <= 100 DO BEGIN SOMME:=SOMME+SQR(NOMBRE);
                             NOMBRE:=NOMBRE+1
                       END;
WRITELN(' LA SOMME VAUT ',SOMME)
END.
```

```
LA SOMME VAUT     338350
```

Fig. 6.6 Programme calculant la somme des carrés

ii) Calculer la factorielle de n (n!). Rappelons tout d'abord que n! = n (n-1) (n-2) ... 3.2.1. Le listage et l'exécution de ce programme se trouvent dans la Figure 6.7.

```
PROGRAM FACTORIELLE(OUTPUT);
CONST N=10; (* ON A CHOISI ARBITRAIREMENT LA FACTORIELLE DE 10*)
VAR NOMBRE,FACT:INTEGER;
BEGIN NOMBRE:=1; FACT:=1;
WHILE NOMBRE <= N DO BEGIN FACT:=FACT*NOMBRE;
                           NOMBRE:=NOMBRE+1
                     END;
WRITELN(' LA FACTORIELLE DE 10 VAUT ',FACT)
END.
```

```
LA FACTORIELLE DE 10 VAUT     3628800
```

Fig. 6.7 Programme calculant la factorielle

iii) Imprimer le premier terme de la suite de Fibonacci supérieur à 500. Rappelons que chaque terme de cette suite est la somme des 2 précédents; les 2 premiers valent 1. Le listage et l'exécution de ce programme se trouvent dans la Figure 6.8.

```
PROGRAM FIBONACCI(OUTPUT);
VAR SOMME,AVANTDERNIER,DERNIER:INTEGER;
BEGIN DERNIER:=1; SOMME:=1;
WHILE SOMME <= 500 DO BEGIN AVANTDERNIER:=DERNIER;
                            DERNIER:=SOMME;
                            SOMME:=AVANTDERNIER+DERNIER
                      END;
WRITELN(' PREMIER TERME SUPERIEUR A 500: ',SOMME)
END.
```

```
PREMIER TERME SUPERIEUR A 500:     610
```

Fig. 6.8 Programme calculant une suite de Fibonacci

6.5 L'instruction repeat ... until

Il existe en PASCAL une seconde instruction répétitive qui a la forme syntaxique représentée dans la Figure 6.9.

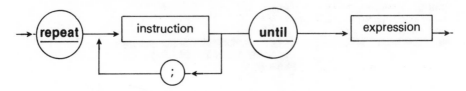

Fig. 6.9 Diagramme syntaxique de l'instruction repeat ... until

L'expression est évidemment booléenne.

Nous pouvons maintenant exprimer les 3 exemples du paragraphe 6.4 avec une instruction **repeat ... until**.

i)   Somme des carrés des 100 premiers nombres entiers (Figure 6.10)

```
PROGRAM SOMMECARRES(OUTPUT);
VAR NOMBRE,SOMME:INTEGER;
BEGIN NOMBRE:=1; SOMME:=0;
REPEAT SOMME:=SOMME+SQR(NOMBRE);
       NOMBRE:=NOMBRE+1
UNTIL NOMBRE > 100;
WRITELN(' LA SOMME VAUT ',SOMME)
END.


LA SOMME VAUT      338350
```

Fig. 6.10 Programme calculant la somme des carrés

ii)   Factorielle de n (Figure 6.11)

```
PROGRAM FACTORIELLE(OUTPUT);
CONST N=10; (* ON A CHOISI ARBITRAIREMENT LA FACTORIELLE DE 10*)
VAR NOMBRE,FACT:INTEGER;
BEGIN NOMBRE:=1; FACT:=1;
REPEAT FACT:=FACT*NOMBRE;
       NOMBRE:=NOMBRE+1
UNTIL NOMBRE > N;
WRITELN(' LA FACTORIELLE DE 10 VAUT ',FACT)
END.


LA FACTORIELLE DE 10 VAUT    3628800
```

Fig. 6.11 Programme calculant la factorielle

iii) Suite de Fibonacci (Figure 6.12)

```
PROGRAM FIBONACCI(OUTPUT);
VAR SOMME,AVANTDERNIER,DERNIER:INTEGER;
BEGIN DERNIER:=1; SOMME:=1;
REPEAT AVANTDERNIER:=DERNIER;
       DERNIER:=SOMME;
       SOMME:=AVANTDERNIER+DERNIER
UNTIL SOMME > 500;
WRITELN(' PREMIER TERME SUPERIEUR A 500: ',SOMME)
END.


PREMIER TERME SUPERIEUR A 500:          610
```

Fig. 6.12 Programme calculant la suite de Fibonacci

Existe-t-il une différence entre les instructions **while ... do** et **repeat ... until**? Oui, nous l'avons déjà mentionnée, dans le chapitre 1. Dans une instruction **while ... do**, comme l'expression booléenne est évaluée en premier, si elle est fausse, toute l'instruction répétitive est sautée. Dans une instruction **repeat ... until**, la suite d'instructions est exécutée une première fois, puis l'expression booléenne est évaluée et, suivant la valeur, la suite d'instructions est exécutée à nouveau.

Ainsi donc, les 2 extraits de programme suivants sont équivalents:

```
i := 1;                          i := 1;
while i <= 10 do                 repeat write (i);
     begin   write (i);                  i := i + 1
             i := i + 1          until   i > 10
     end
```

Mais si l'on change l'affectation en i := 11, aucune impression n'est effectuée avec le **while ... do**, tandis que 11 est imprimé avec le **repeat ... until**. Il est donc important de réfléchir si une instruction répétitive doit toujours être exécutée au moins une fois ou non, avant de choisir l'instruction adéquate.

6.6   Un exemple: la recherche des nombres premiers

Un nombre est dit **premier** s'il n'est divisible que par un ou par lui-même. (Le «ou» de cette définition étant exclusif, 1 n'est pas premier.) Nous allons donner un programme qui détermine les nombres premiers inférieurs à 100. Comme pour l'instant nos moyens sont limités, nous nous contentons de 2 boucles imbriquées et nous cherchons pour chaque nombre x impair s'il est premier en le divisant par tous les entiers allant de 3 à $\sqrt{x}$; si un de ces entiers est un diviseur exact de x, ce dernier n'est pas premier. Le listage et l'exécution du programme se trouvent dans la Figure 6.13.

6.7   Propriétés du schéma de boucle

Considérons la boucle **while** B **do** S où B est une expression booléenne et S est une instruction quelconque. Le problème avec les boucles est le risque

```
PROGRAM PREMIERS(OUTPUT);

(*--- RECHERCHE DES NOMBRES PREMIERS INFERIEURS A 300 ---*)

CONST LIM=300;
VAR NOMBRE,DIVISE,RESTE,COMPTEUR,NPREMIER:INTEGER;
BEGIN NOMBRE:=1; NPREMIER:=2;
WRITE(2:6,3:6);
REPEAT NOMBRE:=NOMBRE+2;
        DIVISE:=1;
        COMPTEUR:=0;
        REPEAT DIVISE:=DIVISE+2;
               RESTE:=NOMBRE MOD DIVISE;
               IF RESTE=0 THEN BEGIN DIVISE:=NOMBRE;
                               COMPTEUR:=COMPTEUR+1
                               END
        UNTIL DIVISE >= SQRT(NOMBRE);
        IF COMPTEUR=0 THEN BEGIN WRITE(NOMBRE:6);
                           NPREMIER:=NPREMIER+1;
                           IF NPREMIER MOD 7=0 THEN WRITELN
                           END
UNTIL NOMBRE > LIM
END.
```

2	3	5	7	11	13	17
19	23	29	31	37	41	43
47	53	59	61	67	71	73
79	83	89	97	101	103	107
109	113	127	131	137	139	149
151	157	163	167	173	179	181
191	193	197	199	211	223	227
229	233	239	241	251	257	263
269	271	277	281	283	293	

Fig. 6.13 Programme de calcul de nombres premiers

de **bouclage infini**. Pour éviter ce problème, S doit influencer B de telle manière qu'après un nombre fini de boucles, B devienne **faux**. Donc, dans S, il faut au moins une modification de la valeur d'une variable de B. De plus, il faut que B ait un sens pour le **premier** test.

De manière générale, on a le schéma suivant:

> V := v_o;
> **while** p(V) **do** V := f(V)

où V représente l'ensemble des variables du programme,
          p est une fonction booléenne
          f est une fonction

et v_o représente les valeurs initiales.

On appelle ceci un **schéma** parce qu'en changeant, V, p, v_o et f, on peut obtenir toute une famille de programmes.

La variante la plus simple est la suivante, où m, a et b sont des entiers.

```
m := a;
while m < = b do
        begin < instructions n'affectant pas m >
        m := m + 1
        end
```

A chaque tour de boucle, m est augmenté. Il est évident que la condition de sortie, soit m > b, sera atteinte après un nombre fini de passages de boucle. La variable m prend tour à tour toutes les valeurs dans l'intervalle $[a,b]$ et le nombre de passages de boucle, N, est donné par

$N = b - a + 1$ si $a \leqslant b$ et par $N = 0$ si $a > b$.

Une deuxième variante décrémente m à chaque passage de boucle; le test est alors inversé.

```
m := b;
while m > = a do
        begin < instructions n'affectant pas m >
        m := m-1
        end
```

Une dernière variante parcourt l'intervalle de b à 1 en faisant b passages de boucle:

```
m := b;
while m > 0 do
        begin < instructions n'affectant pas m >
        m := m-1
        end
```

6.8   Maintien d'une invariance

Quand on étudie le comportement d'un extrait de programme, on fait des hypothèses sur l'état des variables. Une hypothèse vraie est appelée une **assertion**. Une assertion qui ne change pas dans une boucle est appelée **invariante**. Il est souvent utile de définir un problème en termes d'assertions et ensuite de développer le programme correspondant. On notera une assertion entre accolades.

Reprenons, par exemple, le calcul de la factorielle de n et supposons que la relation $f = m!$ existe entre les variables f et m. Les deux instructions suivantes maintiennent l'hypothèse.

```
{ f = m! }
m := m + 1;
f := m*f;
{ f = m!, même si m et f ont changé }
```

Donc, on peut boucler sur ces deux instructions sans changer l'assertion:

$$\begin{cases} m := m + 1; \\ f := m*f; \\ \{ f = m! \} \end{cases}$$

La seule condition préalable est que $f = m!$ à l'entrée de la boucle:

$$\{ f = m! \}$$

$$\downarrow$$

m := m + 1;
f := m*f;
$\{ f = m! \}$

Le programme suivant initialise m et f pour que l'assertion soit invariante:

On peut alors écrire en PASCAL

```
if n < 1 then writeln ('N INCORRECT')
      else  begin m := 1; f := 1;
            (*f = m!*)
            while m < > n do
                  begin m := m + 1;
                  f := m*f
            end
            (*f = m! et m = n donc f = n!*)
      end
```

6.9 Exercices

* 6.1 Ecrire un programme qui imprime une table des sinus, cosinus et tangentes des angles de 0° à 45°.

* 6.2 Ecrire un programme qui donne une table de conversion des milles en kilomètres.
  Rappel: 1 km = 0.6214 milles

* 6.3 Ecrire un programme qui donne une table de conversion de degrés Fahrenheit en degrés Celsius.
  Rappel: la correspondance entre degrés Fahrenheit (F) et degrés Celsius (C) est donnée par $C = 5/9 (F - 32)$

6.4 Ecrire un programme qui donne une table des factorielles des nombres de 1 à 10.

6.5 Trouver par programmation le plus grand nombre premier inférieur à 5000.

CHAPITRE 7

LE TYPE CARACTERE

7.1 Les caractères

Les applications d'un ordinateur sont très souvent non numériques: fichier du personnel, catalogue de bibliothèque, traduction automatique, etc. Il est donc essentiel de pouvoir manipuler du texte, ce que nous ferons dans le chapitre consacré au traitement de texte. Mais nous allons déjà considérer un nouveau type simple: le type «char» (caractère).

Une constante de type caractère se présente comme un caractère encadré d'apostrophes.

p.e.   'A'   'Z'   ' + '

Le caractère apostrophe est représenté par une double apostrophe encadrée d'apostrophes, ce qui donne ''''. Il est évidemment possible de déclarer des constantes de type char.

p.e.   **const** dollar = '$';   étoile = '*';
              trois = '3';   espace = ' ';

Les identificateurs de ces constantes peuvent alors être utilisés, comme les constantes,

p.e.   i := 1;
         while i < = 10 **do**
                begin write (espace, dollar);
                      i := i + 1
                end;
         imprime: ∧ $ ∧ $ ∧ $ ∧ $ ∧ $ ∧ $ ∧ $ ∧ $ ∧ $

Le jeu de caractères utilisables dépend de la machine et du compilateur PASCAL. Mais il se compose normalement de 3 catégories de caractères:
i)   les lettres : 'A' à 'Z'
ii)   les chiffres : '0' à '9'
iii)   les caractères spéciaux: '+' , '-' , '*' , '/' , ';' , ',' , '"' ....

7.2 Les variables caractères

Une variable peut être déclarée de type caractère; elle peut alors prendre pour valeur n'importe quel caractère du jeu disponible.

p.e.   **var** signe, dessin: char

Une affectation permet de donner une nouvelle valeur à une variable.

        p.e.   signe : = ' + '; dessin : = 'K';

Il est évidemment possible de comparer des caractères entre eux.

        p.e.   On veut reconnaître si la variable lettre contient ou non
                            une voyelle:

           if (lettre = 'A') **or** (lettre = 'E') **or** (lettre = 'I') **or**
             (lettre = 'O') **or** (lettre = 'U') or (lettre = 'Y') **then**
             writeln ('VOYELLE')

7.3   Les expressions caractères

On peut se demander quelles opérations sont permises sur les caractères. Par exemple, peut-on additionner deux variables de type char contenant chacune un chiffre. En aucun cas, il n'est possible d'appliquer des opérateurs arithmétiques à des caractères.

Pourtant, il est possible de construire des expressions de type char. Mais ces expressions sont réduites aux 3 cas suivants:

i)   des constantes
ii)   des variables
iii)   des invocations de fonctions standards dont le résultat est de type char.

Nous allons approfondir ce dernier point. Les caractères sont définis dans un ordre dépendant de la machine et du compilateur donné. Nous pouvons accéder au caractère précédent un caractère donné par la fonction «pred»; nous pouvons aussi obtenir le caractère suivant par la fonction «succ».

Par exemple, nous pouvons montrer dans la Figure 7.1 le jeu de caractères de la machine CDC.

succ ('L') est 'M'
pred ('*') est '-'
succ (succ('H')) est 'J'
succ (pred (' < ')) est ' < '
pred (':') et succ (';') sont indéfinis.

Dans le tableau que nous venons de définir, chaque caractère a un numéro d'ordre.

        p.e.   le numéro d'ordre du caractère '$' est 43.

Il existe une fonction «ord» qui donne le numéro d'ordre du caractère.

        p.e.   ord ('A') est 1
                    ord ('Z') est 26
                    ord ('%') est 51
                    ord (pred ('/')) est 39

Lorsqu'on désire connaître le caractère correspondant à un numéro d'ordre donné, on peut employer la fonction «chr».

numéro	caractère	numéro	caractère	numéro	caractère
0	:	22	V	44	=
1	A	23	W	45	(espace)
2	B	24	X	46	,
3	C	25	Y	47	.
4	D	26	Z	48	#
5	E	27	0	49	[
6	F	28	1	50	]
7	G	29	2	51	%
8	H	30	3	52	"
9	I	31	4	53	–
10	J	32	5	54	!
11	K	33	6	55	&
12	L	34	7	56	'
13	M	35	8	57	?
14	N	36	9	58	<
15	O	37	+	59	>
16	P	38	–	60	@
17	Q	39	*	61	\
18	R	40	/	62	^
19	S	41	(	63	;
20	T	42	)		
21	U	43	$		

Fig. 7.1 Jeu de caractères ASCII CDC

p.e.   chr (1)   est 'A'
         chr (26) est 'Z'
         chr (51) est '%'
         succ (chr (39)) est '/'

Il ne faut pas oublier que la correspondance entre les numéros d'ordre et les caractères n'est pas la même pour toutes les machines.

On peut obtenir cette correspondance par le programme suivant:

```
program ordre (output);
const   max = ... ; (*ordre du dernier caractère, à déterminer*)
var     numero: integer;
begin   numero: = 0;
```

```
repeat      writeln (numero, chr (numero));
            numero: = numero + 1
until       numero > max
end.
```

Il est possible de comparer des caractères, avec les opérateurs relationnels

$$< > \quad = \quad < > \quad < = \quad et \quad > =$$

Exemples

i)   La variable booléenne chiffre prendra la valeur true si la variable carac con-
     tient un chiffre:
     chiffre : = (carac > = '0') **and** (carac < = '9')

ii) Si l'on désire effectuer un calcul sur un chiffre contenu dans une variable
     c de type char, on peut utiliser l'affectation suivante:
     valeur : = ord (c) - ord ('0')

     Si c contient, par exemple, '7', on aura la soustraction
     valeur : = 34 - 27 qui donne bien 7.

7.4   Exercices

* 7.1   Imprimer l'alphabet en utilisant la fonction succ.

7.2   En supposant l'existence de trois variables de type char: centaine, dizai-
      ne et unité qui contiennent, respectivement, le nombre de centaines,
      le nombre de dizaines et le nombre d'unités d'un nombre n, écrire l'ex-
      pression qui permet d'affecter la valeur du nombre n à une variable v.

7.3   Ecrire un programme qui imprime les 20 premiers nombres romains.

CHAPITRE 8

LA LECTURE

8.1 Les ordres de lecture

Supposons que nous ayons à effectuer la moyenne et la somme des carrés des 6 nombres suivants: 22, 47, 91, -3, 145 et 82. Avec les connaissances que nous avons, un tel programme est simple:

```
program statistique (output);
var moyenne: real; sommecarre: integer;
begin moyenne : = (22 + 47 + 91 - 3 - 145 + 82)/6;
sommecarre : = sqr (22) + sqr (47) + sqr (91) + sqr (-3) +
                + sqr (145) + sqr (82);
writeln (moyenne, sommecarre)
end.
```

Supposons, maintenant, que nous ayons à effectuer la moyenne et la somme des carrés des 5 nombres suivants: 43, 81, 62 -117 et -15. Nous ne pouvons pas utiliser le programme statistique, à moins de le modifier complètement.

Enfin, supposons que nous devions calculer la moyenne et la somme des carrés de 10000 nombres. Il est évident qu'un programme conçu comme le programme statistique ne peut pas s'appliquer à ce cas.

Nous allons donc introduire le moyen d'écrire des programmes de traitement de données (nombres ou caractères) indépendants de celles-ci et indépendants du nombre de celles-ci.

Notre programme de statistiques va alors se présenter ainsi:

```
program  statistique (input, output);
var      nbnombres, nombre, compteur, somme, sommecarre:
         integer; moyenne: real;
begin    readln (nbnombres);
somme : = 0; compteur : = 1; sommecarre : = 0;
while    compteur < = nbnombres do
            begin read (nombre); compteur : = compteur + 1;
            somme : = somme + nombre;
            sommecarre : = sommecarre + sqr (nombre)
            end;
```

moyenne : = somme / nbnombres;
writeln (moyenne, sommecarre)
end.

Dans ce programme, nous pouvons constater les nouvelles notions suivantes:

i) La première instruction readln (nbnombres) est une instruction de lecture; elle commande le transfert d'une valeur numérique entière du monde extérieur vers le programme, et affecte cette valeur à la variable nbnombres. Nous pouvons plus précisément dire qu'un nombre entier est lu sur un dispositif d'entrée de données et affecté à nbnombres. Ce dispositif d'entrée (que nous dirons **standard**) peut être un lecteur de cartes, et le nombre entier est perforé sur une carte ou une console (machine à écrire), et le nombre est entré au clavier au moment de l'exécution. Dans ce dernier cas, nous dirons que le programme est **interactif**.

Dans le programme statistique, nbnombres représente le nombre de nombres dont nous voulons calculer la moyenne et la somme des carrés. Puisque ce nombre est fourni, lors de l'exécution du programme, il peut être indifféremment 5,6 ou 10000 suivant l'application désirée.

ii) La boucle **while ... do** permet de répéter la suite d'actions suivantes: lire un nombre par l'ordre read (nombre), compter le nombre, l'additionner à la somme et additionner son carré à la somme des carrés. La répétition se fait tant que la valeur du compteur n'a pas atteint le nombre de nombres à traiter.

iii) La déclaration de programme comporte le paramètre input signifiant qu'il y aura des données à lire sur le dispositif standard.

8.2   Forme générale des ordres read et readln

Les ordres read et readln ont une syntaxe comparable à write et writeln. Le diagramme syntaxique de ces ordres est présenté dans la Figure 8.1.

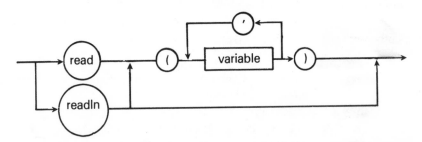

Fig. 8.1   Diagramme syntaxique des ordres read et readln

On voir qu'on peut lire plusieurs valeurs avec un seul ordre. Il n'y a pas de possibilités de format; les données numériques sont en format libre avec au moins un espace entre elles.

La différence entre les ordres read et readln est la suivante:

après une lecture de valeurs par un ordre readln, un passage à la carte (ou ligne) suivante est effectué; ce passage n'a pas lieu avec un ordre read.

Ainsi, si on utilise le programme statistique pour les 6 nombres 22, 47, 91, -3, 145 et 82, les données devront être fournies sous la forme suivante:

1ère carte:	6					
2ème carte:	22	47	91	-3	145	82

ou

1ère carte:	6		
2ème carte:	22	47	91
3ème carte:	-3	145	82

etc.

La seule obligation est d'isoler la valeur 6 sur une première carte, car elle est lue par l'ordre readln (nbnombres).

On peut lire des valeurs de types différents avec un seul ordre.
p.e. si l'on a déclaré **var** x, y: integer; k: real, il est possible de lire les 3 valeurs par:

$$read (x, y, k)$$

des données correspondantes pourraient être:

45   -12   3.14

L'ordre readln sans variable fait simplement passer à la carte (ligne) suivante. L'ordre read sans variable n'a pas de sens.

8.3 Le test de fin de données

La dernière version du programme statistique a encore un grave défaut, elle nécessite de connaître le nombre de données à traiter. Or ce nombre n'est pas toujours connu et si l'on a des dizaines de milliers de données, il n'est pas facile à trouver. Pour remédier à ces inconvénients, on peut utiliser une nouvelle fonction standard, eof (f) dont le paramètre f ne peut être, pour l'instant, pour nous, que l'identificateur input qui signifie donc le dispositif d'entrée standard. Le résultat de la fonction est booléen:

«true» s'il n'y a plus de données à lire
«false» s'il y a encore des données à lire.

Le programme statistique devient alors:

```
program  statistique (input, output);
var       nombre, compteur, somme, sommecarre: integer;
          moyenne: real;
begin     somme := 0; compteur := 0; sommecarre := 0;
while not eof (input) do
begin     readln (nombre); compteur := compteur + 1;
          somme := somme + nombre;
```

sommecarre := sommecarre + sqr (nombre)

end;

moyenne := somme/compteur;

writeln (moyenne, sommecarre)

end.

On a donc supprimé la variable nbnombres, c'est compteur qui contiendra finalement le nombre de données.

On donne, dans la Figure 8.2, une version plus complète du même programme avec une exécution. Les données sont imprimées et un test a été introduit pour assurer qu'il y a au moins une donnée, car si compteur vaut 0, une division par zéro est détectée dans le calcul de la moyenne. On a également supposé qu'on lisait une valeur par carte.

```
PROGRAM STATISTIQUE(INPUT,OUTPUT);
VAR NOMBRE,COMPTEUR,SOMME,SOMMECARRE:INTEGER;
    MOYENNE: REAL;
BEGIN SOMME:=0; COMPTEUR:=0; SOMMECARRE:=0;
WHILE NOT EOF(INPUT) DO
    BEGIN READLN(NOMBRE); WRITE(NOMBRE); COMPTEUR:=COMPTEUR+1;
    IF COMPTEUR MOD 5 = 0 THEN WRITELN;
    SOMME:=SOMME+NOMBRE; SOMMECARRE:=SOMMECARRE + SQR(NOMBRE)
    END;
WRITELN;
IF COMPTEUR > 0 THEN BEGIN MOYENNE:=SOMME/COMPTEUR;
                WRITELN(' MOYENNE: ',MOYENNE:8:3,
                    ' SOMME DES CARRES: ',SOMMECARRE:8)
                END ELSE WRITELN(' PAS DE DONNEES')
END.
```

```
    343        456        123        245        -17
     89        678         45         34       -112
     67         56         34        236        -10
     45         34        457         23        -98
      0        567         34         23         34
    678         89         89         89         67
     45         45
MOYENNE:   140.250 SOMME DES CARRES:   1987414
```

Fig. 8.2 Programme de statistiques

8.4 La lecture des caractères

Nous avons vu, jusqu'à maintenant, comment lire des nombres; il est aussi possible de lire des caractères.

p.e. Pour lire et imprimer un texte de 10 caractères, on peut utiliser le programme suivant:

```
program lecture (input, output);
var ch: char; compteur: integer;
begin compteur: = 1;
while compteur < = do
    begin read (ch); write (ch);
    compteur: = compteur + 1
    end
end.
```

Contrairement aux nombres, les caractères sont lus à la suite l'un de l'autre, sans espace entre eux. Par exemple, le programme ci-dessus pourrait avoir comme donnée:

MAINTENANT
ou   BON   VOYAGE

On voit, dans BON   VOYAGE, que l'espace est un caractère qui peut être aussi lu. Cependant, les espaces en fin de carte ne peuvent pas être lus. Ainsi, si une carte-donnée comportait par exemple le mot CHIEN, le programme lecture ci-dessus, qui lit obligatoirement 10 caractères, va fonctionner de la manière suivante: après le dernier caractère différent d'un espace, on peut considérer qu'il y a un caractère spécial "fin de ligne" (eol).

p.e. on a la donnée:
CHIEN eol

Lorsqu'on essaie de lire le caractère "eol" dans la variable ch, on obtient un espace comme valeur de ch. Si on essaie de lire après cet "eol", on obtient soit un message d'erreur s'il n'y a plus de données, ou on lit les données contenues sur la carte suivante.

Exemple: Supposons que l'on désire lister, sur une imprimante, un texte perforé sur cartes. Nous pouvons employer le programme suivant:

```
program lister (input, output);
var ch: char;
begin while not eof (input) do
            begin read (ch);
                write (ch);
            end
end.
```

Ce programme ne donne pas le résultat escompté; en effet, chaque caractère "eol" lu est transformé en espace. Donc, si nous avons les données sur les cartes suivantes:

DUPONT	LOUIS	TECHNICIEN
LAJOIE	ÉMILIE	DIRECTRICE

L'impression est la suivante:

DUPONT LOUIS   TECHNICIEN LAJOIE   ÉMILIE   DIRECTRICE.

Pour remédier à cette situation, on peut utiliser une nouvelle fonction de type booléen: eoln (f). Le paramètre f de cette fonction se réduit pour l'instant pour nous à l'identificateur input. Ainsi, eoln (input) a la valeur true lorsqu'on atteint le caractère "eol", sinon il a la valeur false.

Avec la fonction eoln, la version correcte du programme lister est la suivante:

```
program lister (input, output);
var ch: char;
begin
while not eof (input) do
        begin while not eoln (input) do
                begin read (ch);
                      write (ch)
                end;
        readln; writeln
        end
end.
```

On copie donc les caractères de chaque ligne et, à la fin de la ligne, on passe à la carte suivante par un "readln" et on passe à la ligne suivante par un "writeln". La fin de chaque ligne est testée par la fonction eoln.

8.5 Un programme de biologie: la croissance

Ce programme permet d'étudier 3 modèles de population:

i) **Le modèle exponentiel** qui permet une croissance sans limites, car on ne tient pas compte de facteurs tels que quantité de nourriture, eau, espace vital.

ii) **le modèle à capacité limite** pour lequel la croissance est limitée par les problèmes de quantité de nourriture, d'eau et d'espace vital.

iii) **le modèle de population de faible densité** de population dans un site donné.

On voit l'importance de l'ordre de lecture, dans ce programme. Pour les 3 modèles, on lit la population initiale, le taux de reproduction, le temps de génération et le nombre de générations. Pour les deux derniers modèles, on lit la capacité limite et, pour le dernier, la limite de population à faible densité. Grâce à ces ordres de lecture, on peut dynamiquement choisir les paramètres et modifier ainsi les résultats; ce qui permet de mieux comprendre chaque modèle. Le listage et l'exécution de ce programme se trouvent à la Figure 8.3.

8.6 Exercices

* 8.1 Ecrire un programme qui calcule la variance d'une suite de 5 nombres. Peut-on le généraliser? Donner vos raisons.

Rappel: $\text{variance} = \sum_{i=1}^{N} \frac{(x_i - \bar{x})}{N-1}$ avec $\text{moyenne} = \bar{x} = \sum_{i=1}^{N} \frac{x_i}{N}$

* 8.2 Ecrire un programme qui trouve le plus petit nombre d'une série de N NOMBRES.

8.3 Ecrire un programme qui lit un texte et le réimprime en changeant tous les point-virgules en virgules.

8.4 Ecrire un programme qui compte le nombre de caractères de chaque ligne d'un texte.

8.5 Ecrire un programme qui compte le nombre de voyelles dans un texte.

```
PROGRAM CROISSANCE(INPUT,OUTPUT);
VAR POP (*POPULATION INITIALE*),
    TEMPS (*TEMPS DE REPRODUCTION*),
    REPRO (*TAUX DE REPRODUCTION*),
    CORR (*LIMITE DE POPULATION*),
    ENVIR (*CAPACITE LIMITE*),
    NGEN (*NOMBRE DE GENERATIONS*),
    GEN (*COMPTEUR DE GENERATIONS*),
    MODELE (*NUMERO DE MODELE*) : INTEGER;
    M (*LOGARITHME DE LA POPULATION*),
    RPOP (*POPULATION*) : REAL;
BEGIN WRITELN(' CROISSANCE DE POPULATIONS');
WRITELN(' ---------------------------------------');
WRITELN; MODELE:=1;
WHILE MODELE<=3 DO
    BEGIN WRITELN(' MODELE ',MODELE); WRITELN;
    READ(POP,REPRO,TEMPS,NGEN);
    WRITELN(' POPULATION INITIALE = ',POP);
    WRITELN(' TAUX DE REPRODUCTION = ',REPRO);
    WRITELN(' TEMPS DE GENERATION = ',TEMPS);
    WRITELN(' NOMBRE DE GENERATIONS = ',NGEN);
    IF MODELE > 1 THEN
            BEGIN READ(ENVIR);
            WRITELN(' CAPACITE LIMITE = ',ENVIR);
            IF MODELE=3 THEN
                    BEGIN READ(CORR);
                    WRITELN( ' LIMITE DE POPULATION A FAIBLE DENSITE',CORR)
                    END
            END;
    READLN;
    M:=LN(REPRO); RPOP:=POP;
    WRITELN; WRITELN; GEN:=1;
    WRITELN('      GENERATION        TEMPS      POPULATION');
    WHILE (GEN<=NGEN) AND (RPOP>0.0) DO
            BEGIN
            IF MODELE=1 THEN RPOP:=REPRO*RPOP ELSE
                    IF MODELE=2 THEN RPOP:=REPRO*EXP(-M*RPOP/ENVIR)*RPOP ELSE
                    (*MODELE 3*)
                    RPOP:=REPRO*EXP(-M*RPOP/ENVIR)*(1-EXP(3*RPOP/CORR))*RPOP;
            IF RPOP <= 0.0 THEN BEGIN WRITELN(' LA POPULATION EST MORTE');
            RPOP:=0
            END;
            WRITE(GEN:15,GEN*TEMPS:15);
            IF RPOP < 1E+10 THEN WRITELN(ROUND(RPOP):15)
                            ELSE WRITELN(RPOP);
            GEN:=GEN+1
            END;
    WRITELN('-----------------------------------------------');
    MODELE:=MODELE+1
    END
END.
CROISSANCE DE POPULATIONS
---------------------------------------

MODELE            1

POPULATION INITIALE =          2
TAUX DE REPRODUCTION =         8
```

```
TEMPS DE GENERATION =            1
NOMBRE DE GENERATIONS =          10
      GENERATION          TEMPS        POPULATION
          1                1                16
          2                2               128
          3                3              1024
          4                4              8192
          5                5             65536
          6                6            524288
          7                7           4194304
          8                8          33554432
          9                9         268435456
         10               10        2147483648
```

```
MODELE          2

POPULATION INITIALE =            2
TAUX DE REPRODUCTION =           8
TEMPS DE GENERATION =            1
NOMBRE DE GENERATIONS =          20
CAPACITE LIMITE =       500000

      GENERATION          TEMPS        POPULATION
          1                1                16
          2                2               128
          3                3              1023
          4                4              8152
          5                5             63044
          6                6            388029
          7                7            618164
          8                8            378162
          9                9            627681
         10               10            369083
         11               11            636185
         12               12            361084
         13               13            643451
         14               14            354338
         15               15            649396
         16               16            348878
         17               17            654075
         18               18            344620
         19               19            657634
         20               20            341404
```

```
MODELE          3

POPULATION INITIALE =            4
TAUX DE REPRODUCTION =           8
TEMPS DE GENERATION =            1
NOMBRE DE GENERATIONS =          20
CAPACITE LIMITE =       500000
LIMITE DE POPULATION A FAIBLE DENSITE        100

      GENERATION          TEMPS        POPULATION
LA POPULATION EST MORTE
          1                1                 0
```

Fig. 8.3 Programme de croissances de populations

CHAPITRE 9

LES TYPES SCALAIRES ET

LES TYPES INTERVALLES

9.1 Les types scalaires

Nous avons, jusqu'à maintenant, défini et utilisé 4 types de données: entier (integer), réel (real), booléen (boolean) et caractère (char). De tels types sont simples, par opposition aux types structurés que nous décrirons dans des chapitres ultérieurs. Nous appelons ces 4 types les **types scalaires standards**. Un type scalaire peut être défini comme l'ensemble de valeurs ordonnées que peut prendre une variable de ce type. Par exemple, le type booléen peut être défini comme la suite ordonnée (false, true).

L'utilisateur peut définir de nouveaux scalaires, dans une section de programme commençant par le mot réservé **type**. Cette section doit précéder la section des variables. Chaque nouveau type a un identificateur de type et il est défini par une liste de valeurs qui sont nécessairement des identificateurs. Ces identificateurs représentent donc les valeurs que peuvent prendre des variables de ce type. La syntaxe de la liste des valeurs est présentée dans la Figure 9.1.

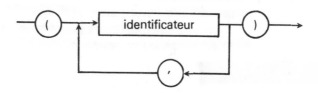

Fig. 9.1 Diagramme syntaxique d'une liste de valeurs

p.e. i) On définit un type représentant les possibilités d'état-civil d'une personne.

  type etatcivil = (celibataire, marie, divorce, veuf);

  Une variable de type etatcivil peut être déclarée selon la syntaxe courante:

  var etat: etatcivil;

Il est alors possible d'affecter à la variable etat n'importe quelle valeur de la liste définissant le type etatcivil.

p.e. etat := marie

ii) On peut définir un type représentant les jours de la semaine:

type jour = (lundi, mardi, mercredi, jeudi, vendredi, samedi, dimanche)

Une variable de type jour peut être déclarée par:

var journee : jour ;

Elle peut prendre la valeur mercredi par l'affectation:

journee := mercredi

ATTENTION

i) Le type de la variable et celui de la valeur qu'on lui affecte doivent être les mêmes. Ainsi, en considérant les exemples ci-dessus, l'affectation suivante est illégale: journee := celibataire

ii) Les valeurs contenues dans la liste définissant un type scalaire ne sont pas des chaînes de caractères. Il est impossible de les lire ou de les imprimer. Par contre, ces valeurs peuvent intervenir dans des expressions, elles peuvent être comparées et servir à d'autres usages que nous verrons dans les prochains chapitres.

iii) On peut remarquer que le type booléen peut se définir par:

type boolean = (false, true)

En fait, il est déjà prédéfini et il a toutes les propriétés d'un type scalaire. De plus, il existe des opérations spécifiques (**not**, **and**, **or**) et des valeurs booléennes peuvent être imprimées.

iv) Une même valeur ne peut pas figurer dans deux types différents.

p.e. La déclaration suivante:

type couleur = (vert, jaune, orange, bleu);

fruit = (cerise, orange, citron, fraise);

est impossible, car orange figure dans les deux types.

9.2 Expressions scalaires

Aucun opérateur arithmétique ne peut être appliqué sur une valeur de type scalaire définie par l'utilisateur. Par contre, on peut construire des expressions à l'aide des fonctions pred, succ et ord déjà vues au paragraphe 7.3 En effet, dans un type scalaire, les valeurs sont ordonnées.

p.e. Si nous reprenons le type jour:

type jour = (lundi, mardi, mercredi, jeudi, vendredi, samedi, dimanche);

on a:

lundi < mardi < mercredi < jeudi < vendredi < samedi < dimanche

Les fonctions pred, succ et ord ont donc la signification suivante:

i)   pred (v) a la valeur précédent v dans la liste définissant le type scalaire. Si v est la première valeur, pred (v) n'a aucun sens.

        p.e. pred (mercredi) vaut mardi
              pred (lundi) est indéfini

ii)   succ (v) a la valeur suivant v dans la liste définissant le type scalaire. Si v est la dernière valeur, succ (v) n'a aucun sens.

        p.e. succ (jeudi) vaut vendredi
              succ (dimanche) est indéfini

iii)   On peut considérer que les valeurs définissant un type scalaire sont numérotées dans l'ordre croissant à partir de 0. Ord (v) donne le numéro d'ordre ou rang de v ; c'est donc un nombre entier compris entre 0 et le nombre de valeurs possibles moins une.

        p.e. ord (lundi) vaut 0
              ord (samedi) vaut 5

On peut évidemment combiner ces fonctions.

        p.e. pred (pred (jeudi)) vaut mardi
              succ (pred (samedi)) vaut samedi
              ord (succ (succ (mardi))) vaut 3

La fonction chr vue au paragraphe 7.3 n'est disponible qu'avec un argument de type char; il n'est donc pas possible de l'employer avec un argument d'un autre type scalaire. Les fonctions pred, succ et ord peuvent être utilisées avec des arguments entiers et booléens, mais pas réels.

Pour un entier, le successeur revient à additionner 1 et le prédécesseur à soustraire 1. La fonction ord correspond à l'identité.

        p.e. succ (4) vaut 5
              pred (6) vaut 5
              ord (7)   vaut 7

Dans le type booléen, on a la relation d'ordre suivante:

              false < true

Ainsi: pred (true) vaut false
        succ (false) vaut true
        pred (false) et succ (true) n'ont pas de sens
        ord (false) vaut 0
        ord (true)   vaut 1

9.3   Exemple illustrant un type scalaire

Nous allons montrer, dans le programme de la Figure 9.2, la définition et l'utilisation de types scalaires. Nous verrons, par la suite, que ces types scalaires définis par l'utilisateur peuvent s'avérer extrêmement utiles.

```
PROGRAM SCALAIRE(OUTPUT);
TYPE VILLE=(PARIS,ROME,MONTREAL,NEWYORK,MOSCOU,BERLIN,LONDRES,DUBLIN);
VAR V1,V2,V3,V4:VILLE; I,E1,E2,E3:INTEGER;
BEGIN V1:=PARIS;
V2:=SUCC(V1);
V3:=LONDRES;
V4:=PRED(V3);
WRITELN(ORD(V1),ORD(V2),ORD(V3),ORD(V4));
V1:=SUCC(PRED(V3));
E2:=ORD(SUCC(SUCC(SUCC(MONTREAL))));
WRITELN(ORD(V1),E2);
E1:=PRED(ORD(SUCC(V1)));
E2:=ORD(PRED(SUCC(V1)));
E3:=PRED(SUCC(ORD(V1)));
WRITELN(E1,E2,E3);
I:=1; V1:=DUBLIN;
REPEAT WRITE(ORD(V1):3);
       V1:=PRED(V1)
UNTIL V1=PARIS
END.
```

```
        0            1          6          5
        6            5
        6            6          6
  7  6  5  4  3  2  1
```

Fig. 9.2 Programme illustrant un type scalaire

9.4 Comparaisons d'expressions scalaires

Comme l'ensemble des valeurs définissant un type scalaire est ordonné, il est évidemment possible de comparer deux valeurs de même type avec les opérateurs relationnels < > = < >   < =   et   > =

p.e. Considérons les définitions de type et de variables suivantes:

type animal = (chat, chien, lapin, poule, vache, cheval);
var   a1, a2 : animal;

La suite d'instructions suivantes est parfaitement correcte:

a1 := lapin;   a2 := succ (a1);
if a2 > chien **then** a1 := chat
                    else a1 := succ (a1);
while (a2 > = lapin) **and** (a1 < = poule) **do**
        begin a2 := pred (a2);
                a1 := succ (a1)
        end

On peut se poser ici la question suivante: que valent a1 et a2 après exécution de cette suite d'instructions (voir exercice 9.1)?

Toutes les comparaisons sont permises à condition que les valeurs comparées soient de même type. Ainsi, si nous définissons les types et les variables suivants:

type fleur   = (tulipe, rose, marguerite, paquerette, iris);
        legume = (haricot, pois, poireau, carotte, radis);
var   f1, f2 : fleur; ℓ1, ℓ2 : legume;

Les expressions booléennes suivantes sont incorrectes:

$f1 > pois$
$\ell 2 = tulipe$
$(f2 > rose)$ **and** $(\ell 2 > iris)$

Par contre, les expressions suivantes sont parfaitement légales:

$\ell 1 > pois$
$f2 = tulipe$
$(f2 > rose)$ **and** $(\ell 2 < radis)$
ord $(f1) >$ ord (pois)

Il faut remarquer que la dernière expression est correcte bien que f1 et pois ne soient pas de même type. En fait, il s'agit d'une simple comparaison de deux expressions entières.

9.5 Les types intervalles

Dans un programme, on sait souvent qu'une variable est limitée inférieurement et supérieurement. Par exemple, l'âge d'une personne ne peut ni être négatif, ni dépasser 120 ans. Il est donc peu rigoureux de déclarer une variable «age» comme un simple entier. Mais il est possible de la déclarer de type intervalle.

p.e. **type** vie = 0..120;
      var   age : vie;

La forme syntaxique générale d'un intervalle est présentée dans la Figure 9.3.

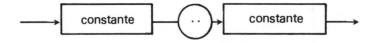

Fig. 9.3 Diagramme syntaxique d'un intervalle

La constante ne peut être que de l'un des types suivants:

i)   integer   p.e. petitentier = - 1000 .. 1000
ii)   char   p.e. lettre = 'A' .. 'Z'
iii)   scalaire défini par l'utilisateur
              p.e. jourtravail = lundi .. vendredi

Dans ce dernier cas, le type scalaire correspondant (ici jour) doit avoir été défini auparavant; en effet, le compilateur ne peut pas deviner les valeurs comprises entre lundi et vendredi.

Un intervalle de réels est tout à fait illégal.

La constante peut avoir été définie dans une section **const**.

p.e. **const** agemaximum = 120;
      type   vie = 0 .. agemaximum;

Pour définir un type «entier positif», on peut utiliser la constante prédéfinie «maxint».

type entierpositif = 0 .. maxint;

Enfin, il faut signaler que lorsqu'on peut prévoir les limites d'une variable scalaire non réelle, il est important de la déclarer de type intervalle. En effet, dans la plupart des compilateurs PASCAL, des tests ont été prévus afin de prévenir l'utilisateur lorsqu'une variable prend une valeur hors de l'intervalle de définition. Cette facilité permet un gain de temps appréciable dans la recherche d'erreurs.

9.6 Quelques précisions sur la définition des types

La forme syntaxique générale de la section **type** d'un programme peut être donnée par le diagramme de la Figure 9.4.

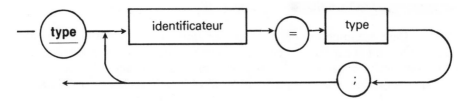

Fig. 9.4 Diagramme syntaxique d'une déclaration de type

Pour l'instant, le diagramme syntaxique d'un type se réduit à celui d'un type simple tel que présenté dans la Figure 9.5.

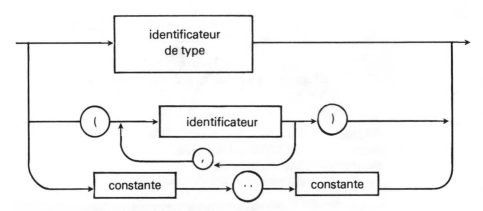

Fig. 9.5 Diagramme syntaxique d'un type simple

On reconnaît ici les 3 sortes de types vues jusqu'à maintenant:
  i)   les types définis par un identificateur
        p.e. integer

  ii)   les types définis par une énumération
        p.e. (printemps, ete, automne, hiver)

iii)   les types intervalles
                p.e. 100 .. 200

Considérons, à nouveau, le diagramme syntaxique de la Figure 4.1.

Nous voyons qu'il est possible de donner le type d'une variable autrement que par un identificateur. Cela signifie qu'il n'est pas nécessaire de donner un identificateur à un type dans la section **type**. On utilise parfois cette facilité, mais seulement si ce type n'est utilisé qu'une fois.
            p.e. **var** age: 0 .. 120; sexe: (masculin, feminin);

9.7   Exercices

* 9.1   Que valent les variables a1 et a2 après l'exécution de la suite d'instructions du paragraphe 9.4?

9.2   Par quoi peut-on simplifier les deux déclarations suivantes?
                type lim = 10 .. 10;
                var   dix : lim;

* 9.3   Soient les déclarations suivantes:
    type   chien = (berger, cocker, basset, bouledogue, caniche);
                chat = (siamois, persan);

    var   minet, minon: chat; medor, mira: chien;

    Quelles expressions booléennes parmi les suivantes sont incorrectes?
        a) (chien = berger) **or** (chat > persan)
        b) (ord (medor) > ord (siamois)) **and** ord (persan)
        c) minet = minon
        d) medor = minet
        e) berger < pred (succ (ord (basset)))
        f) ord (siamois) = pred (ord (basset))

* 9.4   Soit la déclaration de type suivante:
    type ville = (paris, montreal, newyork, rome, londres, amsterdam)
    Evaluer les expressions suivantes:
        a) ord (ord(montreal))
        b) pred (pred(newyork))
        c) succ (pred(amsterdam))
        d) pred (succ(amsterdam))
        e) succ (succ(succ(succ(succ(paris)))))
        f) ord (succ(ord(rome)))

* 9.5   Ecrire les programmes des exercices 5.1 à 5.3 en employant la fonction succ.

CHAPITRE 10

LA BOUCLE FOR ET LES

INSTRUCTIONS CASE ET GOTO

10.1 La boucle for

Si nous devons écrire un programme qui imprime une table des carrés des nombres de 1 à 100, nous pouvons utiliser l'une des 2 instructions de répétition **while ... do** ou **repeat ... until**. Nous avons donc à choix les deux suites d'instructions suivantes:

```
i)    nombre := 1;
      while nombre < = 100 do
              begin writeln (nombre, sqr(nombre))
                     nombre := nombre + 1
              end
ii)   nombre := 1;
      repeat writeln (nombre, sqr(nombre));
              nombre := nombre + 1
      until   nombre > 100
```

Ces deux constructions nécessitent:
```
      a)    une initialisation : nombre := 1
      b)    un comptage      : nombre := nombre + 1
      c)    un test : nombre < = 100 ou nombre > 100
```

Cette situation, qui fait intervenir un compteur, arrive très souvent. C'est la raison pour laquelle, on a introduit la boucle **for**. Avec cette boucle, le problème ci-dessus revient à l'unique instruction:

for nombre := 1 **to** 100 **do** writeln (nombre, sqr (nombre))

La syntaxe d'une boucle **for** est donnée par le diagramme syntaxique de la Figure 10.1.

La variable est une variable simple de type integer, boolean, char ou scalaire défini par l'utilisateur, déclarée dans le bloc contenant la boucle. Cette variable est appelée **variable de contrôle**. Les deux expressions sont quelconques, mais elles doivent être de même type que la variable de contrôle.

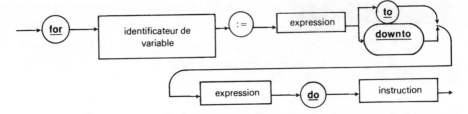

Fig. 10.1 Diagramme syntaxique d'une boucle for

Il existe deux types de boucles **for**:

    i)   les boucles ascendantes avec le mot réservé **to**

    ii)   les boucles descendantes avec le mot réservé **downto**

Nous allons expliquer le mécanisme de ces boucles séparément.

i)   **les boucles ascendantes**

La boucle a la forme **for** v := e1 **to** e2 **do** [i] où v est la variable de contrôle, e1 et e2 les deux expressions et [i] une instruction.

Le mécanisme est le suivant:
tout d'abord, la valeur e1 est affectée à v, puis tant que la valeur de e1 est **inférieure ou égale** à e2, l'instruction i est exécutée et le **successeur** de la valeur de v est affecté à v.

Nous pouvons donc schématiser cette boucle par la séquence d'instructions suivantes:

v := e1;
while v < = e2 **do**
           begin [i] ;
               v := succ (v)
        end

Nous voyons ainsi que dans une boucle **for** ascendante, si la valeur de la première expression est supérieure à la valeur de la seconde, aucune instruction n'est exécutée.

Exemples

a)   Calculer la somme des carrés des nombres entiers de 1 à 100. En supposant la déclaration **var** somme : integer; i: 1 .. 100, on a:
        somme := 0;
        for i := 1 **to** 100 **do** somme := somme + sqr (i)

b)   Imprimer les lettres de l'alphabet.
        for ch := 'A' to 'Z' **do** write (ch)
       ch doit être évidemment de type char.

ii)   **les boucles descendantes**

La boucle a la forme **for** v := e1 **downto** e2 **do** $\boxed{\text{i}}$

Le mécanisme est semblable à la boucle ascendante, mais tant que la valeur de e1 est **supérieure ou égale** à e2, l'instruction i est exécutée et c'est la valeur du **prédécesseur** de v qui est affectée à v à chaque passage.

Cette boucle peut être schématisée ainsi:

```
v := e1;
while v > = e2 do
      begin i ;
        v := pred (v)
      end
```

Si la valeur de e1 est inférieure à e2, l'instruction i n'est jamais exécutée.

Exemple

On a défini le type et la variable suivants:

```
type  jour  = (lundi, mardi, mercredi, jeudi, vendredi, samedi,
                dimanche);
var    j, journee : jour;
```

Vérifier si la variable journée a pour valeur un jour ouvrable.

```
for j := vendredi downto lundi do
      if journee = j then write ('C"EST UN JOUR OUVRABLE')
```

Il faut remarquer que cet exemple aurait pu être traité avec une boucle ascendante. De plus, nous verrons dans le chapitre concernant les ensembles qu'un tel exemple peut être programmé plus efficacement.

Important

La variable de contrôle à la sortie d'une boucle **for** n'est pas définie. Ainsi, l'exemple suivant n'a pas de sens:

```
somme := 0;
for i := 1 to 10 do somme := somme + sqr(i);
k := 3*i-2;      ← ici i n'est pas défini.
```

10.2 L'instruction case

Cette instruction est une instruction de choix multiple, elle permet de sélectionner une instruction en fonction de la valeur d'une expression.

La forme syntaxique d'une telle instruction est présentée dans la Figure 10.2.

Pour comprendre l'effet de cette instruction, nous allons prendre un exemple.

```
case  a + b of
1: a := b;
2, 3: b := a;
```

```
4: begin a := 0;
        b := 0;
   end
end
```

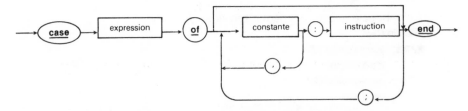

Fig. 10.2 Diagramme syntaxique de l'instruction case

Cette instruction est presque équivalente du point de vue sens à la série d'instructions suivantes:

```
if a + b = 1 then a := b else
      if (a + b = 2) or (a + b = 3) then b := a else
            if a + b = 4 then begin a := 0;
                                    b := 0
                            end
```

En fait, si a + b vaut 1, 2, 3, ou 4, l'instruction **case** et les instructions **if** imbriquées ont le même effet. Si a + b a une autre valeur, une erreur est détectée lors de l'exécution de l'instruction **case**, tandis qu'aucune affectation n'a lieu dans le cas de l'instruction **if**.

Nous pouvons faire un certain nombre de remarques concernant l'instruction case:

i)   Cette instruction est formée d'une expression, le **sélecteur** et d'une liste d'instructions préfacées par une ou plusieurs constantes. Seule l'instruction correspondant à la constante égale à la valeur de l'expression est exécutée.

p.e. dans l'instruction suivante:

```
case x + 1 of
1:    z := a + b;
2:    z := a - b;
3:    z := a * b
end;
```
Si x vaut 2, l'instruction exécutée est z := a * b

ii) Le sélecteur et les constantes doivent être de même type. Ce type est nécessairement integer, char ou scalaire défini par l'utilisateur.

p.e. Si on a les déclarations:

```
type    animal = (chat, chien, perche, renard);
var     bete : animal;
```

On peut écrire:

```
case bete of
      chat, chien: write ('ANIMAL DOMESTIQUE');
      perche: write ('POISSON');
      renard: write ('ANIMAL SAUVAGE')
end
```

iii)   Aucune constante ne peut figurer deux fois dans un même ordre case.
       p.e. **case** ch **of**

```
      'A', 'E' : ch := succ (ch);
      'I', 'O' : ch := pred (ch);
      'E' : write (ch)
end
```

n'est pas possible, car 'E' figure deux fois.

10.3   Un exemple complet

Dans un grand magasin, la caissière enregistre sur une console d'ordinateur le prix des achats des clients accompagnés d'une lettre indiquant la catégorie des marchandises:

'A'	articles ménagers	taxe: 6%
'B'	vêtements	pas de taxe
'C'	meubles	taxe: 6%
'D'	outils	taxe: 8%
'E'	parfums	taxe: 11%

Le programme qui effectue l'addition de chaque client se trouve dans la Figure 10.3.

```
PROGRAM TAXE(INPUT,OUTPUT);
VAR SOMME,PRIX:REAL; CATEGORIE: 'A'..'E';
BEGIN SOMME:=0;
WHILE NOT EOF(INPUT) DO
    BEGIN READLN(CATEGORIE,PRIX);
    WRITELN(' ',CATEGORIE,PRIX:8:2);
    CASE CATEGORIE OF
        'A','C': SOMME:=SOMME+1.06*PRIX;
        'B': SOMME:=SOMME+PRIX;
        'D': SOMME:=SOMME+1.08*PRIX;
        'E': SOMME:=SOMME+1.11*PRIX
    END
    END;
WRITELN; WRITELN(' MONTANT TOTAL:',SOMME:10:2)
END.
```

```
A    339.95
B     15.17
E      6.25
A    236.00
C   1133.50
B    142.15
B    137.00
D     12.45

MONTANT TOTAL:    2126.72
```

Fig. 10.3 Programme de taxe

10.4   L'instruction goto

Considérons le programme suivant qui lit une série de groupes de 4 valeurs, effectue un certain nombre de calculs sur ces valeurs et additionne les résultats de chaque groupe.

```
program  calcul (input, output);
var      x, y, z, t, u, v, w, somme : real;
begin    somme : = 0;
while    not eof (input) do
              begin  readln (x, y, z, t);
                     u : = sin (x) + sin (y);
                     v : = sqrt (u) + exp (t);
                     w : = sqr (v * z);
                     somme : = somme + w
         end;
         writeln (somme)
         end.
```

Il est clair qu'un tel programme ne peut pas s'exécuter correctement si à un instant donné la valeur de u est négative. Si cette situation se présente, on désire imprimer les valeurs des données lues et arrêter le programme. Avec les instructions que nous connaissons, une solution est la suivante:

```
program  calcul (input, output);
var x, y, z, t, u, v, w, somme : real; ok: boolean;
begin somme : = 0; ok : = true;
while not eof (input) and ok do
      begin readln (x, y, z, t);
            u : = sin (x) + sin (y);
            if u < 0 then begin writeln ('ERREUR', x, y, z, t);
                                ok : = false
                 end
            else begin
```

96

```
                    v := sqrt (u) + exp (t);
                    w := sqr (v*z);
                    somme := somme + w
                    end
        end;
    if ok then writeln (somme)
    end.
```

Ce programme a le grave défaut d'introduire une variable booléenne et surtout un test sur celle-ci, ce qui prend du temps à chaque passage de la boucle **while ... do**.

Un moyen plus judicieux serait d'avoir à sa disposition une instruction permettant de sortir directement de la boucle. Une telle instruction existe, c'est l'instruction **goto**.

La forme syntaxique se trouve dans la Figure 10.4:

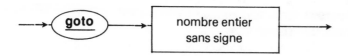

Fig. 10.4 Diagramme syntaxique de l'instruction goto

Le nombre entier sans signe est appelé une **étiquette**. Celle-ci peut avoir au maximum 4 chiffres. Elle doit figurer ailleurs dans le programme suivie du signe «:» et elle peut précéder toute instruction. L'effet de l'instruction **goto** est d'obliger l'exécution à se poursuivre à l'endroit où l'étiquette figure suivie du signe «:». Pour comprendre ce mécanisme, nous allons l'utiliser pour simplifier le programme calcul:

```
        program calcul (input, output);
        label 5;
        var x, y, z, t, u, v, w, somme : real;
        begin  somme := 0;
        while  not eof (input) do
                begin readln (x, y, z, t);
                        u := sin (x) + sin (y);
                        if u < 0 then begin writeln ('ERREUR', x, y, z, t);
                                        goto 5
                                    end;
                        v := sqrt (u) + exp (t);
                        w := sqr (v * z);
                        somme := somme + w
                end;
            5 : end.
```

On voit que si u est négatif, les valeurs lues sont imprimées et on termine le programme par un·saut à la fin de celui-ci. Il faut remarquer la déclaration **label** 5 qui est obligatoire. En effet, toute étiquette doit être déclarée dans une section **label** qui est placée tout de suite après la déclaration de programme, avant la section **const**. La forme syntaxique de la section **label** se trouve dans la Figure 10.5:

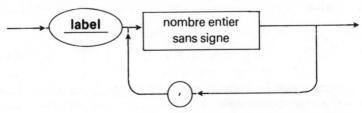

Fig. 10.5 Diagramme syntaxique de la section label

Règles

i) Une même étiquette ne peut pas être placée à deux endroits différents d'un même programme.

      p.e. la suite d'instructions suivantes est illégale:

      goto 6;
.
.
.
.

      6: a := b;
        c := d;
      6: e := f

ii) Il est impossible de sauter de l'extérieur d'une instruction à l'intérieur de celle-ci.

      p.e. les instructions **goto** placées dans la suite d'instructions suivante sont illégales:

      goto 7;
      if a = b **then** 7: c := d;
      for i := 1 **to** 10 **do begin** 8: write (sqr(i));
                                   y := y + sqrt (i)
                 end;
      goto 8

iii) Les étiquettes n'ont aucun rapport avec les constantes d'un **case** malgré la similitude d'écriture.

10.5 L'usage du goto et la programmation structurée

Les premiers langages de programmation tels que FORTRAN sont pauvres en choix d'instructions; le déroulement des actions ne peut être contrôlé que par 3 instructions: une boucle proche de la boucle **for**, une instruction **if** très primitive (il n'y a ni instruction composée, ni **else**) et une instruction GO TO. Aussi, un gros programme FORTRAN contient nécessairement beaucoup d'instructions GO TO. Ceci rend un programme peu lisible et nuit fortement à sa sécurité de fonctionnement. Ce sont les raisons pour lesquelles, vers la fin des années 60, une violente polémique a été soulevée contre l'instruction GO TO. A cette même époque et dans la même optique naissaient les concepts de **programmation structurée.** Ceux-ci ont été souvent présentés comme le moyen de programmer avec moins de risques d'erreurs, mais ont permis de programmer d'une manière plus proche de l'homme et, par conséquent, ont diminué le nombre d'erreurs. On a pris conscience qu'un programme doit être clair et sûr avant d'être efficace. De plus, c'est le logiciel qui est devenu coûteux alors que le matériel baisse constamment de prix. Ces concepts ont conduit à la définition et à l'implantation de nouveaux langages. Le langage PASCAL est l'un de ceux-ci. Pourtant, il est possible d'écrire de très mauvais programmes en PASCAL, par exemple, en abusant de l'instruction **goto**. Un programmeur ne doit utiliser cette instruction que dans des cas où elle améliore la compréhension et l'efficacité d'un programme. Ces cas sont rares, pourtant une sortie en cas d'erreur d'une boucle, comme dans le programme calcul, est un exemple de bon usage d'une instruction **goto**. Les trois exemples suivants montrent de mauvais exemples d'utilisation de **goto**.

i) **if** a > b **then goto** 3;
    x : = sqr (a);
    write (a, x);
    goto 4;
    3: x : = 2 * b;
    write (b, x);
    4: a : = b

ii) 2: **if** a > b **then goto** 3;
    a : = a + da;
    b : = b + db;
    goto 2 ;
    3: write (a, b);

iii) 4: read (x);
    write (sqr(x));
    if x > 100 **then goto** 5;
    goto 4;
    5: y : = sqrt (x)

Ces exemples sont mal programmés, puisqu'ils peuvent être remplacés respectivement par les trois suivants:

i) **if** a > b **then begin** x : = 2 * b;
                    write (b, x)
                end
            else   begin x : = sqr (a);

```
                write (a, x)
                end;
        a := b
```

ii)   **while** a < = b **do begin** a := a + da;
                                b := b + db;
                        end;
        write (a, b)

iii)   **repeat** read (x);
                write (sqr (x))
        until x > 100;
        y := sqrt (x)

10.6   Des diagrammes syntaxiques plus complets

Avec les concepts vus dans ce chapitre, nous pouvons donner une version plus complète des diagrammes syntaxiques d'un programme (Figure 10.6), de ses déclarations (Figure 10.7) et de ses instructions (Figure 10.8).

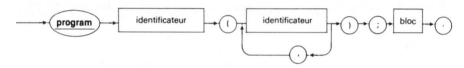

Fig. 10.6 Diagramme syntaxique d'un programme

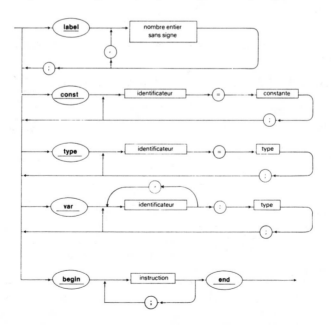

Fig. 10.7 Diagramme syntaxique d'un bloc

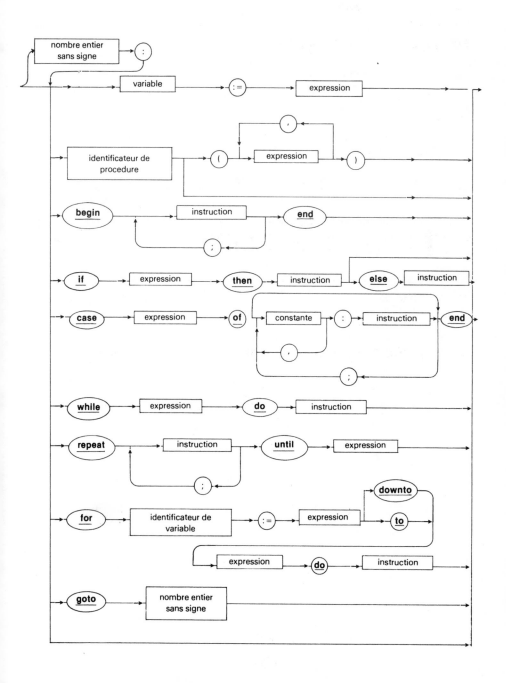

Fig. 10.8 Diagramme syntaxique d'une instruction

Pour l'instant, la case «identificateur de procédure» se limite aux identificateurs read, readln, write et writeln. Enfin, il faut signaler que l'instruction vide est légale, elle est symbolisée par la flèche tout en bas du dernier diagramme. Cela signifie, par exemple, que l'instruction suivante est correcte:

case a + b **of**
    1: write (a);
    2: ; (* instruction vide *)
    3: write (b)
end;

10.7 Exercices

* 10.1 Ecrire un programme qui calcule la somme des cubes des nombres entiers de 1 à 100.

10.2 Ecrire un programme qui calcule $\tilde{\Pi}$ par la formule de Bernouilli:

$$\tilde{\Pi} = \sqrt{6 \ (1 \ + \ 1/4 \ + \ 1/9 \ + \ 1/16 \ + \ ...)} \quad \text{prendre 100 puis 1000 termes}$$

10.3 Ecrire un programme qui calcule e par son développement en série avec 10 termes.

$$e = 1 + 1/1! + 1/2! + 1/3! + 1/4! + ...$$

* 10.4 Les 2 instructions suivantes sont-elles équivalentes?
    i) **if** a = 1 **then** a := 0
    ii) **case** a **of**
      1: a: = 0
      end

CHAPITRE 11

LES TABLEAUX

11.1 Le concept de tableau

Supposons que nous désirions lire une série de 10 nombres entiers et l'imprimer dans l'ordre inverse. Avec nos moyens actuels, un tel programme aurait l'allure suivante:

```
program inverse (input, output);
var n1, n2, n3, n4, n5, n6, n7, n8, n9, n10: integer;
begin read (n1, n2, n3, n4, n5, n6, n7, n8, n9, n10);
        write (n10, n9, n8, n7, n6, n5, n4, n3, n2, n1)
end.
```

Ce programme manque d'élégance et ne peut pas être étendu à une série de 1000 nombres entiers. Le problème est donc le suivant: comment mémoriser un grand nombre de valeurs, sans utiliser un grand nombre de variables et tout en laissant accessible n'importe laquelle de ces valeurs?

Le meilleur moyen consiste à donner un nom unique à toutes ces valeurs et à les référencer au moyen d'un numéro ou **adresse**. Une telle variable, permettant de mémoriser plusieurs valeurs, est appelée **variable indicée** ou **tableau** (en anglais **array**). Le numéro qui permet d'accéder à une valeur particulière du tableau est appelé **indice** ou **index**. Les valeurs elles-mêmes constituent les **composantes** du tableau. En utilisant ces nouveaux concepts, le programme «inverse» pour 1000 nombres prend la forme suivante:

```
program inverse (input, output);
const     nombre = 1000;
type      limite = 1 .. nombre;
          tab = array[limite]of integer;
var       i: limite ; n : tab;
begin     for i := 1 to nombre do read (n [ i ] );
          for i := nombre downto 1 do writeln (n [ i ] )
end.
```

En observant soigneusement ce programme, on remarque qu'un type tableau se déclare à l'aide du mot réservé **array**. Entre crochets, on donne le type de l'indice qui est nécessairement un type simple. On utilise ensuite le mot réservé **of** qui précède le type des composantes. La syntaxe d'une telle déclaration est illustrée dans la Figure 11.1.

Fig. 11.1 Diagramme syntaxique d'une déclaration de tableau

Le type de l'indice doit être un type simple, par opposition à un **type structuré**, tel que le type tableau. Pourtant, ce type simple est restreint aux possibilités suivantes:

i) **types scalaires défini par l'utilisateur**
p.e. **array** [(masculin, feminin)] **of** integer

ii) **type booléen**
p.e. **array** [boolean] **of** real

iii) **type caractère**
p.e. **array** [char] **of** boolean

iv) **type intervalle**
p.e. array [-5 .. 20] **of** char

Le type de l'indice ne peut être ni integer, ni real. Le type des composantes d'un tableau peut être n'importe quel type déjà vu ou que nous verrons ultérieurement.

On peut aussi remarquer dans le programme inverse la manière d'accéder à une composante d'un tableau. Par exemple, la boucle
for i := 1 **to** 1000 **do** read (n [i]) signifie qu'on lit 1000 valeurs et qu'on les mémorise dans les 1000 composantes du tableau n. Chaque composante est référencée par n [i] où i est l'**indice** qui a une valeur précise.

L'indice peut être n'importe quelle expression du type prévu dans la déclaration du tableau. Une composante de tableau est donc une variable, ce qui permet de donner, dans la Figure 11.2, le diagramme syntaxique provisoire d'une variable.

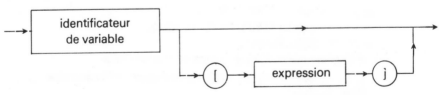

Fig. 11.2 Diagramme syntaxique d'une variable

p.e. Si l'on considère les déclarations suivantes:
type   inter = -10 .. 10;
          tab = array [1 .. 20] **of** inter;

tab2 = **array** [inter] **of** integer;
    var a : tab; b : tab2;

la séquence suivante est correcte:
    a [1] : = 5;
    b [a [1]]: = 4;
    a [b [5] + 2]: = 8;

Après l'exécution de cette séquence, a [1] vaut 5, b [5] vaut 4 et a [6] vaut 8.

Exemples

i)   Le type d'un vecteur dans l'espace R^3 peut être déclaré par:
        type vecteur = **array** [1 .. 3] **of** real

Les composantes sont réelles et l'indice indique l'une des 3 directions de l'espace.
On peut alors déclarer deux vecteurs $\vec{a}$ et $\vec{b}$ par:
        var a, b: vecteur

On aurait pu évidemment, conformément au paragraphe 9.6, déclarer:
        var a, b: **array** [1 .. 3] **of** real

Si l'on veut calculer le produit scalaire des deux vecteurs dont on suppose qu'on a déjà lu les valeurs des composantes, on écrit:
    produitscalaire : = 0;
    for i : = 1 **to** 3 **do** produitscalaire : = produitscalaire +
                        a [i] * b [i]

Il est clair que la déclaration suivante devait figurer dans la section des variables:
    i : 1 .. 3; produitscalaire: real;

ii)   Si on désire traiter les températures moyennes saisonnières, on peut déclarer:
        type saison = (printemps, ete, automne, hiver);
        var temperature : array [saison] **of** real; s: saison;

On lit les températures à l'aide de la boucle suivante:
        for s : = printemps **to** hiver **do** read (temperature [s])

On imprime la température moyenne de l'automne par:
        write (temperature [automne])

11.2 Deux programmes complets

i)   On désire calculer la fréquence des lettres d'un texte. On utilise un tableau dont les composantes sont des entiers et l'indice constitue la lettre dont on compte la fréquence.

     Dans le programme de la Figure 11.3, on s'est limité à un texte d'une ligne.

ii)   On dispose des coordonnées x et y de 10 points situés dans un plan. Le programme de la Figure 11.4 lit ces coordonnées et les imprime, puis il calcule la distance existant entre toute paire de points. Il imprime finalement la distance maximum obtenue et les coordonnées des deux points concernés.

```
PROGRAM FREQUENCES(INPUT,OUTPUT);
VAR FREQ: ARRAY ['A'..'Z'] OF INTEGER; CARA:CHAR;
BEGIN
FOR CARA:='A' TO 'Z' DO FREQ[CARA]:=0; (*INITIALISATION DES FREQUENCES*)
REPEAT READ(CARA); WRITE(CARA);
IF (CARA>='A') AND (CARA<='Z') THEN FREQ[CARA]:=FREQ[CARA]+1
UNTIL CARA = '.';
WRITELN; WRITELN;
FOR CARA:='A' TO 'Z' DO
         IF FREQ[CARA] > 0 THEN WRITELN(CARA:5,FREQ[CARA]:10)
END.
```

```
CECI EST UN TEXTE DONT ON VA CALCULER LA FREQUENCE DES LETTRES.
```

A	3
C	5
D	2
E	11
F	1
I	1
L	4
N	4
O	2
Q	1
R	3
S	3
T	6
U	3
V	1
X	1

Fig. 11.3 Programme de calcul de fréquence de lettres

Rappel: la distance de deux points $< x_i, y_i >$ et $< x_j, y_j >$ dans un plan est donnée par:
$$\sqrt{(x_i - x_j)^2 + (y_i - y_j)^2}$$

Dans le programme, on déclare:

    type inter = 1 .. nbpoints;
    var x, y : **array** [inter] **of** real;

Ce sont les coordonnées des 10 points.

Les variables réelles distance et distmax représentent respectivement la distance entre les deux points traités et la distance la plus grande jusqu'à maintenant. Les variables entières imax et jmax servent à mémoriser les indices des deux points dont la distance est la plus grande.

11.3 Tableaux multidimensionnels

On a vu que le type d'un vecteur dans l'espace R³ pouvait être déclaré par:

    type vecteur = **array** [1 .. 3] **of** real

```
PROGRAM DIST(INPUT,OUTPUT);
CONST NBPOINTS=10; (*NOMBRE DE POINTS*)
TYPE INTER=1..NBPOINTS;
VAR DISTANCE (*DISTANCE ENTRE 2 POINTS*),
    DISTMAX (*DISTANCE MAXIMALE ENTRE DEUX POINTS*) : REAL;
    X,Y (*POINTS*) : ARRAY [INTER] OF REAL;
    I,J,IMAX,JMAX: INTER;
BEGIN DISTMAX:=0;
WRITELN(' LISTE DES POINTS DU PLAN CONSIDERES');
FOR I:=1 TO NBPOINTS DO
    BEGIN READ(X[I],Y[I]); WRITELN;
    WRITELN(' (',X[I]:6:3,',',Y[I]:6:3,')')
    END;
FOR I:=1 TO NBPOINTS-1 DO
    FOR J:=I+1 TO NBPOINTS DO
        BEGIN DISTANCE:=SQRT(SQR(X[I]-X[J])+SQR(Y[I]-Y[J]));
        IF DISTMAX < DISTANCE THEN
            BEGIN DISTMAX:=DISTANCE;
            IMAX:=I; JMAX:=J
            END
        END;
WRITELN;
WRITELN(' DISTANCE LA PLUS GRANDE: ',DISTMAX:NBPOINTS:3);
WRITE(' EXTREMITES CORRESPONDANTES: ');
WRITELN(' (',X[IMAX]:6:3,',',Y[IMAX]:6:3,') ET (',X[JMAX]:6:3,
        ',',Y[JMAX]:6:3,')')
END.
```

```
LISTE DES POINTS DU PLAN CONSIDERES

( 3.208,-2.442)

(-3.043, 1.426)

( 4.366,-2.351)

( 2.600,     0)

(-4.388, 1.501)

( 1.360, 3.000)

( 3.100,-3.097)

(-0.134,-3.042)

(-2.456, 4.010)

(-3.020,-2.390)

DISTANCE LA PLUS GRANDE:     9.564
EXTREMITES CORRESPONDANTES:  ( 4.366,-2.351) ET (-4.388, 1.501)
```

Fig. 11.4 Programme de calcul de distances entre des points

Supposons maintenant que nous désirions manipuler 500 vecteurs, il serait tout à fait logique de se déclarer un nouveau type tableau:

tab = **array** [1 .. 500] **of** vecteur

Ceci est parfaitement possible et les 500 vecteurs peuvent être déclarés ainsi:

var vect : tab ;

On aurait pu également utiliser une des trois variantes suivantes:

i)   **type** tab = **array** [1..500] **of array** 1..3   **of** real;
           var vect : tab;

ii)   **type** vecteur = **array** [1..3] **of** real;
           var vect: **array** [1..500] **of** vecteur;

iii)   **var** vect: **array** [1..500] of **array** [1..3] **of** real;

On peut aussi remplacer **array** [1..500] **of array** [1..3] **of** real par la notation abrégée **array** [1..500, 1..3] **of** real;

De tels tableaux sont des tableaux à deux dimensions ou à deux indices.

On peut référencer un des 500 vecteurs de la même manière qu'on accède à la composante d'un tableau à un indice. Par exemple, vect [62] constitue le 62ème vecteur et il est de type vecteur.

Pour accéder à une composante d'un vecteur, il est nécessaire de préciser deux indices. Par exemple, pour atteindre la 2ème composante du 62ème vecteur, on utilise vect [62] [2] ou vect [62,2].

Les tableaux peuvent avoir autant d'indices qu'on le désire, pourtant au-delà de 3, la clarté des programmes diminue considérablement.

Les deux diagrammes syntaxiques des Figures 11.5 et 11.6 montrent les possibilités de déclaration et d'utilisation des tableaux. Ce sont des modifications par rapport aux diagrammes des Figures 11.1 et 11.2.

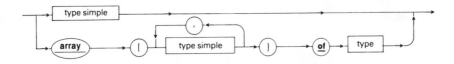

Fig. 11.5 Diagramme syntaxique d'une déclaration de type

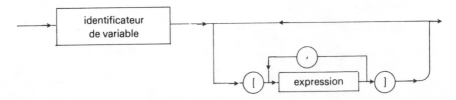

Fig. 11.6 Diagramme syntaxique d'une variable

Le diagramme syntaxique d'un type simple est donné dans la Figure 9.5.

Exemples

i)   En mathématique, une matrice est un tableau à deux dimensions. Nous pouvons déclarer un type matrice comme:

const m = ... ; n = ,,, ; (* dimensions des matrices *)
type matrice = **array** [1..m, 1..n] **of** integer;

Si m = n les matrices sont carrées.

Le produit matriciel C de deux matrices carrées a et b de dimension n est défini par:

$$C_{ij} = \sum_{k=1}^{n} a_{ik}b_{kj}$$

Si nous avons les déclarations suivantes:

const n = ...; (* dimension des matrices *)
type limite = 1..n;
matrice = **array** [limite, limite] **of** integer;
var a, b, c: matrice ; i, j : limite;

La séquence d'instructions calculant le produit matriciel se présente ainsi:

```
for i := 1 to n do
    for j := 1 to n do
        begin c[i, j] := 0;
        for k := 1 to n do
            c[i, j] := c[i, j] + a [i, k] *b[k, j]
        end;
```

ii) Les indices ne sont pas nécessairement du même type; ainsi, nous pouvons déclarer:

type table = **array** [1..100] **of array** ['A'..'Z'] **of array** [boolean]
of real;
var t : table; r : real;

Les affectations suivantes sont tout à fait correctes:

r := t[5] ['B'] [true] ;
r := t[5, 'B'] [true] ;
r := t[5] ['B', true] ;
r := t[5, 'B', true] ;

11.4   Deux autres programmes complets

i)   On désire écrire un programme de statistique des prix du litre d'essence au cours des années 1975 à 1977. Le programme doit lire et imprimer les données consistant en un tableau des prix par mois et par an. On désire ensuite connaître le prix moyen du litre en 1977, le prix moyen du litre en février et le prix moyen du litre au cours des 3 ans. Le listage et l'exécution du programme se trouvent dans la Figure 11.7.

```
PROGRAM LITRE(INPUT,OUTPUT);
TYPE MOIS=(JANVIER,FEVRIER,MARS,AVRIL,MAI,JUIN,JUILLET,AOUT,SEPTEMBRE,
           OCTOBRE,NOVEMBRE,DECEMBRE);
     ANNEE=1975..1977;
VAR PRIX: ARRAY [ANNEE] OF ARRAY [MOIS] OF INTEGER;
    AN:ANNEE; M:MOIS; I:1..12; TOTAL:INTEGER;
BEGIN WRITE('              ');
FOR I:=1 TO 12 DO WRITE(I:5); WRITELN; WRITELN;
FOR AN:=1975 TO 1977 DO
    BEGIN WRITE(AN:5,'      ');
    FOR M:=JANVIER TO DECEMBRE DO BEGIN READ(PRIX[AN][M]);
                                        WRITE(PRIX[AN][M]:5)
                                  END;
    READLN; WRITELN
    END;
WRITELN;
TOTAL:=0;
FOR M:=JANVIER TO DECEMBRE DO TOTAL:=TOTAL+PRIX[1977][M];
WRITELN(' MOYENNE 1977:',TOTAL/12:5:2);
TOTAL:=0;
FOR AN:=1975 TO 1977 DO TOTAL:=TOTAL+PRIX[AN][FEVRIER];
WRITELN(' MOYENNE FEVRIER:',TOTAL/3:5:2);
TOTAL:=0;
FOR AN:=1975 TO 1977 DO
    FOR M:=JANVIER TO DECEMBRE DO TOTAL:=TOTAL+PRIX[AN][M];
WRITELN(' MOYENNE POUR 3 ANS:',TOTAL/36:5:2)
END.
```

	1	2	3	4	5	6	7	8	9	10	11	12
1975	18	18	19	19	19	19	20	20	20	20	20	20
1976	20	21	21	21	21	21	22	22	22	22	23	23
1977	23	23	24	24	24	24	24	25	25	25	25	26

```
MOYENNE 1977: 24.33
MOYENNE FEVRIER: 20.67
MOYENNE POUR 3 ANS: 21.75
```

Fig. 11.7 Programme de statistiques

ii)   15 équipes de hockey sur glace doivent participer à un tournoi. Chaque é-quipe doit jouer un match contre chacune des 14 autres, et aucune équipe ne peut disputer plus d'un match par jour. Etablir le calendrier des matches. Le listage et l'exécution de ce programme se trouvent à la Figure 11.8.

```
PROGRAM MATCHES(OUTPUT);

(*--- PROGRAMME ETABLISSANT LE CALENDRIER DES MATCHES ENTRE
      N EQUIPES, AVEC UN SEUL MATCH PAR JOUR POUR CHAQUE EQUIPE
      (DANS CETTE VERSION ON A CHOISI N=15)   ---*)

CONST NEQUIP=15; (*NOMBRE D'EQUIPES*)
VAR I,J1,J,L,K:INTEGER;
    MATCH: ARRAY [1..NEQUIP] OF ARRAY [1..NEQUIP] OF INTEGER;
```

```
BEGIN L:=0;
FOR I:=1 TO NEQUIP DO
   FOR J:=1 TO NEQUIP DO MATCH [I][J]:=0; (*INITIALISATION*)
FOR I:=1 TO NEQUIP DO
   BEGIN K:=0;
   FOR J:=2*I-1 TO NEQUIP DO BEGIN K:=J+2-I;
                                   MATCH [I][J]:=K
                                   END;
   IF K <> 0 THEN J1:=1 ELSE BEGIN L:=L+2;
                                   K:=I;
                                   J1:=L
                                   END;
   FOR J:=J1 TO I-1 DO BEGIN K:=K+1;
                             MATCH [I][J]:=K;
                             IF (MATCH [I][J]=NEQUIP+1) AND (I<>1) THEN
                                BEGIN MATCH [I][J]:=0;
                                MATCH [I][(2*(I-1)) MOD NEQUIP]:=NEQUIP+1
                                END
                       END
   END;
FOR J:=1 TO NEQUIP DO
   BEGIN WRITELN(' JOUR ',J:2);
         WRITELN(' ----------');
   FOR I:=1 TO NEQUIP-1 DO
      IF (MATCH [I][J] <> 0) AND (MATCH [I][J] <= NEQUIP) THEN
                  WRITE(I:2,' -',MATCH [I][J]:2,' ':5);
   WRITELN
   END
END.
```

```
JOUR  1
----------
1 - 2     3 -15     4 -14     5 -13     6 -12     7 -11     8 -10

JOUR  2
----------
1 - 3     4 -15     5 -14     6 -13     7 -12     8 -11     9 -10

JOUR  3
----------
1 - 4     2 - 3     5 -15     6 -14     7 -13     8 -12     9 -11

JOUR  4
----------
1 - 5     2 - 4     6 -15     7 -14     8 -13     9 -12    10 -11

JOUR  5
----------
1 - 6     2 - 5     3 - 4     7 -15     8 -14     9 -13    10 -12

JOUR  6
----------
1 - 7     2 - 6     3 - 5     8 -15     9 -14    10 -13    11 -12

JOUR  7
----------
1 - 8     2 - 7     3 - 6     4 - 5     9 -15    10 -14    11 -13

JOUR  8
----------
1 - 9     2 - 8     3 - 7     4 - 6    10 -15    11 -14    12 -13

JOUR  9
----------
1 -10     2 - 9     3 - 8     4 - 7     5 - 6    11 -15    12 -14

JOUR 10
----------
1 -11     2 -10     3 - 9     4 - 8     5 - 7    12 -15    13 -14
```

JOUR 11
---
1 -12   2 -11   3 -10   4 - 9   5 - 8   6 - 7   13 -15

JOUR 12
---
1 -13   2 -12   3 -11   4 -10   5 - 9   6 - 8   14 -15

JOUR 13
---
1 -14   2 -13   3 -12   4 -11   5 -10   6 - 9   7 - 8

JOUR 14
---
1 -15   2 -14   3 -13   4 -12   5 -11   6 -10   7 - 9

JOUR 15
---
2 -15   3 -14   4 -13   5 -12   6 -11   7 -10   8 - 9

Fig. 11.8 Programme de calendrier de matches

11.5 Exercices

* 11.1 Parmi ces déclarations de tableaux, lesquelles sont incorrectes?
  a) **array** [10000..11000] **of** real;
  b) **array** [3.4 .. 3.6] **of** integer;
  c) **array of array** [1..10] **of** char;
  d) **array** [10, 20] **of** boolean;
  e) **array** ['A'..'Z'] **of array** ['A'..'Z'] **of** 'A'..'Z';

* 11.2 Soient les déclarations suivantes:
  type tab = **array** [1..10] **of** char;
          tab2 = **array** [-2..2] **of** tab;
  var t: tab; t2 : tab2; c: char;

  Lesquelles parmi ces affectations sont correctes?

  a) t [1] := c;
  b) t2 [1, 1] := c;
  c) t2 [-2]   := c;
  d) c := t2 [0, 1];
  e) c := t2 [1, 0];

* 11.3 Ecrire un programme qui imprime le triangle de Pascal.
  Rappel: chaque élément du triangle est obtenu en faisant la somme des deux éléments placés au-dessus de lui.

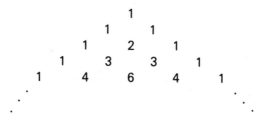

```
                1
             1     1
          1     2     1
       1     3     3     1
    1     4     6     4     1
   .                           .  .
  .  .                        .
```

11.4 Ecrire un programme qui détecte, dans un texte, si une suite de caractères est un palindrome.

Rappel: un palindrome est une phrase que l'on peut lire aussi bien de gauche à droite que de droite à gauche.

       p.e. elu par cette crapule

11.5 Ecrire un programme qui effectue le produit matriciel de deux matrices **non** carrées.

11.6 Ecrire un programme qui convertit un nombre en chiffres arabes en un nombre en chiffres romains.

11.7 Ecrire un programme qui transforme un nombre en base m en un nombre en base n.

11.8 Ecrire un programme qui effectue les 4 opérations élémentaires avec n chiffres significatifs (n $\sim$ 50)

CHAPITRE 12

L'APPROCHE DESCENDANTE

ET LES PROCEDURES

12.1 Problèmes et sous-problèmes

Tout problème peut se décomposer en sous-problèmes, c'est-à-dire en groupes d'actions, dont certains se répéteront plusieurs fois tandis que d'autres ne seront exécutés que conditionnellement. Ceci signifie que presque n'importe quel problème, quelle que soit son importance, peut être exprimé par un programme de moins de 10 lignes.

Prenons un exemple classique: la résolution d'une série d'équations du second degré. Pour traiter ce problème, il est nécessaire de lire les coefficients de chaque équation, puis de calculer les solutions et de les imprimer. Ces trois sous-problèmes doivent être traités, tant qu'il y a des coefficients à lire. Si une équation du second degré a la forme $ax^2 + bx + c = 0$,

le problème peut être résolu de la manière suivante:

```
while encoredescoefficients do
    begin lirecoefficients;
          calculersolutionsetimprimer
    end
```

Nous avons donc décomposé notre problème en 3 sous-problèmes; chacun de ces sous-problèmes a un nom:

i) **encoredescoefficients** doit avoir une valeur nécessairement booléenne. Ce sous-problème consiste à détecter s'il y a encore des coefficients, à lire et à rendre la valeur «true» dans ce cas, «false» autrement.

Le sous-problème peut être aisément résolu grâce à la fonction eof. En effet, encoredesdonnees se réduit à l'expression suivante:

not eof (input)

ii) **lirecoefficients** doit simplement lire les coefficients a, b, c d'une équation, ce qui évidemment se réduit à la simple instruction readln (a, b, c).

En tenant compte de l'analyse des deux premiers sous-problèmes, notre problème devient:

while not eof (input) **do**
  begin readln (a, b, c);
    calculersolutionsetimprimer
  end

Il nous reste maintenant à résoudre le troisième sous-problème.

iii) **calculersolutionsetimprimer** est un sous-problème plus complexe qui peut se décomposer lui-même en sous-problèmes plus élémentaires. En effet, on sait que dans une équation du second degré, 3 cas peuvent se produire suivant le discriminant

$$\Delta = b^2 - 4ac$$

1. si Δ < 0, il n'y a pas de solutions réelles
2. si Δ = 0, il n'y a qu'une solution
3. si Δ > 0, il y a 2 solutions réelles distinctes

Notre sous-problème calculersolutionsetimprimer peut s'écrire ainsi, en supposant que nous notions le discriminant par delta.

calculerdiscriminant;
if delta < 0   **then** ecriremessage
            else
if delta = 0   **then** solutionunique
            else deuxsolutions

12.2   La notion de procédure

Comme le sous-problème calculersolutionsetimprimer se décompose lui-même, il est pratique de le considérer comme un sous-programme, que nous appellons en PASCAL une **procédure**.

On peut donc écrire:

procedure calculersolutionsetimprimer;
begin calculerdiscriminant;
if delta < 0   **then** ecriremessage
            else
if delta = 0   **then** solutionunique
            else deuxsolutions
end;

Une procédure est caractérisée par son nom qui est un identificateur. Sa structure, pour l'instant, se limite à la syntaxe de la Figure 12.1.

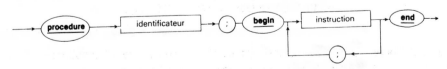

Fig. 12.1 Diagramme syntaxique d'une procédure

Une telle déclaration doit figurer dans un programme après la déclaration des variables. Pour exécuter les instructions d'une procédure, il suffit d'appeler cette procédure par son nom. Avec ces informations, nous pouvons écrire le programme de résolution d'équations ainsi:

```
program equation (input, output);
var a, b, c, delta : real;
    procedure calculersolutionsetimprimer;
    begin calculerdiscriminant;
        if delta < 0 then ecriremessage
                    else
        if delta = 0 then solutiononique
                        else deuxsolutions
    end;
begin while not eof (input) do
            begin readln (a, b, c);
                    calculersolutionsetimprimer
            end
end.
```

Notre programme n'est évidemment pas complet, puisque nous n'avons pas résolu les 4 sous-problèmes contenus dans la procédure calculersolutionset-imprimer.

Les deux premiers sous-problèmes peuvent être résolus aisément par une simple substitution. En effet, **ecriremessage** consiste uniquement à imprimer un message signalant qu'il n'y a pas de solutions réelles, ce que nous pouvons faire par l'instruction: writeln ('PAS DE SOLUTIONS REELLES').

Le sous-problème **calculerdiscriminant** se réduit à l'affectation:
delta : = sqr (b) - 4 * a * c

Pour les deux autres sous-problèmes, nous allons les résoudre au moyen de deux procédures qui calculeront la (ou les) solution(s) puis l' (ou les) imprimeront.

```
procedure solutiononique;
begin x : = -b/(2 * a);
writeln ('LA SOLUTION EST', x)
end;
```

et
```
procedure deuxsolutions;
begin x1 : = (-b - sqrt (delta)) / (2 * a);
        x2 : = -b/a-x1;
        writeln ('LES 2 SOLUTIONS SONT', x1, x2)
end;
```

Avant d'écrire le programme complet, il nous faut répondre à 2 questions:
   1. Faut-il déclarer les variables x, x1 et x2 et si oui où?
   2. Où faut-il placer les deux procédures?

Nous répondrons à ces deux questions au chapitre 13.

12.3 Raffinement graduel

La technique de décomposer un problème en sous-problèmes, puis ceux-ci en nouveaux sous-problèmes et ainsi de suite est appelée la technique de **raffinement graduel**. On aborde donc un problème avec une vue très générale, puis on descend toujours plus vers le détail, c'est la raison pour laquelle on parle aussi d'une **approche descendante**. Une telle approche s'adapte particulièrement au traitement de problèmes d'une certaine importance Ainsi, lors d'un développement d'un grand projet comme un compilateur ou un système d'informations par une équipe de spécialistes, il est possible de répartir les tâches de manière descendante. Chaque membre est responsable d'un certain niveau et résoud «son sous-problème». Seules une ou deux personnes ont une vue globale du projet et, dans ce cas, elles n'ont généralement aucune idée de la manière dont sont résolus les sous-problèmes. Une autre constatation intéressante est la suivante: les diagrammes syntaxiques que nous utilisons peuvent être vus comme un raffinement graduel de la syntaxe d'un langage. Ainsi le niveau global est représenté par le programme (Figure 12.2):

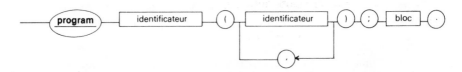

Fig. 12.2 Diagramme syntaxique d'un programme

Ensuite, nous pouvons descendre à un plus grand niveau de détail avec de nouveaux diagrammes syntaxiques, comme par exemple le bloc qui lui-même nous conduira à de nouveaux diagrammes.

12.4 Exercices

12.1 Essayer de décrire au niveau global les problèmes suivants, puis de descendre dans des niveaux de plus grand détail:
  a) On lit une suite de nombres, on en calcule la moyenne et la variance.
  b) On lit une suite de nombres, on les classe dans l'ordre croissant et on les imprime.
  c) On effectue une statistique du nombre de 'E' par ligne d'un texte français.

CHAPITRE 13

LES DECLARATIONS LOCALES

ET LES PARAMETRES

13.1   Les déclarations locales

A la fin du paragraphe 12.3, nous nous étions posés deux questions. Il est temps maintenant d'y répondre.

1.   Nous avions introduit les 2 procédures solutionunique et deuxsolutions. Considérons la procédure solutionunique:

```
procedure solutionunique;
begin x : = -b/(2 * a);
writeln ('LA SOLUTION EST', x)
end;
```

Elle définit et utilise une variable qui n'est nulle part ailleurs. Il n'est donc pas logique de déclarer cette variable comme une variable du programme, mais il est souhaitable de la déclarer localement à la procédure:

```
procedure solutionunique;
var x: real;
begin x : = -b/(2 * a);
writeln ('LA SOLUTION EST', x)
end;
```

Nous pouvons faire de même avec la procédure deuxsolutions et nous obtenons:

```
procedure deuxsolutions;
var x1, x2: real;
begin x1 : = (-b-sqrt(delta))/(2 * a);
      x2 : = -b/a-x1;
      writeln ('LES 2 SOLUTIONS SONT', x1, x2)
end;
```

Il est évident que les variables x1 et x2 étant locales à la procédure deuxsolutions n'ont que la longueur de cette procédure comme durée de vie, ce qui signifie que x1 et x2 ne sont pas connus à l'extérieur de cette procédure.

2.   Les procédures solutionunique et deuxsolutions résolvent des sous-pro-

blèmes du problème calculersolutionsetimprimer; ce sont donc des procédures appartenant à la procédure calculersolutionsetimprimer et il est raisonnable de les déclarer localement à celle-ci.

Avec ces nouvelles constatations, nous pouvons donner la dernière version du programme équation; dans cette version, nous avons ajouté l'impression des coefficients des équations. Le listage et l'exécution du programme se trouvent dans la Figure 13.1.

```
PROGRAM EQUATION(INPUT,OUTPUT);
VAR A,B,C,DELTA:REAL;

    PROCEDURE CALCULERSOLUTIONSETIMPRIMER;

        PROCEDURE SOLUTIONUNIQUE;
        VAR X:REAL;
        BEGIN X:=-B/(2*A);
        WRITELN(' LA SOLUTION EST',X)
        END;

        PROCEDURE DEUXSOLUTIONS;
        VAR X1,X2:REAL;
        BEGIN X1:=(-B-SQRT(DELTA))/(2*A);
        X2:=-B/A-X1;
        WRITELN(' LES 2 SOLUTIONS SONT',X1,X2)
        END;

    BEGIN DELTA:=SQR(B)-4*A*C;
    IF DELTA < 0 THEN WRITELN(' PAS DE SOLUTIONS REELLES')
                 ELSE
    IF DELTA = 0 THEN SOLUTIONUNIQUE
                 ELSE DEUXSOLUTIONS
    END;

BEGIN WHILE NOT EOF(INPUT) DO
          BEGIN READLN(A,B,C); WRITELN;
          WRITELN(' COEFFICIENTS: '); WRITELN(A,B,C);
          CALCULERSOLUTIONSETIMPRIMER
          END
END.


COEFFICIENTS:
  1.0000000000000E+000   5.0000000000000E+000   6.0000000000000E+000
LES 2 SOLUTIONS SONT -3.0000000000000E+000  -2.0000000000000E+000

COEFFICIENTS:
  1.0000000000000E+000  -2.0000000000000E+000   1.0000000000000E+000
LA SOLUTION EST   1.0000000000000E+000

COEFFICIENTS:
  3.4500000000000E+001   4.5000000000000E+000   1.5000000000000E+002
PAS DE SOLUTIONS REELLES

COEFFICIENTS:
  2.4000000000000E+000   4.5000000000000E+000   2.5000000000000E-001
LES 2 SOLUTIONS SONT -1.8176929239282E+000  -5.7307076071765E-002

COEFFICIENTS:
  5.0000000000000E-001   2.5000000000000E-001   5.0000000000000E-001
PAS DE SOLUTIONS REELLES

COEFFICIENTS:
  1.0000000000000E+000   1.0000000000000E+000  -1.0000000000000E+000
LES 2 SOLUTIONS SONT -1.6180339887499E+000   6.1803398874989E-001
```

Fig. 13.1 Programme de résolution d'équations du second degré

Il est donc possible de déclarer des variables et des procédures locales à une autre procédure. Plus généralement, on peut avoir, dans une procédure, les mêmes déclarations que dans un programme, c'est-à-dire: les étiquettes, les constantes, les types, les variables, les procédures et les fonctions (que nous étudierons au chapitre 14). Cette structure est reflétée par le diagramme syntaxique de la Figure 13.2.

Fig. 13.2 Diagramme syntaxique d'une procédure

Exemple: On désire écrire un programme qui utilise une procédure lisant une suite de N caractères et l'imprimant dans l'ordre inverse. Le listage et l'exécution de ce programme se trouvent dans la Figure 13.3.

```
PROGRAM INVERSE(INPUT,OUTPUT);
CONST N=29; (*LONGUEUR DU TEXTE PAR HYPOTHESE*)
TYPE LIMITE=1..N;

     PROCEDURE RENVERSE;
     VAR TEXTE: ARRAY [LIMITE] OF CHAR; I:LIMITE;
     BEGIN
     FOR I:=1 TO N DO READ(TEXTE[I]);
     WRITE(' ');
     FOR I:=N DOWNTO 1 DO WRITE(TEXTE[I])
     END;

BEGIN RENVERSE; (* ON SUPPOSE QUE LE TEXTE ORIGINAL EST :
              BONJOUR, COMMENT ALLEZ-VOUS ? *)
WRITELN
END.
BONJOUR, COMMENT ALLEZ-VOUS ?


? SUOV-ZELLA TNEMMOC ,RUOJNOB
```

Fig. 13.3 Programme inversant l'ordre de lettres

13.2 Les paramètres

Nous avons vu qu'une procédure est un sous-programme capable de résoudre un sous-problème donné. Supposons, par exemple, que nous désirions écrire une procédure qui imprime m fois le caractère c et l'utiliser plusieurs fois avec des valeurs différentes de m et c. Une telle procédure pourrait s'écrire:

      procedure imprimer;
      var i : integer;

```
begin
for i := 1 to m do write (c)
end;
```

Il n'est évidemment pas possible de déclarer m et c comme variables locales, car, dans ce cas, elles n'auraient pas de valeurs et deviendraient inaccessibles par le programme.

Nous devrions les déclarer comme variables du programme ou **variables globales**. Supposons, alors, que nous ayons à imprimer 10 fois un caractère lu, puis 5 fois le caractère ' + ' et, de nouveau, 6 fois le caractère lu. Le programme se présenterait ainsi:

```
program ecriture (input, output);
var c, sauve: char; m: integer;
    procedure imprimer;
    var i: integer;
    begin for i := 1 to m do write (c)
    end;
begin readln (c);
m := 10; imprimer;
sauve := c; c := ' + ';
m := 5; imprimer;
c := sauve;
m := 6; imprimer
end.
```

Nous remarquons qu'il est nécessaire, après l'impression des 10 premiers caractères, de sauver le contenu de la variable c avant de lui affecter la valeur ' + '. Après l'écriture de 5 ' + ', on redonne à c sa valeur originale pour l'impression des 6 derniers caractères.

Une méthode beaucoup plus simple serait de pouvoir donner à la procédure imprimer directement les informations nécessaires à son exécution. Les instructions du programme deviendraient alors les suivantes:

```
begin readln (ch);
imprimer (ch, 10);
imprimer (' + ', 5);
imprimer (ch, 6)
end.
```

Cette méthode est possible et même vivement recommandée, pourtant elle nécessite une modification de la déclaration de la procédure imprimer. Pour montrer ce changement, nous allons écrire à nouveau le programme complet.

```
program ecriture (input, output);
var ch: char;
    procedure imprimer (c: char; m: integer);
    var i: integer;
    begin for i := to m do write (c)
```

    end;
begin readln (ch);
imprimer (ch, 10); imprimer (' + ', 5); imprimer (ch, 6)
end.

Nous constatons que le nom de la procédure imprimer est suivi d'informations entre parenthèses: c'est la **liste des paramètres**. «(c: char; m: integer)» est la **liste des paramètres formels** de la procédure imprimer. La forme syntaxique d'une telle liste est présentée dans la Figure 13.4.

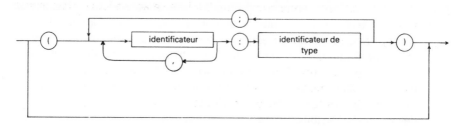

Fig. 13.4 Diagramme syntaxique d'une liste de paramètres formels

(ch, 10), (' + ', 5) et (ch, 6) sont des **listes de paramètres effectifs** ou **actuels**. Leur syntaxe est présentée dans la Figure 13.5.

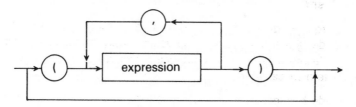

Fig. 13.5 Diagramme syntaxique d'une liste de paramètres effectifs

Les paramètres décrits ici ne sont qu'une sorte de paramètres appelés **paramètres par valeur**. Nous verrons les différentes sortes de paramètres, au chapitre 15, mais pour l'instant, à partir de ces diagrammes, nous pouvons énoncer quelques propriétés:

i)   Les paramètres formels sont des identificateurs; chaque paramètre formel a un type. Ce type est désigné par un identificateur. Si, par exemple, nous désirons écrire une procédure qui imprime la somme des nombres contenus dans un vecteur de 10 entiers, il est impossible de déclarer:
        procedure imprimesomme (t: **array** [1..10] **of** integer);
        var somme: integer; i: 1..10;
        begin somme : = 0;

```
    for i := 1 to 10 do somme := somme + t [i];
    writeln (somme)
end;
```

Il est donc nécessaire de déclarer le type du paramètre au préalable et d'utiliser l'identificateur de type que l'on a choisi.

p.e. **type** serie = **array** [1..10] **of** integer;
procedure imprimesomme (t: serie);

ii) La correspondance entre paramètres formels et paramètres effectifs doit être stricte. Cela signifie que le nombre de paramètres formels et effectifs doit être le même. De plus, les paramètres effectifs doivent être de même type que les paramètres formels correspondants. Ainsi, par exemple, un appel à la procédure imprimesomme définie au point i) doit avoir un seul paramètre qui ne peut être que de type serie. Les paramètres effectifs par valeur sont des expressions qui doivent avoir une valeur, ainsi des variables non initialisés ne conviennent pas.

13.3   Un exemple complet: l'impression de nombres en toutes lettres

On désire imprimer en toutes lettres n'importe quel nombre entier compris entre 1 et 999. Les règles suivantes sont à observer:

i) Tout adjectif cardinal nécessitant l'emploi de plus d'un adjectif cardinal de base voit chacun de ses éléments reliés par un tiret, à condition que le nombre exprimé soit inférieur à 100 et ne comporte pas la conjonction «ET» dans ses éléments. Par exemple VINGT ET UN s'écrit sans tiret, à cause du ET, mais VINGT-DEUX s'écrit avec tiret, car il est inférieur à 100, alors que CENT UN s'écrit sans tiret, car il est supérieur à 100.

ii) CENT n'est précédé d'un adjectif cardinal que s'il est précédé d'un cardinal multiplicatif différent de UN.

iii) CENT et VINGT ne prennent la marque du pluriel que s'ils sont précédés d'un cardinal multiplicatif (et non additif) supérieur à UN et non suivis d'un autre cardinal.

Le programme de la Figure 13.6 comporte deux procédures:

a) la procédure **facteur** dont le paramètre est nécessairement de type intervalle de 1 à 19. Cette procédure imprime en toutes lettres un nombre compris dans cet intervalle. Cette procédure est utilisée plusieurs fois dans le programme et on se rend compte que sans elle le programme augmenterait considérablement en longueur.

b) la procédure **dizaine** qui imprime le nom de la dizaine dont on passe le chiffre en paramètre.

```
PROGRAM CHIFFRES(INPUT,OUTPUT);
TYPE INTER=1..19; DIZA=2..9;
VAR NOMBRE,CENTS,DIZ,UNITES,RESTE:INTEGER;

    PROCEDURE FACTEUR(VALEUR:INTER);
    BEGIN CASE VALEUR OF
            1: WRITE('UN');
            2: WRITE('DEUX');
            3: WRITE('TROIS');
            4: WRITE('QUATRE');
            5: WRITE('CINQ');
            6: WRITE('SIX');
            7: WRITE('SEPT');
            8: WRITE('HUIT');
            9: WRITE('NEUF');
           10: WRITE('DIX');
           11: WRITE('ONZE');
           12: WRITE('DOUZE');
           13: WRITE('TREIZE');
           14: WRITE('QUATORZE');
           15: WRITE('QUINZE');
           16: WRITE('SEIZE');
           17: WRITE('DIX-SEPT');
           18: WRITE('DIX-HUIT');
           19: WRITE('DIX-NEUF')
        END
    END;

    PROCEDURE DIZAINE(VALEUR:DIZA);
    BEGIN CASE VALEUR OF
            2: WRITE(' VINGT');
            3: WRITE(' TRENTE');
            4: WRITE(' QUARANTE');
            5: WRITE(' CINQUANTE');
          6,7: WRITE(' SOIXANTE');
          8,9: WRITE(' QUATRE-VINGT')
        END
    END;

BEGIN
WHILE NOT EOF(INPUT) DO
    BEGIN
    READLN(NOMBRE); WRITELN(' VOICI UN NOMBRE :',NOMBRE);
    WRITE('=');
    CENTS:=NOMBRE DIV 100;
    RESTE:=NOMBRE MOD 100;
    IF CENTS > 1 THEN FACTEUR(CENTS);
    IF CENTS > 0 THEN WRITE(' CENT');
    IF (CENTS > 1) AND (RESTE=0) THEN WRITE('S');
    IF RESTE <> 0 THEN
        BEGIN
        IF RESTE < 20 THEN BEGIN WRITE(' ');
                           FACTEUR(RESTE)
                           END;
        IF RESTE > 19 THEN
            BEGIN DIZ:=RESTE DIV 10;
            RESTE:=RESTE MOD 10;
            DIZAINE(DIZ);
            IF (DIZ=8) AND (RESTE=0) THEN WRITE('S');
            IF RESTE <> 0 THEN
                BEGIN
                IF (DIZ<8) AND (RESTE=1) THEN WRITE(' ET ')
                                         ELSE WRITE('-');
                IF (DIZ=7) OR (DIZ=9) THEN UNITES:=RESTE+10
                                      ELSE UNITES:=RESTE;
                IF UNITES <> 0 THEN FACTEUR(UNITES)
                END ELSE IF (DIZ=7) OR (DIZ=9) THEN
                            BEGIN WRITE('-');
                            FACTEUR(10)
                            END
            END
        END;
    WRITELN; WRITELN;
    END
END.


VOICI UN NOMBRE :        551
CINQ CENT CINQUANTE ET UN

VOICI UN NOMBRE :        921
NEUF CENT VINGT ET UN

VOICI UN NOMBRE :        999
NEUF CENT QUATRE-VINGT-DIX-NEUF
```

Fig. 13.6 Programme d'impression de nombres

13.4 Les niveaux et les accès

Comme une procédure peut être déclarée à l'intérieur d'une autre, on a des emboîtements possibles. Il est donc nécessaire de donner des règles d'accès aux constantes, types, variables, étiquettes et procédures. Avant d'énoncer ces règles, il nous faut introduire un certain nombre de définitions.

On désignera, tout d'abord, les constantes, les types, les variables et les procédures sous le nom commun d'**objets**. Chaque objet est défini à un niveau; les objets définis dans le programme sont au niveau 1. Les objets définis dans une procédure de niveau 1 sont au niveau 2, les objets définis dans une procédure de niveau 2 sont au niveau 3, et ainsi de suite. Les objets définis au niveau 1 sont appelés **objets globaux**. Nous pouvons regarder ces niveaux à l'aide de l'exemple suivant:

```
niveau
1        program example (input, output);
1        const h = 10;
1        var i,j : integer;
1 - 2        procedure p1 (z : integer);
2            const b = 15;
2            var k : integer;
2 - 3            procedure p2 (w : integer);
3                var k : integer;
3                begin
3                k := w + i; k := k * k;
3                writeln (k + 3 - h)
3                end;
2            begin for k := 1 to 12 do p2 (h + k);
2            write (z div 5)
2            end;
1        begin read (i); p1 (i)
1        end.
```

Les pointillés verticaux désignent un changement de niveau; on constate que le nom de procédure n'est pas au même niveau que les paramètres, mais à un niveau inférieur.

Règles d'accès

Une procédure peut accéder uniquement aux objets déclarés dans elle-même (même niveau que ses instructions) et aux objets d'une procédure qui l'englobe (niveau inférieur). Nous pouvons donc tirer du programme ci-dessus les constatations suivantes:

i)   La procédure p2 a une variable k qui n'a aucun rapport avec la variable k locale à la procédure p1. Il est donc possible d'avoir deux objets de même nom déclarés à des niveaux différents. Mais p2 ne peut pas accéder à la variable k de p1, puisqu'elle a le même nom que la variable locale de p2.

ii)   La procédure p2 a accès aux variables i et j et à la constante h définies globalement (au niveau 1).

iii)   La procédure p2 a accès aux variables i et j et à la constante h, ainsi qu'à la constante b et au paramètre z.

iv)   Le programme principal n'a accès qu'aux variables i et j et à la constante h.

Niveau 0

Il faut signaler que les objets standards ou prédéfinis (fonctions standards, types scalaires, false, true, etc.) sont considérés comme étant définis à un niveau 0. Ils sont donc toujours accessibles et peuvent être redéfinis à n'importe quel niveau. Mais attention, les mots réservés ne peuvent pas être redéfinis.

Par exemple, nous pouvons redéfinir le type integer comme entier compris entre 0 et 1000 par:

type integer = 0..1000;

Si cette déclaration figure au niveau 1 (programme), elle est valable pour tout le programme et une variable déclarée integer devra avoir une valeur dans l'intervalle de 0 et 1000.

Considérons l'exemple suivant:

```
program niveau (output);
var x: integer;
    procedure p;
    type integer = 0..1000;
    var y: integer;
    begin ....
    end;
begin x : = -2000;
    .
    .
    .
end;
```

Le type de x est le type integer standard, car la définition de l'intervalle n'est pas valide en dehors de la procédure p.

Une liste complète des objets définis au niveau 0 se trouve dans l'appendice C.

Etiquettes et goto

Il n'est pas possible d'avoir une instruction **goto** à une étiquette située dans une procédure locale à celle contenant le **goto**. Ainsi l'exemple suivant est impossible:

```
       procedure p1;
       label 2;
           procedure p2;
           begin
               .
               .
               .
               2: writeln ('SORTIE')
           end;
       begin
           .
           .
           .
           goto 2;
       end;
```

13.5   L'allocation de mémoire

Le concept de localité a un effet profond sur la gestion de mémoire, pour le langage. En effet, c'est seulement quand on exécute une procédure qu'un espace de travail est alloué pour les variables locales. Quand on a terminé l'exécution du code de la procédure, cet espace est retourné au système et, par la suite, il pourra servir pour un autre appel, soit de la même ou d'une autre procédure. Cette implantation permet une économie d'espace. L'exemple suivant comprend trois procédures pk, pm et pn qui utilisent chacune un tableau comme espace de travail:

```
program exemple (output);
    procedure pk;
    var k: array [1..5000] of integer;
    begin ...
    end;
    procedure pm;
    var m: array [1..4500] of integer;
    begin ...
    end;
    procedure pn;
    var n: array [101..5600] of integer;
    begin ...
    end;
begin pk; pm; pn
end.
```

Ce programme a besoin d'un espace de travail pour les tableaux de seulement 5500 places, la taille du plus grand tableau n. Suivant la procédure appelée, cet espace servira pour k, m ou n. Si ces tableaux étaient globaux, on aurait:

```
program exemple (output);
var k: array [1..5000] of integer;
```

```
      m: array [1..4500] of integer;
      n: array [101..5600] of integer;
      procedure pk;
      begin ...
      end;
      procedure pm;
      begin ...
      end;
      procedure pn;
      begin ...
      end;
begin pk; pm; pn
end.
```

Un espace de 15 000 places (taille de k + m + n) serait requis pour ce programme.

Cette politique d'**allocation dynamique** d'espace de travail entraîne certains problèmes pour le débutant:

1)   une valeur stockée dans une variable locale lors d'un appel aura sans doute été détruite lorsqu'on reviendra dans la procédure avec un appel subséquent.

2)   De manière plus générale, la valeur des variables locales est non définie à l'entrée dans une procédure.

13.6   Le mécanisme d'appel de procédure

Nous allons présenter un modèle très simplifié de mécanisme d'appel d'une procédure sans paramètres. Par hypothèse, nous nous limiterons au cas où une procédure appelée est nécessairement locale à une procédure appelante. Le lecteur trouvera une présentation du cas général dans le livre de D. Thalmann et B. Levrat (1).

Après la compilation et le chargement, les instructions-machine correspondant aux parties exécutables d'un programme sont chargées en mémoire, puis l'exécution commence au début du programme principal. A tout moment, le compteur ordinal (CO) de l'ordinateur indique où on se trouve dans l'exécution du programme. CO contient des adresses-machine, mais pour simplifier nous allons utiliser des adresses d'instructions PASCAL. Nous allons procéder avec une série de dessins (snapshots) qui montrent l'état d'un programme à différents moments.

ETAT 1: avant le début du programme
```
      program exemple (output);
      var x,y: integer;
            procedure echangexy;
            var t: integer;
1           begin
2              t := x;
```

(1)   D. Thalmann et B. Levrat, "Conception et Implantation de langages de Programmation", Ed. Gaétan Morin, Chicoutimi, 1979, pp. 144-152.

```
3          x := y;
4          y := t
5        end;
6      begin
7        x := 2;  y := 3;
8        echangexy;
9        write (x);
10       echangexy
11     end.
```

Il y a juste le code (instructions exécutables) en mémoire, mais aucune donnée. CO indique l'instruction 6, c'est-à-dire le début du programme.

ETAT 2: entrée dans le programme (Fig. 13.7.a)

L'exécution de **begin** crée la zone de travail pour le programme. Cette zone comprend un espace pour les noms locaux, c'est-à-dire les variables x et y et la procédure «echangexy». Il y a aussi un espace réservé au système qui contient entre autres LD, le lien dynamique et LS, le lien statique.

LD indique où continue l'exécution une fois le programme ou la procédure courante terminée.

LS indique le contexte (environnement global) de l'exécution.

Pour le programme principal, LD et LS désignent le système d'exploitation.

Les instructions 7 demandent d'affecter les valeurs 2 et 3 à x et y. Où sont ces variables? On les trouve en cherchant dans la zone courante.

ETAT 3 (Fig. 13.7.b)

Pour l'instruction 8, on cherche «echangexy» dans la zone et on voit que c'est une procédure dont le code commence à 1. Voici ce qu'on fait:

1) On crée une zone de travail partielle pour les données du système.

2) LS, le lien statique, pointe sur le contexte, ici la zone du programme.

3) LD, le lien dynamique, est fixé à l'adresse de retour, c'est-à-dire le contenu de CO + 1.

4) On met dans CO l'adresse du code de la procédure, c'est-à-dire l'adresse 1.

ETAT 4: après l'appel de procédure (Fig. 13.7.c)

Le début complète les opérations en ajoutant l'espace pour les variables locales.

ETAT 5: après l'entrée dans la procédure (Fig. 13.7.d)

La prochaine instruction montre l'utilité du lien statique. Pour effectuer t := x, on cherche t et x dans la zone courante. On trouve t, mais pas x. On continue la recherche pour x dans le **contexte** désigné par LS. Si x n'était pas trouvé en suivant la chaîne des liens statiques, il y aurait une erreur. En fait, ce genre d'erreur est détecté dès la compilation, tout comme c'est à la compilation qu'on reconnaît que «echangexy» est une procédure. Mais le modèle d'exécution que nous présentons est conceptuellement correct, et c'est seulement par souci d'efficacité que cette recherche de noms se fait à la compilation et pas à l'exécution.

Après l'exécution des instructions 1, 2, 3 et 4, nous avons l'état 6.

ETAT 6 (Fig. 13.7.e)

La rencontre en 5 de **end** signifie la sortie de la procédure. Ceci se fait en deux étapes:

1) CO := LD de zone courante
2) zone courante := LS de zone courante

Rien ne pointe plus sur la zone de «echangexy». Son contenu est inaccessible et l'espace peut être rendu au système.

ETAT 7: sortie de la procédure (Fig. 13.7.f)

L'instruction 9, imprime «3» la valeur de x. L'instruction 10 est un autre appel de «echangexy». Ceci entraîne la création d'une nouvelle zone de travail et la mise à jour de CO, LS et LD. Voici l'état après l'appel et l'exécution de l'instruction **begin**:

ETAT 8: 2ème appel (Fig. 13.7.g)

La figure 13.7.g montre bien que la valeur de t actuellement accessible est non définie, bien que l'ancienne valeur dans la zone non accessible soit égale à 2. Pour la nouvelle zone, LS désigne la même zone que l'ancien LS, mais le nouveau LD contient une adresse de retour différente.

A la fin de la procédure, le retour se fait à l'instruction 11.

ETAT 9: 2ème retour (Fig. 13.7.h)

Cette instruction termine le programme. Le retour se fait comme pour une procédure ordinaire, mais cette fois-ci, c'est le système d'exploitation qui entre en jeu et passe à un autre travail.

ETAT 10: fin du programme (Fig. 13.7.i)

Ce développement en détail du fonctionnement d'un programme avec procédures a démontré plusieurs choses:

1) L'allocation dynamique de la mémoire:
   une zone de travail est allouée à l'entrée d'une procédure et rendue à la sortie.

2) Bien qu'on ait plusieurs zones de travail, il n'existe **qu'une copie du code** qui sert à tous les appels.

3) Les valeurs initiales des variables d'une procédure ou du programme sont non définies.

4) Deux pointeurs, les liens statiques et dynamiques sont alloués dans chaque zone de travail. Le lien dynamique permet de continuer l'exécution au bon endroit au retour d'une procédure. Le lien statique sert à trouver les variables globales.

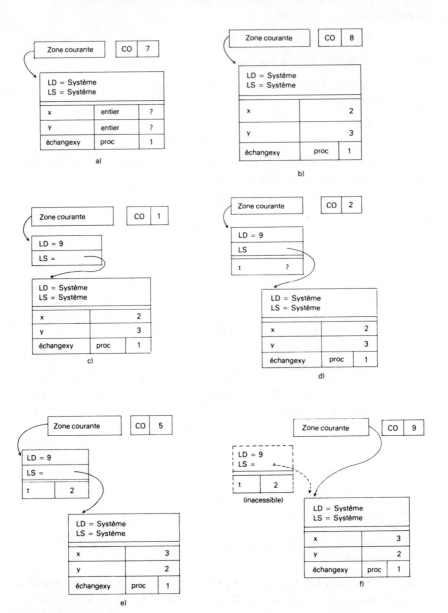

a)

b)

c)

d)

e)

f)

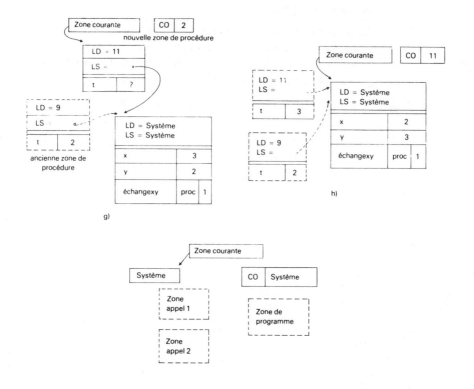

Fig. 13.7   Les états d'un programme

5) La recherche d'identificateurs se fait séquentiellement à travers les contextes (zones) en suivant les liens statiques, en partant avec la zone locale et en terminant avec le contexte global du programme. Ce procédé montre que quand il existe deux identificateurs identiques, c'est le plus local qui est utilisé, c'est-à-dire le premier trouvé.

13.7   Exercices

13.1 Ecrire une procédure qui imprime dans la base b2 un nombre donné dans la base b1.

* 13.2 Ecrire une procédure qui compte le nombre de fois qu'un caractère C se trouve dans un tableau de 50 caractères et imprime cette valeur.

* 13.3 Ecrire une procédure qui imprime le nombre le plus proche d'un nom-

bre donné n parmi une série de k nombres.

13.4 Ecrire une procédure qui dessine un carré de côté n.

p.e. n = 3   ***
                * *
                ***

13.5 Ecrire une procédure qui dessine un rectangle de côtés n1 et n2

p.e. n1 = 4   ****
     n2 = 6   * *
                * *
                * *
                * *
                ****

CHAPITRE **14**

LES FONCTIONS

14.1 · La notion de fonction

Nous avons vu, dans les premiers chapitres, un certain nombre de fonctions standards. L'appel d'une telle fonction est une expression qui est d'un type donné. Ce type est un type scalaire: integer, real, boolean, char ou défini par l'utilisateur. Le rôle d'une fonction est donc de fournir un résultat à partir des valeurs données (paramètres ou arguments). Les fonctions que nous connaissons jusqu'à présent n'ont qu'un seul paramètre qui est de type scalaire (à l'exception de «input»).

Il arrive que nous ayons besoin de calculer plusieurs fois une même expression dépendant de valeurs données et que nous n'ayons pas à la disposition la fonction correspondante. Par exemple, si nous devons calculer le sinus ou le cosinus de divers angles, nous pouvons utiliser les fonctions standards «sin» et «cos». Mais lorsque nous désirons la tangente de ces mêmes angles, il n'existe pas de fonction standard «tg». Nous connaissons la formule qui permet de calculer la tangente d'un angle à partir du sinus et du cosinus:

$$\text{tg } \alpha = \frac{\sin \alpha}{\cos \alpha}$$

Il nous est alors possible de définir la fonction tangente d'un angle α réel. Le résultat d'une telle fonction est évidemment réel.

```
function tg (alpha: real) : real;
begin
tg : = sin (alpha)/cos (alpha)
end;
```

Lorsque nous voulons utiliser la fonction tg, nous pouvons le faire comme pour la fonction sin, mais le paramètre est nécessairement une expression de type réel et ne peut pas être entier. La syntaxe de la définition d'une fonction est proche de celle d'une procédure. Les deux concepts peuvent d'ailleurs être regroupés sous le nom de sous-programme et un unique diagramme syntaxique peut être représenté dans la Figure 14.1.

Ce diagramme peut être incorporé comme branche du diagramme **bloc** de la Figure 10.7; on a alors le diagramme complet donné dans l'annexe B.

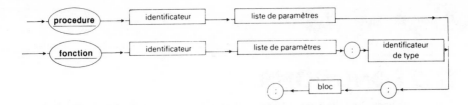

Fig. 14.1. Diagramme syntaxique d'un sous-programme

On constate, comme principale différence entre une procédure et une fonction, qu'il faut donner le type du résultat de la fonction par un identificateur de type. Ce type doit être scalaire; nous verrons ultérieurement qu'il peut aussi être de type pointeur.

On remarque également qu'il est obligatoire d'avoir une affectation qui définit le résultat de la fonction. Cette affectation a la forme:

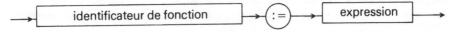

D'autre part, il ne faut pas perdre de vue qu'un appel de procédure est une instruction, tandis qu'un appel de fonction est une expression.

p.e. tg (2.5 * x) n'est pas une instruction, par contre

y : = tg (2.5 * x) en est une.

Le diagramme syntaxique de déclaration de fonction nous montre que les propriétés du chapitre 13 s'appliquent aux fonctions.

i)   Les fonctions peuvent avoir plusieurs paramètres de n'importe quel type.

ii)   Les paramètres à la définition sont les **paramètres formels**, les paramètres à l'appel sont les **paramètres effectifs ou actuels**. Les deux sortes doivent correspondre en nombres et en types.

iii) Une fonction peut avoir des objets définis localement à elle (types, constantes, variables, procédures, fonctions). Ainsi une procédure peut être locale à une fonction et vice-versa.

Exemples

i)   Fonction calculant la moyenne de 10 nombres entiers.
      On suppose les déclarations suivantes:

```
type inter = 1..10;
     serie = array [inter] of integer;
```

La fonction se présente ainsi:

```
function moyenne (x: serie) : real;
var somme : integer; i : inter;
begin somme : = 0;
for i : = 1 to 10 do somme : = somme + x[i];
```

```
        moyenne := somme/10
    end;
```

On imprimera la moyenne des 10 valeurs contenues dans le tableau déclaré par **var** tab: serie ainsi:

```
        writeln (moyenne(tab))
```

ii)   Fonction lisant une ligne de caractères et comptant le nombre de fois que
l'on rencontre un caractère donné c.

```
        function lireetcompter (c: char) : integer;
        var ch: char;  n: integer;
        begin n := 0;
        while not eoln (input) do
                begin read (ch);
                if ch = c then n := n + 1
                end;
        lireetcompter := n; readln
        end;
```

Si on veut mémoriser, dans la variable nombrea de type entier, le nombre
de 'A' de la prochaine ligne à lire, on écrit:

```
        nombrea := lireetcompter ('A')
```

14.2   Un exemple complet: le binôme de Newton

On désire imprimer le binôme de Newton $(x + y)^n$ sous la forme:

```
x + y
```
$x^2 + 2xy + y^2$
$x^3 + 3x^2y + 3xy^2 + y^3$
```
etc ...
```

On ne veut pas utiliser de tableaux, il faut donc calculer les coefficients par la
formule des combinaisons:

$$(x + y)^n = \sum_{i=0}^{n} C_n^i \, x^{n-i} . y^i$$

$$C_p^q = \frac{p!}{q! \, (p-q)!}$$

On va donc définir et utiliser les fonctions:

i)   **function** fact (n: integer) : integer
qui calcule n!

ii)   **function** coeff (p,q: integer) : integer
qui calcule $\quad C_p^q$

```
PROGRAM NEWTON(OUTPUT);
VAR DEGRE,J,K,L: INTEGER;

    FUNCTION NBDIG(M:INTEGER) : INTEGER;
    VAR NBCAR:INTEGER;
    BEGIN NBCAR:=0;
    WHILE M <> 0 DO BEGIN NBCAR:=NBCAR+1;
                    M:=M DIV 10
                    END;
    NBDIG:=NBCAR
    END;

    FUNCTION FACT(N:INTEGER) : INTEGER;
    VAR FACTORIELLE,NOMBRE:INTEGER;
    BEGIN
    FACTORIELLE:=1; NOMBRE:=1;
    WHILE NOMBRE <= N DO
        BEGIN FACTORIELLE:=FACTORIELLE*NOMBRE;
        NOMBRE:=NOMBRE+1
        END;
    FACT:=FACTORIELLE
    END;

    FUNCTION COEFF(P,Q:INTEGER) : INTEGER;
    BEGIN
    COEFF:=FACT(P) DIV (FACT(Q)*FACT(P-Q))
    END;

BEGIN DEGRE:=0;
FOR DEGRE:= 1 TO 6 DO
    BEGIN WRITE(' ');
    FOR J:=1 TO DEGRE+1 DO
        BEGIN
        K:=COEFF(DEGRE,J-1);
        L:=DEGRE-J+1;
        IF K <> 1 THEN WRITE(K:NBDIG(K),'*');
        IF L <> 0 THEN
            BEGIN IF L=1 THEN WRITE('X') ELSE WRITE('X^',L:NBDIG(L);
            IF J<>1 THEN WRITE('*')
            END;
        IF J<>1 THEN
                IF J=2 THEN WRITE('Y') ELSE
                        WRITE('Y^',J-1:NBDIG(J-1));
        IF J=DEGRE+1 THEN WRITELN ELSE WRITE('+')
        END
    END
END.


X+Y
X^2+2*X*Y+Y^2
X^3+3*X^2*Y+3*X*Y^2+Y^3
X^4+4*X^3*Y+6*X^2*Y^2+4*X*Y^3+Y^4
X^5+5*X^4*Y+10*X^3*Y^2+10*X^2*Y^3+5*X*Y^4+Y^5
X^6+6*X^5*Y+15*X^4*Y^2+20*X^3*Y^3+15*X^2*Y^4+6*X*Y^5+Y^6
```

Fig. 14.2 Programme du binôme de Newton

iii) **function** nbdig (m: integer) : integer
qui calcule combien de digits (chiffres) a le nombre m. Cette fonction
est ensuite utilisée dans les ordres d'impression comme format. L'ordre
write('X↑', l: nbdig(l)) imprime ainsi:

X↑2   si I vaut 2
X↑10 si I vaut 10

Le listage et l'exécution du programme se trouvent dans la Figure 14.2.

14.3 Exercices

* 14.1 D'après les diagrammes syntaxiques, peut-on définir une fonction sans paramètres?

* 14.2 Ecrire la fonction suivante qui calcule a^b, $(b \in \mathbb{Z}_+)$
function puissance (a: real; b: positif): real;

14.3 Ecrire une fonction qui vérifie si un élément donné se trouve dans un tableau d'éléments du même type.

* 14.4 Ecrire une fonction qui vérifie si un caractère est un caractère spécial (ni un chiffre, ni une lettre).

14.5 Ecrire une fonction qui lit un mot français dans un texte dont les mots sont séparés par un espace et retourne comme résultat la longueur du mot.

14.6 Ecrire une fonction qui détermine le plus grand nombre premier inférieur à un nombre entier K.

14.7 Ecrire une fonction diff qui détermine la différence entre 2 heures de la manière suivante:
diff (1730, 1950) vaut 220
diff (1950, 1730) vaut 2140

CHAPITRE 15

LES MODES DE TRANSMISSION

DE PARAMETRES

15.1   Paramètres par valeur

Les paramètres que nous avons vu jusqu'à maintenant sont des paramètres passés par **valeur**. Cela signifie que la valeur du paramètre doit être définie avant l'appel au sous-programme. Cette valeur peut être modifiée à l'intérieur du sous-programme, mais le paramètre effectif garde sa valeur originale dans le (sous-) programme d'appel. La valeur est donc copiée dans le sous-programme appelé, et seule la copie peut être modifiée. Par exemple, considérons à nouveau la fonction nbdig du paragraphe 14.2. qui calcule le nombre de digits d'un nombre entier M.

```
function nbdig (m: integer): integer;
var nbcar: integer;
begin nbcar : = 0;
while m < > 0 do begin nbcar : = nbcar + 1;
                       write (m);      ←  ①
                       m : = m div 10
               end;
nbdig : = nbcar
end;
```

Nous avons ajouté un ordre d'impression dans la boucle. Considérons maintenant la suite d'instructions suivantes:

```
nombre : = 23471;
write (nbdig(nombre));  ←  ②
write (nombre);  ←  ③
```

Nous obtenons alors les résultats suivants:

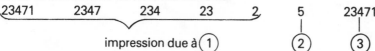

| 23471 | 2347 | 234 | 23 | 2 | 5 | 23471 |

impression due à ① ② ③

Nous constatons que lors de l'appel à la fonction nbdig, la valeur de nombre, qui est 23471 est substituée au paramètre formel m qui se comporte alors comme une variable locale; m est ensuite divisé par 10 et prend successivement les valeurs 2347, 234, 23, 2 et 0 (on ne l'a pas imprimé). Au retour, dans le programme d'appel, le résultat 5 de la fonction est imprimé ainsi que le paramètre effectif nombre de celle-ci. Ce dernier a bien gardé sa valeur originale 23471.

15.2   Paramètres variables

Nous désirons écrire maintenant un sous-programme d'addition de matrices carrées de dimension 5. Nous définissons les types suivants:

type limite = 1..5;

matrice = **array** [limite, limite] **of** integer;

Il serait évidemment tentant d'écrire une fonction telle que:

function somme (a, b: matrice) : matrice;

...

Hélas, ce n'est pas possible, car le résultat d'une fonction doit être de type scalaire. Nous devons donc introduire un nouveau mode de transmission de paramètres tel que la valeur de ceux-ci puisse être modifiée par le sous-programme appelé et rendue au (sous-) programme d'appel ainsi modifiée.

Pour déclarer des paramètres variables, il faut précéder les paramètres formels du mot réservé **var**.

p.e. La procédure qui calcule le cube et l'inverse d'un nombre n peut s'écrire:

procedure table (n : integer; **var** cube: integer; **var** inv: real);

begin cube : = n*sqr(n);

inv : = 1/n

end;

n est un paramètre par valeur, tandis que cube et inv sont variables. Un tel exemple n'aurait pas pu être envisagé à l'aide d'une fonction, puisqu'il y a deux résultats.

Un paramètre effectif correspondant à un paramètre formel déclaré variable ne peut être qu'une variable. En effet, le paramètre effectif prend une valeur au retour du sous-programme et seule une variable peut prendre une valeur. Ainsi les appels suivants de la procédure table que nous venons de définir sont incorrects:

table (5, x + y, k - 1)

table (5, 6, 7)

par contre, les deux suivants conviennent:

table (5, a, b)

table (t + 1, a, b)

pour autant que a et t aient été déclarés entiers et b réel et que t ait une valeur avant l'appel.

Revenons à notre exemple d'addition matricielle du début du paragraphe. Nous

142

pouvons écrire maintenant la procédure suivante:

```
procedure somme (a, b: matrice; var c: matrice);
var i, j: limite;
begin
for i := 1 to 5 do
        for j := 1 to 5 do    c[i, j] := a[i, j] + b[i, j]
end;
```

15.3   Deux exemples complets

i)   Tri

Nous désirons écrire une procédure qui classe une série de 15 nombres entiers. La méthode utilisée est la suivante.

On compare chaque nombre avec les suivants; si l'ordre n'est pas correct, on échange les nombres, sinon on les laisse tels quels. Exemple avec 4 nombres:

5	3	2	4	échange 5 et 3
3	5	2	4	échange 3 et 2
2	5	3	4	pas d'échange
2	5	3	4	échange 5 et 3
2	3	5	4	pas d'échange
2	3	5	4	échange 5 et 4
2	3	4	5	ordonné

Les nombres sont placés dans un tableau de type:

```
tab = array [1..n] of integer
```

La procédure de tri est déclarée comme:

```
procedure tri (var t: tab)
```

Elle a donc un paramètre qui est à la fois la série de nombres avant le tri et après le tri. On perd donc les valeurs de la série originale après le tri. Le listage et l'exécution du programme se trouvent à la Figure 15.1.

ii)   encadrement de texte

Le but du programme de la Figure 15.2 est de lire un texte d'au maximum 60 caractères, contenu sur une seule carte-donnée, puis de l'encadrer comme l'exemple suivant:

```
*****************************
*                           *
*   CE TEXTE EST ENCADRE    *
*                           *
*****************************
```

```
PROGRAM CLASSE(INPUT,OUTPUT);
CONST N=10;
TYPE LIMITE=1..N;
     TAB=ARRAY[LIMITE] OF INTEGER;
VAR NOMBRE:TAB; TEMP:INTEGER; I:LIMITE;

  PROCEDURE TRI(VAR T:TAB);
    VAR I,J:LIMITE;
    BEGIN FOR I:=1 TO N-1 DO
             FOR J:=I+1 TO N DO
                IF T[I] > T[J] THEN
                     BEGIN TEMP:=T[I];
                           T[I]:=T[J];
                           T[J]:=TEMP
                     END;
    END; of procedure.

BEGIN WRITELN(' AVANT TRI:');
FOR I:=1 TO N DO BEGIN READLN(NOMBRE[I]);
                WRITE(NOMBRE[I]:5)
                END;
WRITELN;
TRI(NOMBRE);
WRITELN(' APRES TRI:');
FOR I:=1 TO N DO WRITE(NOMBRE[I]:5);
WRITELN
END.


AVANT TRI
   23    46   -14   356  -178    34    23   124    67     0
APRES TRI
 -178   -14    0·    23    23    34    46    67   124   356
```

Fig. 15.1 Programme de tri

```
PROGRAM CADRE(INPUT,OUTPUT);
CONST MAX=60; (*NOMBRE MAXIMUM DE CARACTERES*)
TYPE LIMITE=1..MAX;
     TEXTE=ARRAY [LIMITE] OF CHAR;
VAR TX:TEXTE; (*TEXTE A ENCADRER*)

  PROCEDURE ENCADRER(T:TEXTE);
    (*PROCEDURE D'ENCADREMENT*)
    VAR LONGUEUR:LIMITE;

      FUNCTION COMPTER(T:TEXTE): INTEGER;
      (*CALCUL DE LA LONGUEUR DU TEXTE*)
      VAR COMPTEUR:INTEGER;
      BEGIN COMPTEUR:=1;
      WHILE T[COMPTEUR] <> '.' DO COMPTEUR:=COMPTEUR+1;
      COMPTER:=COMPTEUR-1
      END; of fonction

      PROCEDURE HORIZONTAL(NB:INTEGER);
      (*TRACE LES TRAITS HORIZONTAUX*)
      VAR I:INTEGER;
      BEGIN WRITE(' ');
      FOR I:=1 TO NB+4 DO WRITE('-');
      WRITELN
      END;

      PROCEDURE VERTICAL(NB:INTEGER);
      (*TRACE LES TRAITS VERTICAUX*)
      VAR I:INTEGER;
      BEGIN WRITE(' I');
      FOR I:=1 TO NB+2 DO WRITE(' ');
      WRITELN('I')
      END;

      PROCEDURE IMPRIMERTEXTE(T:TEXTE;NB:INTEGER);
      (*IMPRESSION DU TEXTE A ENCADRER*)
      VAR I:INTEGER;
      BEGIN WRITE(' I ');
      FOR I:=1 TO NB DO WRITE(T[I]);
      WRITELN(' I')
      END;

    BEGIN LONGUEUR:=COMPTER(T);
    HORIZONTAL(LONGUEUR);
    VERTICAL(LONGUEUR);
    IMPRIMERTEXTE(T,LONGUEUR);
    VERTICAL(LONGUEUR);
    HORIZONTAL(LONGUEUR)
    END;
```

```
PROCEDURE LIRE(VAR T:TEXTE);
(*PROCEDURE DE LECTURE DU TEXTE*)
VAR I:0..MAX;
BEGIN I:=0; WRITE(' ');
WHILE NOT EOLN(INPUT) DO BEGIN I:=I+1;
                              READ(T[I]); WRITE(T[I])
                         END;
T[I]:='.';
WRITELN; WRITELN
END;

BEGIN LIRE(TX); ENCADRER(TX)
END.


LE CHIEN A MANGE SON OS.
------------------------------------
I                              I
I LE CHIEN A MANGE SON OS I
I                              I
------------------------------------
```

Fig. 15.2   Programme encadrant un texte

15.4   Procédures et fonctions formelles

Nous désirons écrire une fonction qui trouve le maximum d'une fonction continue f dans l'intervalle [a;b]. On cherche pour cela la plus grande des valeurs f(x) pour $x = a + k . \dfrac{b - a}{100}$ avec k variant de 0 à 100.

Supposons maintenant que nous cherchions en particulier le maximum de la fonction $f(x) = x^2 (x-1)$ pour $x \in [0;20]$. La fonction peut s'écrire:

```
function max (a, b: real) : real;
var k: 1..100; x, pas, fx, fmax: real;
begin pas := (b-a)/100;
x := a; fmax := sqr(x) * (x-1);
for k := 1 to 100 do
           begin x := x + pas; fx := sqr(x) * (x-1);
           if fx > fmax then fmax := fx
           end;
max := fmax
end;
```

Le maximum que nous cherchons peut être obtenu par l'affectation

maximum := max (0.0, 20.0)

Malheureusement, la fonction max n'est pas générale, puisqu'elle utilise à deux reprises l'expression particulière de f(x): sqr(x) * (x-1).

Pour remédier à cet inconvénient, il faut déclarer une fonction comme paramètre formel de la fonction max:

```
function max (function f(x: real): real; a, b: real): real;
var k : 1..100; x, pas, fx, fmax: real;
begin pas : = (b-a)/100.0;
x : = a; fmax : = f(x);
for k : = 1 to 100 do
            begin x : = x + pas; fx : = f(x);
            if fx > fmax then fmax : = fx
            end;
max : = fmax
end;
```

On appellera maintenant la fonction max avec comme premier paramètre l'identificateur de la fonction dont on cherche le maximum. Une fonction standard comme sin ne peut pas être passée comme paramètre.

p.e. maximum : = max (calcul, 0.0, 20.0);
      maximum : = max (s, 0.0, 6.28);

s et calcul ont été définis auparavant comme:

```
function calcul (x : real) : real;
begin calcul : = sqr(x) * (x-1)
end;
function s (x: real) : real;
begin s : = sin (x) end;
```

De même, on peut déclarer une procédure comme paramètre formel d'une fonction ou d'une autre procédure et une fonction comme paramètre formel d'une procédure. Ces différentes possibilités sont incluses dans le diagramme complet d'une liste de paramètres de la Figure 15.3.

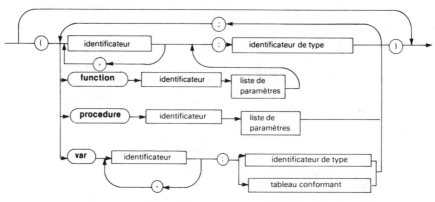

Fig. 15.3 Diagramme syntaxique d'une liste de paramètres

On remarque évidemment qu'une procédure formelle n'a pas de type.

p.e. **function** f (**procedure** p) : real

15.5   Un exemple complet: le calcul d'une intégrale définie

On désire écrire un programme qui calcule l'intégrale définie d'une fonction f(x) entre deux limites a et b:

$$\text{Int(x)} = \int_a^b f(x)\,dx$$

Cette intégrale représente la surface sous la courbe que nous pouvons approximer en divisant l'intervalle [a,b] en n intervalles de longueur h =(b-a)/n et en calculant la somme des surfaces des trapèzes représentés dans la Figure 15.4.

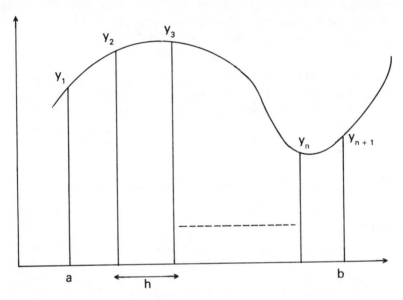

Fig. 15.4 Calcul de l'intégrale (somme des surfaces des trapèzes)

L'approximation est la suivante:

$$\text{Int(x)} = \int_a^b f(x)dx \overset{\sim}{=} \frac{h}{2} \sum_{k=1}^{n} (y_k + y_{k+1})$$

Il faut remarquer, dans le programme de la Figure 15.5, que la fonction intégrale a comme paramètre formel la fonction à intégrer.

On a choisi comme exemple les deux intégrales suivantes:

$$\int_0^{\pi/2} \sin(x)dx \quad \text{et} \quad \int_2^3 xe^x\,dx$$

148

```
PROGRAM INTEGRALE(OUTPUT);
CONST PI=3.14159;

    FUNCTION TRAPEZE(FUNCTION F(X:REAL):REAL; A,B:REAL; N:INTEGER): REAL;
    VAR H (*PAS*),SOMME:REAL;
    BEGIN H:=(B-A)/N;
    SOMME:=0;
    REPEAT SOMME:=SOMME+F(A)+F(A+H);
            A:=A+H
    UNTIL A>=B;
    TRAPEZE:=(H/2)*SOMME
    END;

    FUNCTION EE(X:REAL):REAL;
    BEGIN
    EE:=X*EXP(X)
    END;

    FUNCTION S(X:REAL):REAL;
    BEGIN S:=SIN(X)
    END;

BEGIN
WRITELN(' INTEGRALE DE SIN(X) ENTRE 0 ET PI/2',TRAPEZE(S,0.0,PI/2,100));
WRITELN(' INTEGRALE DE X*EXP(X) ENTRE 2 ET 3',TRAPEZE(EE,2.0,3.0,100))
END.

INTEGRALE DE SIN(X) ENTRE 0 ET PI/2   1.0156850927466E+000
INTEGRALE DE X*EXP(X) ENTRE 2 ET 3    3.2782502537793E+001
```

Fig. 15.5 Programme de calcul d'intégrales

15.6   Les tableaux conformants

Si nous reprenons l'exemple de la procédure additionnant deux matrices carrées décrite au paragraphe 15.2, nous nous apercevons d'un grave inconvénient: elle ne fonctionne que pour des matrices de dimension 5. Ainsi, dans un même programme, si nous voulons additionner des matrices carrées de dimensions 3, 4 et 5, il nous faudrait écrire 3 procédures qui ne différeraient que dans le type des paramètres. Les tableaux conformants permettent de déclarer une seule procédure avec des bornes de tableaux pouvant varier. Ainsi notre exemple, qui permettrait même l'addition de matrices non carrées, devient:

> **procedure** somme (**var** a, b, c: **array** [il.. nlig: limite;
>
> jl.. ncol: limite] **of** integer);
>
> **var** i, j: limite;
> **begin**
> **for** i: = il **to** nlig **do**
>   **for** j: = jl **to** ncol **do** $c[i, j]$: = $a[i, j] + b[i, j]$
> **end**;

Nous pouvons ainsi représenter à la Figure 15.6 le diagramme d'un paramètre tableau conformant.

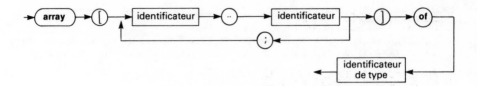

Fig. 15.6 Tableau conformant

Il faut remarquer que de tels paramètres sont nécessairement variables et qu'ils transgressent la propriété i) du paragraphe 13.2.

Signalons enfin que cette syntaxe décrite dans la proposition de standard ISO est encore controversée.

15.7 Exercices

* 15.1 Ecrire une procédure qui calcule le produit de deux matrices carrées de dimension 10.

  15.2 Ecrire une procédure qui calcule le produit vectoriel de 2 vecteurs dans l'espace.

  15.3 Ecrire une procédure graphique qui représente la fonction f(x) dans l'intervalle [a; b].

  15.4 Ecrire une fonction qui donne la dérivée première d'une fonction au point a.

* 15.5 Ecrire une procédure qui annule dans une série de n nombres réels tous ceux qui sont inférieurs à une valeur donnée v.

CHAPITRE **16**

LA RECURSIVITE

16.1   Le concept de récursivité

Le mathématicien connaît plutôt le mot de **récurrence**. «Si une propriété est vraie pour $K = 0$ et que lorsqu'elle est vraie pour $K = n-1$, on peut démontrer qu'elle est vraie pour $K = n$, alors on peut affirmer que la propriété est vraie pour tout K supérieur ou égal à 0.

On utilise un procédé d'extension d'une propriété de proche en proche.

Un exemple de définition de fonction par récurrence est la factorielle:
$n! = n. (n-1) (n-2)...2.1$. On la définit comme:

$$n! = \begin{cases} 1 & si\ n = 0 \\ n. (n-1)! & si\ n > 0 \end{cases}$$

On connaît donc la valeur de la fonction pour $n = 0$ et on peut passer de $(n-1)!$ à $n!$

Ce point de vue est celui du mathématicien, l'informaticien préfère le terme de récursivité. Un objet est récursif s'il est défini à partir de lui-même.

La plupart des langages de programmation acceptent la définition récursive de sous-programmes. Par exemple, la factorielle en Pascal peut s'écrire:

```
function factorielle (n:integer) : integer;
begin
if n = 0 then factorielle := 1
        else factorielle := n*factorielle(n-1)
end;
```

L'appel z := factorielle(4)
aura l'effet suivant:

> 4 = 0 est faux
>> donc factorielle(4) est calculée comme 4*factorielle(3)
> 3 = 0 est faux
>> donc factorielle(3) est calculée comme 3*factorielle(2)
> 2 = 0 est faux
>> donc factorielle(2) est calculée comme 2*factorielle(1)
> 1 = 0 est faux
>> donc factorielle(1) est calculée comme 1*factorielle(0)

$0 = 0$ est vrai

donc factorielle(0) vaut 1

et successivement on a:

factorielle(4) $=$ 4*factorielle(3)

3*factorielle(2)

2*factorielle(1)

1*factorielle(0)

1

factorielle(4) $=$ 4*3*2*1*1 $=$ 24

La récursivité nécessite l'emploi d'une pile pour stocker les résultats intermédiaires et il faut prendre garde de prévoir la fin du processus récursif. Par exemple, l'instruction k : = factorielle (-1) va déclencher un processus récursif théoriquement illimité, car un paramètre négatif est traité par erreur comme un paramètre positif.

Un autre exemple de fonction que l'on peut définir récursivement est tout simplement la multiplication.

```
function multiplication (a, b: integer) : integer;
begin
if (a = 0)  or (b = 0) then multiplication : = 0
                else
        begin
        if b < 0 then begin a : = -a;
                            b : = -b;
                    end;
        multiplication : = a + multiplication (a, b-1)
        end
    end;
```

Il est évident que l'utilisation d'une telle fonction est extrêmement coûteuse et à éviter. Nous pouvons voir néanmoins comment elle fonctionne.

p.e. write (multiplication(3,-4))

-4 < 0   a ← -3 et b ← 4

multiplication (-3,4) $=$ -3 + multiplication (-3,2)

-3 + multiplication (-2,2)

-3 + multiplication (-3,1)

-3 + multiplication (-3,0)

0

multiplication(3,-4) = multiplication(-3,4) = (-3) + (-3) + (-3) + (-3) = - 12

16.2 Récursivité et itération

L'exemple de la factorielle, s'il est très simple, est néanmoins un mauvais emploi des techniques récursives, car une définition itérative est plus économique.

```
function fact(n:integer): integer;
var i,f: integer;
begin
i := 0; f := 1;
while i < n do begin  i := i + 1; f := i*f
                end;
fact := f
end;
```

Il faut donc éviter d'utiliser la récursivité lorsqu'on peut la remplacer par une définition itérative.

p.e. Le plus grand commun diviseur (PGCD) de deux nombres a et b peut être défini par:

$$\text{pgcd } (x,y) = \begin{cases} x \text{ si } y = 0 \\ \text{pgcd } (y, \text{ reste de la division } x/y) \text{ si } y \neq 0 \end{cases}$$

Il serait donc tentant de déclarer la fonction pgcd ainsi:

```
function pgcd (x,y: integer): integer;
begin  if y = 0 then pgcd := x
                else pgcd := pgcd (y,x mod y)
end;
```

Pourtant, la définition suivante est bien plus efficace:

```
function pgcd (x,y: integer): integer;
var reste : integer;
begin
while y < > 0 do
        begin reste := x mod y;
              x := y;
              y := reste
        end;
pgcd := x
end;
```

Mais alors, quels sont les problèmes qu'il faut résoudre en utilisant la récursivité? Ce sont les problèmes typiquement récursifs et non itératifs. Nous allons en étudier deux dans le prochain paragraphe.

16.3 Deux problèmes typiquement récursifs

i)   Le «quicksort» (méthode de tri rapide)

On choisit un élément arbitraire de la série à trier, on divise alors en 2 segments, un contenant les éléments plus petits ou égaux à cet élément, l'autre les éléments plus grands. On recommence le même procédé dans chacun des segments et ainsi de suite.

p.ex.: (4 2 7 5 6̲ 1 3 9 8)
     (4 2 5̲ 1 3) 6 (7 9̲ 8)
     (4 2̲ 1 3) 5 6 (7 8̲) 9
     (1) 2 (4̲ 3) 5 6 7 (8) 9
       1 2 (3) 4 5 6 7 8 9

Dans le programme de la Figure 16.1, x et y représentent les indices délimitant les 2 segments à trier, on a donc:

if gauche < y **then** tri (gauche, y); (*tri du segment de gauche*)
if droite > x **then** tri (x, droite); (*tri du segment de droite*)

```
PROGRAM QUICKSORT(INPUT,OUTPUT);
CONST NB=11; (*NOMBRE DE NOMBRES A TRIER*)
TYPE LIMITE=0..NB;
VAR I:LIMITE;
    NOMBRE (*NOMBRES A TRIER*) : ARRAY [LIMITE] OF INTEGER;

    PROCEDURE TRI(GAUCHE,DROITE:LIMITE);
    VAR X,Y:LIMITE; STOCK1,STOCK2:INTEGER;
    BEGIN X:=GAUCHE; Y:=DROITE;
    STOCK1:=NOMBRE[(X+Y) DIV 2];
    REPEAT
        WHILE NOMBRE[X] < STOCK1 DO X:=X+1;
        WHILE STOCK1 < NOMBRE[Y] DO Y:=Y-1;
        IF X <= Y THEN
            BEGIN STOCK2:=NOMBRE[X];
            NOMBRE[X]:=NOMBRE[Y];
            NOMBRE[Y]:=STOCK2;
            X:=X+1; Y:=Y-1
            END
    UNTIL X>Y;
    IF GAUCHE < Y THEN TRI(GAUCHE,Y);
    IF DROITE > X THEN TRI(X,DROITE)
    END;

BEGIN WRITELN(' AVANT TRI');
FOR I:=1 TO NB DO BEGIN READ(NOMBRE[I]);
                  WRITE(NOMBRE[I]:5)
                  END;
TRI(1,NB);
WRITELN; WRITELN; WRITELN(' APRES TRI');
FOR I:=1 TO NB DO WRITE(NOMBRE[I]:5);
WRITELN
END.


AVANT TRI
  23   35   56  344  -12  345   34  123    0  -56   84

APRES TRI
 -56  -12    0   23   34   35   56   84  123  344  345
```

Fig. 16.1 Programme de tri rapide

Les tours de Hanoi

Ce jeu très ancien consiste en 3 aiguilles (tours) et N disques de diamètre décroissant que l'on a enfilé sur la première aiguille.

p.e. N = 4

Il faut déplacer les disques de la première tour à la seconde en utilisant la troisième. Mais les règles suivantes doivent être observées:

1 - Un seul disque peut être déplacé à la fois.
2 - Un disque peut être déplacé d'une des 3 aiguilles à l'une des deux autres.
3 - Il est impossible de placer sur un disque, un disque de diamètre supérieur.

Pour découvrir la méthode, nous allons commencer par étudier le déplacement avec une tour de 2 disques, puis de 3. Ensuite nous généraliserons à N disques.

a) **2 disques**

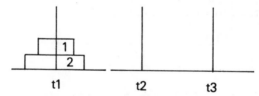

Les mouvements à effectuer sont les suivants:

1. déplacer 1 disque de la tour t1 à la tour t3

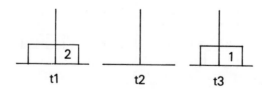

2. déplacer 1 disque de la tour t1 à la tour t2

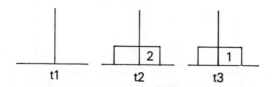

3. déplacer 1 disque de la tour t3 à la tour t2

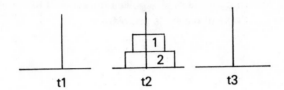

Nous avons déplacé les deux disques de la tour t1 à la tour t2 en utilisant la tour t3, ce que nous pouvons noter par:
 déplacer (2, t1, t2, t3)

En utilisant la même notation pour un déplacement d'un disque, on a:
 déplacer (2, t1, t2, t3)   <=>   déplacer (1, t1, t3, t2)
                                  déplacer (1, t1, t2, t3)
                                  déplacer (1, t3, t2, t1)

b) **3 disques**

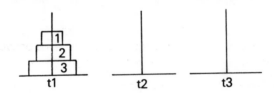

Nous pouvons ramener le problème au problème suivant:

1. déplacer 2 disques de la tour t1 à la tour t3

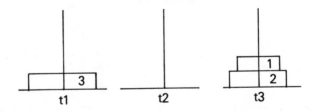

2. déplacer 1 disque de la tour t1 à la tour t2

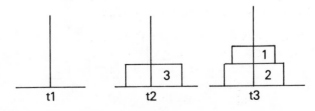

3. déplacer 2 disques de la tour t3 à la tour t2

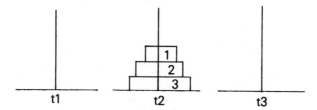

Ainsi en utilisant la notation précédente, on peut écrire:
déplacer (3, t1, t2, t3) < = > déplacer (2, t1, t3, t2)
déplacer (1, t1, t2, t3)
dépiacer (2, t3, t2, t1)

c) **généralisation**

Nous pouvons généraliser la méthode et écrire:
déplacer (n, t1, t2, t3) < = > déplacer (n-1, t1, t3, t2)
déplacer (1, t1, t2, t3)
déplacer (n-1, t3, t2, t1)

déplacer (n, t1, t2, t3) peut donc s'écrire comme une procédure, mais il faut encore définir le déplacement d'une seule tour, ce que nous pouvons faire ainsi:
déplacer (1, t1, t2, t3) < = > t1 → t2

La procédure déplacer est alors la suivante:

```
        procedure deplacer (n, t1, t2, t3: integer);
        begin
        if n = 1 then writeln (t1, '→', t2)
                else begin deplacer (n-1, t1, t3, t2);
                           deplacer (1, t1, t2, t3);
                           deplacer (n-1, t3, t2, t1)
                   end
        end;
```

Dans le programme de la Figure 16.2, on montre les déplacements avec 4 disques.

16.4 La récursivité indirecte

Nous avons dit qu'un objet récursif est défini à partir de lui-même. On trouve aussi souvent la définition suivante d'une fonction récursive: une fonction est récursive si elle est utilisée dans sa définition.

Considérons maintenant une nouvelle définition de la fonction factorielle.

```
        function factorielle (n: integer) : integer;
            function fact (n: integer) : integer;
            begin fact : = n*factorielle (n-1)
            end;
```

```
       begin if n = 0 THEN factorielle : = 1
                 else factorielle : = fact (n)
       end;

PROGRAM HANOI(OUTPUT);

    PROCEDURE DEPLACER(N,T1,T2,T3:INTEGER);
    BEGIN
    IF N=1 THEN WRITELN(T1:2,'  _',T2:2)
           ELSE BEGIN DEPLACER(N-1,T1,T3,T2);
                      DEPLACER(1,T1,T2,T3);
                      DEPLACER(N-1,T3,T2,T1)
                END
    END;

BEGIN DEPLACER(4,1,2,3)
END.


1 _ 3
1 _ 2
3 _ 2
1 _ 3
2 _ 1
2 _ 3
1 _ 3
1 _ 2
3 _ 2
3 _ 1
2 _ 1
3 _ 2
1 _ 3
1 _ 2
3 _ 2
```

Fig. 16.2 Programme des tours de Hanoi

Cette fonction bien que peu efficace est tout à fait correcte. La fonction factorielle utilise la fonction fact qui utilise elle-même la fonction factorielle. C'est une **récursivité indirecte**. Elle est possible, car elle répond aux règles concernant l'accès des objets et les niveaux. En effet:

i)   fact peut appeler factorielle qui est à un niveau inférieur (englobant)

ii) factorielle peut appeler fact, puisque cette dernière fonction est un objet local à factorielle.

La définition suivante est-elle possible?

```
function factorielle (n : integer) : integer;
begin if n = 0 then factorielle : = 1
                else factorielle : = fact(n)
end;
function  fact (n: integer) : integer;
begin  fact : = n*factorielle(n-1)
end;
```

Non, car fact est utilisé avant d'être défini, et si l'on permute les deux définitions, c'est factorielle qui sera utilisé avant d'être défini. le moyen de se sortir de cette impasse tout en gardant les deux fonctions est de «prédéclarer» la fonction fact avant la définition de factorielle à l'aide de l'indication **forward**.

```
function fact (n: integer) : integer; forward;
function factorielle (n: integer) : integer;
begin if n = 0 then factorielle : = 1
                else factorielle : = fact(n)
end;
function fact;
begin fact : = n*factorielle(n-1)
end;
```

On remarque que dans la prédéclaration, les paramètres et le type du résultat doivent être indiqués. Ils ne le sont évidemment plus dans la déclaration proprement dite. Les procédures peuvent aussi être prédéclarées avec **forward**.

16.5 Exercices

16.1 Ecrire des définitions récursives et non récursives de la fonction d'Ackermann $A(x,y)$ sachant que:

$A(0,y) = y + 1$

$A(x,0) = A(x-1, 1)$ pour $x > 0$

$A(x,y) = A(x-1, A(x,y-1))$ pour $x > 0$ et $y > 0$

* 16.2 Ecrire la fonction puissance de manière récursive et itérative. On se limite au cas suivant:

```
function puissance (base: real; exposant: positif) : real;
```
avec **type** positif = 0..100

16.3 8 reines sont placées sur un échiquier de telle manière qu'aucune ne puisse en attraper une autre. Résoudre ce problème dû à Gauss (1850) de manière récursive.

CHAPITRE 17

LE TRAITEMENT DE TEXTE

17.1 Manipulation de texte

Contrairement à certaines croyances, l'ordinateur n'est pas seulement un outil permettant d'effectuer de nombreux calculs. Si ses applications sont, en effet, très nombreuses dans les sciences telles que la physique, la chimie, la biologie, l'astronomie ou les sciences économiques, le traitement de texte constitue un très vaste domaine d'applications variées.

Un programme de manipulation de texte se présente généralement selon le schéma de la Figure 17.1. ´

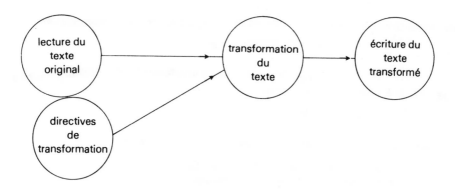

Fig. 17.1 Schéma de manipulation de texte

Parmi les nombreuses applications répondant à ce schéma, nous pouvons signaler les suivantes:

i)   Les éditeurs de texte

Ce sont des programmes interactifs qui permettent de mettre à jour un texte. Les principales opérations disponibles sont les suivantes:
1. Repérage d'une chaîne de caractères donnée
2. Insertion d'une chaîne de caractères donnée
3. Destruction d'une chaîne de caractères donnée
4. Remplacement d'une chaîne de caractères donnée

Ces opérations sont commandées par des directives spécifiques.

ii) **Les programmes de mise en page**

Ces programmes permettent, à partir d'un texte donné, muni de directives, de produire un texte dans une meilleure mise en page, pour le diffuser par exemple. Entre autres, de tels programmes sont capables de produire la justification à droite d'un texte, la numérotation des pages, les titres, etc.

iii) **Les compilateurs**

Ce sont des programmes capables d'analyser un programme en langage de haut niveau, de détecter d'éventuelles erreurs et de produire un programme en langage de bas niveau. Le programme généré doit effectuer les mêmes actions que celles définies dans le programme original.

iv) **Les traducteurs de langues naturelles**

Ce sont des programmes qui, à partir d'un texte, dans une langue donnée, peuvent fournir une traduction dans une autre. De tels traducteurs existent, mais ils sont encore très imparfaits, étant donné la complexité du problème due en particulier à l'importance du contexte.

17.2 Les tableaux compactés

La manipulation de texte requiert une mémorisation de celui-ci. Nous pouvons effectuer cette mémorisation en utilisant un tableau de caractères.

p.e. **var** t : **array** [1..7] of char

Mais si nous voulons affecter la chaîne 'BONJOUR' à la variable t, il n'est pas possible d'employer l'affectation:

t := 'BONJOUR'

Une solution possible, mais peu satisfaisante, est la suivante:

t[1] := 'B'; t[2] := 'O'; t[3] := 'N';
t[4] := 'J'; t[5] := 'O'; t[6] := 'U';
t[7] := 'R';

De même, l'expression booléenne suivante est illégale:

t = 'BONJOUR'

Il faudrait utiliser l'expression très compliquée suivante:

$$(t[1] = \text{'B'}) \textbf{ and } (t[2] = \text{'O'}) \textbf{ and } (t[3] = \text{'N'}) \textbf{ and } (t[4] = \text{'J'})$$
$$\textbf{and } (t[5] = \text{'O'}) \textbf{ and } (t[6] = \text{'U'}) \textbf{ and } (t[7] = \text{'R'})$$

De plus, dans la plupart des compilateurs, un tableau de N caractères occupe N mots-machine, ce qui constitue un gaspillage de mémoire centrale.

Ces différentes constatations expliquent l'introduction de tableaux compactés.

Ceux-ci sont déclarés en faisant précéder le mot réservé **array** du mot réservé **packed**.

p.e. **var** t: **packed array** [1..7] **of** char

Il est possible d'affecter une chaîne de 7 caractères à la variable t.

p.e. t := 'BONJOUR'

On peut aussi comparer 2 chaînes.

p.e. **if** t = 'BONJOUR' **then** write ('OK')

Plus généralement, il est possible d'effectuer des affectations et des comparaisons de chaînes de caractères à condition qu'elles soient exactement de même type. Ainsi l'exemple suivant est incorrect:

t := 'INCORRECT'

car 'INCORRECT' est du type **packed array** [1..9] **of** char. La comparaison de chaînes permet en particulier de les ordonner, comme le montre la procédure suivante qui classe (par échanges) un tableau de 20 noms de 12 caractères chacun:

```
type limite = 1..12; chaîne = packed array [limite] of char;
     tableau = array [1..20] of chaîne;
procedure classement (var nom: tableau);
var i,j: limite; stock: chaîne;
begin
for i := 1 to 19 do
    for j := i + 1 to 20 do
        if nom [i] > nom [j] then
            begin stock := nom [i] ;
                  nom [i] := nom [j] ;
                  nom [j] := stock
            end
end;
```

On peut déclarer des tableaux compactés dont les composantes sont de type quelconque. Cette facilité est d'autant plus utile que les composantes occupent un nombre restreint de bits. Ainsi, par exemple, un tableau de composantes booléennes qui peuvent être représentées chacune par un seul bit devrait être compacté s'il est de grande dimension.

p.e. **type** bits = **packed array** [1..1000] **of** boolean;
     var b: bits;

Pourtant l'accès à une composante compactée, s'il est transparent pour l'utilisateur, est beaucoup plus coûteux en temps. C'est pour cette raison que deux procédures standards ont été introduites.

17.3 Les procédures pack et unpack

Ces procédures permettent respectivement de compacter et de décompacter des tableaux.

La forme générale de ces procédures est la suivante:

  pack (a, i, b)
  unpack (b, a, i)

où 1) a est un tableau déclaré comme
    var a: **array** [a1..a2] **of** T
      T étant un type quelconque

  2) b est un tableau compacté déclaré ainsi
    var b: **packed array** [b1..b2] **of** T
      T étant le même type que précédemment
      Ce tableau doit avoir moins de composantes que le premier.
      Donc $b2-b1 \leqslant a2-a1$.

  3) i est un entier indiquant l'indice de la première composante de a intervenant dans l'opération.

Les procédures pack et unpack correspondent aux deux boucles suivantes:

pack (a, i, b) **for** k := b1 **to** b2 **do**
          b [k] := a[k-b1 + i]
unpack (b, a, i) **for** k := b1 **to** b2 **do**
          a[k-b1 + i] := b[k]

Pour mieux comprendre le mécanisme, prenons l'exemple suivant:
  var x: **packed array** [1..5] **of** char;
    y: **array** [2..9] **of** char;

On initialise la variable x:
  x := 'CHIEN'

puis, on la décompacte dans le tableau y par:
  unpack (x, y, 3)

Le tableau y se présente alors ainsi:

y[2]	y[3]	y[4]	y[5]
	C	H	I

y[6]	y[7]	y[8]	y[9]
E	N		

Une application: la lecture de chaînes de caractères

S'il est possible d'imprimer directement une chaîne de caractères, il est impossible d'en lire une par un ordre read. Nous allons donc montrer comment écrire une procédure lisant une chaîne d'au maximum max caractères. Le principe est le suivant: on lit la chaîne caractère par caractère et on la mémorise dans un tableau, puis on compacte ce dernier. On suppose que les chaînes sont délimitées par au moins un espace.

```
const max = 25; espace = '  ';
type chaîne = packed array [1..max] of char;
procedure lirechaine (var c: chaîne);
var stock: array [1..max] of char; i : 0..max;  ch: char; k: 1..max;
begin
repeat read (ch)
until ch < > espace;
i := 0;
while ch < > espace do begin i := i + 1;
                              stock [i] := ch;
                              read (ch)
                        end;
for k := i + 1 to max do stock [k] := espace;
pack (stock, 1, c)
end;
```

Ainsi, si on doit lire et mémoriser un tableau de 100 noms, il est possible que chaque nom soit compacté et que seulement un seul soit décompacté au moment de la lecture.

  p.e. **var** nom : **array** [1..100] **of** chaîne; i: 1..100;

  La lecture se fera par la boucle:
  for i := 1 **to** 100 **do** lirechaine (nom[i])

17.4   Un programme complet: la conjugaison française

On désire conjuger au présent un verbe français du premier groupe (terminaison -er) ou du second groupe (terminaison -ir). Le principe est le suivant: on lit l'infinitif, on détecte à quel groupe il appartient et on mémorise le radical. Ensuite, on imprime pour chaque personne, le pronom, un espace, le radical et la terminaison. On trouve le listage et l'exécution de ce programme à la Figure 17.2.

17.5   Exercices

* 17.1 Ecrire une procédure qui remplace tous les doubles «s» d'une chaîne de caractères par des simples «s».

  17.2 Ecrire un programme qui calcule la fréquence des mots d'un texte.

```
PROGRAM CONJUGAISON(INPUT,OUTPUT);
CONST MAXLONG=15; (*NOMBRE MAXIMUM DE LETTRES D'UN INFINITIF*)
      BLANC=' ';
TYPE INTERLONG=1..MAXLONG; INTERO=0..MAXLONG;
     ALFA=PACKED ARRAY[INTERLONG] OF CHAR;
     INTER=1..6;
     ALFA6=PACKED ARRAY[INTER] OF CHAR;
     TABALFA6=ARRAY[INTER] OF ALFA6;
VAR INFINITIF: ALFA; PRONOM (*PRONOMS*) :TABALFA6;
    TERM (*TERMINAISONS*) :ARRAY[1..2] OF TABALFA6;
    IND (*INDICE DE POSITION DE LA TERMINAISON*),
    CONJ (*NUMERO DE GROUPE DE LA CONJUGAISON*),
    PERS,CCAR: INTEGER;

    PROCEDURE LIRE(VAR CHAINE:ALFA; VAR COMPTEUR:INTERO);
    VAR I:INTERO;
        TAB: ARRAY[INTERLONG] OF CHAR;
    BEGIN
    FOR I:=1 TO MAXLONG DO TAB[I]:=BLANC;
    COMPTEUR:=0;
    WHILE NOT EOLN(INPUT) DO
        BEGIN COMPTEUR:=COMPTEUR+1;
        READ(TAB[COMPTEUR])
        END;
    PACK(TAB,1,CHAINE);
    READLN
    END;

    PROCEDURE IMPRIME(MOT:ALFA6);
    VAR CCAR: INTEGER;
    BEGIN CCAR:=1;
    WHILE  MOT[CCAR] <> BLANC DO
        BEGIN WRITE(MOT[CCAR]);
        CCAR:=CCAR+1;
        IF CCAR> 6 THEN BEGIN CCAR:=6;
                        MOT[CCAR]:=BLANC
                        END
        END;
    END;

BEGIN
PRONOM[1]:='JE     '; TERM[1][1]:='E     '; TERM[2][1]:='IS     ';
PRONOM[2]:='TU     '; TERM[1][2]:='ES    '; TERM[2][2]:='IS     ';
PRONOM[3]:='IL     '; TERM[1][3]:='E     '; TERM[2][3]:='IT     ';
PRONOM[4]:='NOUS   '; TERM[1][4]:='ONS   '; TERM[2][4]:='ISSONS';
PRONOM[5]:='VOUS   '; TERM[1][5]:='EZ    '; TERM[2][5]:='ISSEZ ';
PRONOM[6]:='ILS    '; TERM[1][6]:='ENT   '; TERM[2][6]:='ISSENT';
WHILE NOT EOF(INPUT) DO
    BEGIN LIRE(INFINITIF,IND);
    WRITE(' VERBE ',INFINITIF);
    IF INFINITIF[IND-1]='E' THEN CONJ:=1 ELSE CONJ:=2;
    WRITELN('  GROUPE ',CONJ:1); WRITELN;
    FOR PERS:=1 TO 6 DO
        BEGIN WRITE(BLANC); IMPRIME(PRONOM[PERS]);
        WRITE(BLANC);
        FOR CCAR:=1 TO IND-2 DO WRITE(INFINITIF[CCAR]);
        IMPRIME(TERM[CONJ][PERS]);
        WRITELN
        END;
    WRITELN; WRITELN
    END
END.
```

```
VERBE CHANTER          GROUPE 1

JE CHANTE
TU CHANTES
IL CHANTE
NOUS CHANTONS
VOUS CHANTEZ
ILS CHANTENT


VERBE FINIR            GROUPE 2

JE FINIS
TU FINIS
IL FINIT
NOUS FINISSONS
VOUS FINISSEZ
ILS FINISSENT


VERBE DANSER           GROUPE 1

JE DANSE
TU DANSES
IL DANSE
NOUS DANSONS
VOUS DANSEZ
ILS DANSENT


VERBE BATIR            GROUPE 2

JE BATIS
TU BATIS
IL BATIT
NOUS BATISSONS
VOUS BATISSEZ
ILS BATISSENT


VERBE SAUTER           GROUPE 1

JE SAUTE
TU SAUTES
IL SAUTE
NOUS SAUTONS
VOUS SAUTEZ
ILS SAUTENT


VERBE ROUGIR           GROUPE 2

JE ROUGIS
TU ROUGIS
IL ROUGIT
NOUS ROUGISSONS
VOUS ROUGISSEZ
ILS ROUGISSENT
```

Fig. 17.2 Programme de conjugaison française

17.3 Ecrire un programme de conjugaison française des verbes du premier et du second groupe aux temps suivants: présent, imparfait, futur, subjonctif présent.

17.4 Ecrire les procédures de base d'un éditeur de texte:
procedure trouve(x : chaîne); localisation d'une chaîne
procedure insere(y : chaîne); insertion d'une chaîne
procedure enleve(n : integer); destruction d'une chaîne de n caractères
procedure change(x,y : chaîne; n : integer); changer la chaîne x en
chaîne y n fois
procedure position(z : integer); positionnement à la ligne z

On suppose que le texte peut être complètement mémorisé dans un tableau. Le type chaîne est défini comme:
type chaine = **packed array** [1..30] **of** char;

Un caractère spécial (p.e. $) indique la fin réelle de la chaîne.

17.5 Ecrire un programme qui justifie un texte à droite en répartissant judicieusement des espaces entre les mots.

CHAPITRE **18**

LES STRUCTURES DE DONNEES

18.1   Description et manipulation des données

Un programme peut être défini comme une description des données et des actions agissant sur ces données. Dans la plupart des langages de programmation, il existe des formes syntaxiques permettant de décrire au préalable les données que l'on va manipuler. Ainsi un programme COBOL comprend 4 divisions dont les deux principales sont la DATA DIVISION (description des données) et la PROCEDURE DIVISION (instructions exécutables). Lorsqu'il s'agit de conserver, de modifier ou de consulter d'énormes quantités d'informations comme, par exemple, les étudiants d'une grande université, les clients d'une banque ou les malades d'un hôpital, on a recours aux **bases de données**. On peut définir celles-ci comme un ensemble d'informations organisées en fichiers et reliées logiquement entre elles. Il est intéressant de remarquer que les systèmes de gestion de bases de données comportent deux langages: le langage de description des données et le langage de manipulation des données.

Dans le langage PASCAL, nous avons vu la manière de décrire des données grâce aux sections **const, type** et **var**. Nous avons également étudié les opérations permises sur ces données grâce aux instructions exécutables du langage. On sait également que ces deux concepts essentiels de description et de manipulation de données se retrouvent dans chaque sous-programme.

Lorsqu'on traite des données, on peut distinguer les données élémentaires des données structurées. Ceci revient en PASCAL à séparer les données de type simple des données de type structuré. Une donnée de type structuré ou tout simplement **une structure de données** est une collection de données de type élémentaire, pour laquelle il existe des propriétés d'organisation et d'accès. Ainsi, si l'on a en PASCAL les déclarations suivantes:

```
type tab = array [1..10] of integer;
     tab2 = array ['A'..'Z'] of tab;
     jour = (lundi, mardi, mercredi, jeudi, vendredi, samedi,
             dimanche);
var a: integer; b: tab, c: char; d: tab2; e: jour;
    f: lundi..mercredi; g: array [boolean] of jour;
```

a, c, e et f sont des données élémentaires tandis que b, d et g sont des données structurées. En effet, le tableau est une structure de données; c'est une collection ordonnée de données élémentaires, et on peut accéder à chaque donnée élémentaire au moyen d'indices. Le dispositif d'entrée que l'on a désigné par «input» est aussi une structure de données; pourtant, l'organisation et surtout l'accès sont très différents. En effet, si l'on déclare:

$$\textbf{var} \; x: \textbf{array} \; [1..200] \; \textbf{of} \; integer;$$

on a une collection de 200 entiers ordonnés (ou plutôt numérotés).

Pour copier la valeur du 157ième dans la variable entière i, il suffit de l'affectation i : = x [157] . Si on a également 200 entiers à lire sur le dispositif d'entrée, pour copier la valeur du 157ième dans la variable entière i, il faut procéder ainsi:

$$\textbf{for} \; k := 1 \; \textbf{to} \; 157 \; \textbf{do} \; read \; (i)$$

Ce qui revient à lire 156 valeurs qui ne nous intéressent pas. On a donc une différence fondamentale dans l'accès à un tableau qui est un accès direct et l'accès au dispositif d'entrée qui est séquentiel, ce dernier accès sera approfondi au chapitre concernant les fichiers.

Il est aussi important de distinguer entre la représentation interne d'une structure de données et sa représentation externe.

Considérons, par exemple, un tableau à 2 dimensions:

$$\textbf{var} \; t: \textbf{array} \; [1..3, 1..2] \; \textbf{of} \; integer$$

Un tel tableau peut être représenté de la manière suivante:

t[1,1]	t[1,2]
t[2,1]	t[2,2]
t[3,1]	t[3,2]

Mais comment le représenter dans la mémoire de l'ordinateur?

La première possibilité qui vient à l'esprit est de réserver 6 places consécutives; c'est évidemment la méthode la plus simple et la plus répandue. Pourtant, il reste à déterminer dans quel ordre on va placer les éléments. Les deux cas les plus logiques sont les suivants:

t[1,1]	t[1,2]	t[2,1]	t[2,2]	t[3,1]	t[3,2]

et

t[1,1]	t[2,1]	t[3,1]	t[1,2]	t[2,2]	t[3,2]

Mais il en existe d'autres plus compliqués que nous n'aborderons pas ici.

Dans les paragraphes suivants, nous allons décrire quelques structures de données très courantes, leur utilité, leur existence dans les langages de programmation, la manière de les construire. Puis nous étudierons plus profondément, dans les chapitres suivants, certaines structures de données définies dans le langage PASCAL.

18.2 Les structures hiérarchiques

Un tableau est une collection ordonnée de données de même type. Mais il est très fréquent que nous ayons à grouper un certain nombre d'informations qui ne sont pas de même type. Prenons un exemple: une personne peut être caractérisée par son nom, son prénom et sa date de naissance. On peut donc représenter ce schéma dans la Figure 18.1.

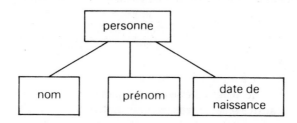

Fig. 18.1 Structure hiérarchique à deux niveaux

On voit déjà ici une structure hiérarchique, mais si l'on considère maintenant que la date de naissance est elle-même formée de 3 parties: le jour, le mois et l'année, on obtient la Figure 18.2.

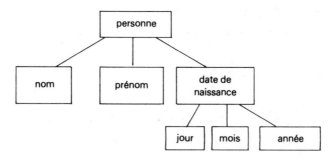

Fig. 18.2 Structure hiérarchique à trois niveaux

Un certain nombre de langages (COBOL, PL/1) permettent la définition de telles structures. Ainsi, en PASCAL, l'exemple ci-dessus peut s'écrire:

```
var personne : record
        nom, prenom : packed array [1..15] of char;
        datenaissance : record
                jour : 1..31;
                mois : (janvier, février, mars, avril,
                        mai, juin, juillet, aout,
                        septembre, octobre,
                        novembre, decembre);
                annee: 1900..2000
            end
    end;
```

Nous verrons le détail de cette structure hiérarchique au chapitre 19.

18.3 Les piles

Tout le monde connaît la notion de pile, grâce à la pile d'assiettes. Si on désire prendre une assiette, on ne peut normalement prendre que la dernière placée sur la pile et on ne peut en ajouter une que sur la pile. Ceci nous amène à définir la pile d'informations comme une structure linéaire d'informations possédant deux extrémités et telle qu'une information ne peut être ajoutée ou retirée qu'à une extrémité. En d'autres termes: «dernier arrivé, premier sorti». Pour mieux comprendre le mécanisme, nous allons supposer l'existence d'une pile d'entiers et de deux procédures PASCAL:

procedure mettre (element: integer)
qui place l'élément sur la pile

et **procedure** enlever (**var** element : integer)
qui enlève le dernier élément sur la pile et le rend comme résultat.

Si i est une variable entière, la boucle suivante va construire une pile de 5 éléments:

for i := 1 **to** 5 **do** mettre (i)

La pile peut être représentée par:

5
4
3
2
1

Maintenant, nous allons retirer les éléments et les imprimer au fur et à mesure:

for i := 1 **to** 5 **do begin** enlever (elem);
write (elem)
end;

Nous constatons l'impression suivante:

5   4   3   2   1

Réalisation des piles

Le type pile n'existe pas en PASCAL, nous pouvons néanmoins le construire facilement. Nous allons voir ici le moyen de construire une pile comme un tableau à un indice. Une variable entière, que nous appellerons sommet, indique l'indice du dernier élément placé sur la pile. On peut donc déclarer:

const maxpile = 50;
type   pile = **array** [1..maxpile] **of** integer;

```
var     sommet : 0..maxpile; p : pile;
```

Dans ce cas, nous pouvons maintenant donner le détail des procédures mettre et enlever.

```
procedure mettre (element : integer);
begin
if sommet > = maxpile then write ('PILE PLEINE')
                        else
                        begin sommet := sommet + 1;
                              p [sommet] := element
                        end
end;
procedure enlever (var element : integer);
begin
if sommet < = 0 then write ('PILE VIDE')
                 else
                 begin element := p [sommet];
                       sommet := sommet - 1
                 end
end;
```

L'initialisation de la pile se fait simplement par:

```
sommet := 0
```

On constate un défaut à cette manière de réaliser une pile: on est obligé de prévoir un maximum (maxpile) d'éléments possibles. Nous verrons, au chapitre 23, un autre moyen de réaliser des piles sans cette contrainte.

Utilisation des piles

Les piles sont très utiles en programmation. En particulier, le mécanisme de la récursivité requiert une pile, En effet, si on considère, par exemple, la fonction factorielle définie au chapitre 16, on s'aperçoit que factorielle (4) invoque factorielle (3) qui invoque factorielle (2) et ainsi de suite. A chaque appel, un certain nombre d'informations doivent être mémorisées, pour permettre la suite des calculs après évaluation du résultat par la fonction. Or le **premier** appel qui est factorielle (4) est le **dernier** à pouvoir être effectué puisqu'il dépend de tous les autres. Donc les informations doivent être mémorisées dans une pile.

18.4   Les queues

L'exemple le plus courant de queue est très certainement la file d'attente, par exemple, aux caisses d'un grand magasin. Le premier arrivé est le premier servi tandis que le dernier arrivé est le dernier servi. Nous pouvons donc définir une queue comme une structure linéaire d'informations possédant deux extrémités et telle qu'une information ne peut être ajoutée qu'à une extrémité et retirée à l'autre. Comme pour les piles, nous allons supposer l'existence d'une queue d'entiers et de deux procédures PASCAL:

procedure mettre (element : integer)
　　　qui place un élément dans la queue
et **procedure** enlever (**var** element: integer)
　　　qui enlève le premier élément de la queue et le rend comme résultat.

Si i est une variable entière, la boucle suivante va construire une queue de 5 éléments:

for i : = 1 **to** 5 **do** mettre (i)

La queue peut alors être représentée par:

1	2	3	4	5

On va maintenant enlever les éléments et les imprimer un à un:

for i : = 1 **to** 5 **do begin** enlever (elem);
　　　　　　　　write　(elem)
end;

Nous constatons l'impression suivante:
　1　　　　2　　　　3　　　　4　　　　5

Réalisation des queues

Le type queue n'existe pas non plus en PASCAL. Si on essaie de le construire comme les piles au moyen d'un tableau, un grave problème se pose: on ajoute à une extrémité et on retire à l'autre, donc la place libérée dans le tableau ne peut être facilement réutilisée.

　p.e. Supposons les déclarations suivantes:
　　const maxqueue = 10;
　　type queue = **array** [1..maxqueue] **of** integer;
　　var bord1, bord2 : 0..maxqueue; q: queue;

bord1 et bord2 indiquent respectivement les indices de début et de fin de queue. Nous pouvons définir les procédures mettre et enlever ainsi:

```
procedure mettre (element: integer);
begin
if bord2 >= maxqueue then write ('QUEUE PLEINE')
                 else
        begin bord2 := bord2 + 1;
              q[bord2]  := element
        end
end;
procedure enlever (var element: integer);
begin
if bord1 = bord2 then write ('QUEUE VIDE')
              else
        begin bord1 := bord1 + 1;
```

174

$$\text{element} := q[\text{bord1}]$$

end

    end;

L'initialisation de la queue se fait par:

    bord1 := 0; bord2 := 0;

Le problème qui se pose peut être montré par la suite d'instructions de la Figure 18.3.

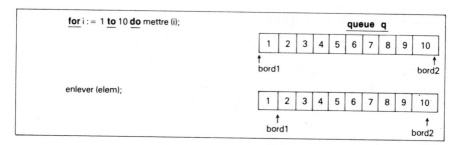

Fig. 18.3 Représentation linéaire d'une queue

Si on a l'instruction mettre (11), ce n'est pas possible car il n'y a plus de place à droite. Pourtant, la première place à gauche est devenue libre. Un moyen de s'en sortir est de simuler une sorte de tableau circulaire. (Figure 18.4)

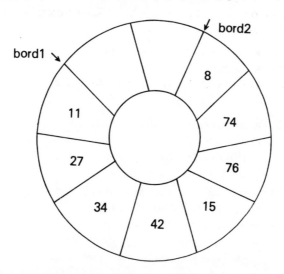

Fig. 18.4 Schéma d'un tableau circulaire

Ceci peut être aisément effectué de la manière suivante:

    procedure   mettre(element: integer);

    var temp: integer;

```
begin temp := (bord2 + 1) mod maxqueue;
if temp < > bord1 then begin q[bord2] := element;
                        bord2 := temp
                        end else write ('QUEUE PLEINE')
end;
procedure enlever (var element : integer);
begin
if bord1 = bord2 then write ('QUEUE VIDE')
                else
                begin
                element := q[bord1];
                bord1 := (bord1 + 1) mod maxqueue
                end
end;
```

L'exemple de la Figure 18.3 est représenté à nouveau dans la Figure 18.5.

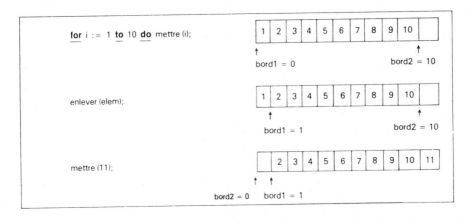

Fig. 18.5 Représentation linéaire d'un tableau circulaire

Il faut remarquer qu'il faut prévoir une composante de plus dans le tableau où l'on ne pourra rien stocker. On aura :

```
const maxqueue = 11; maxq2 = 10;
type queue = array [0..maxq2] of integer;
```

Utilisation des queues

Les queues sont évidemment utilisées dans les programmes de simulation de files d'attente. Une application très spécifique à l'informatique est la queue de processus en attente d'une ressource (p.e. usagers attendant une imprimante).

18.5. Les listes et les arbres

Les listes linéaires

Supposons que nous ayons une suite d'informations, par exemple des villes: PARIS, GENEVE, BERLIN, ROME, MONTREAL, NEW YORK ET

MOSCOU. Nous désirons maintenant représenter un voyage dans ces villes. Plutôt que de les classer dans l'ordre, nous allons utiliser, dans la Figure 18.6, la notation des graphes et employer des flèches pour indiquer le voyage.

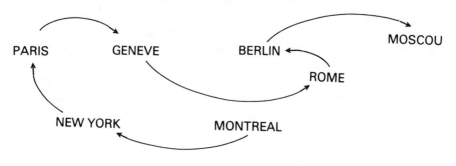

Fig. 18.6 Graphe d'un voyage

Nous pouvons construire cette structure en PASCAL en introduisant un tableau correspondant indiquant les emplacements des villes suivantes (tableau d'indices).

p.e.   **type** chaine = **packed array** [1..8] **of** char;
        var ville : **array** [1..7] **of** chaine; suivante: **array** [1..7] **of** 0..7;
        premier: 1..7;

Il suffit maintenant de mémoriser les informations selon la Figure 18.7.

Fig. 18.7 Mémorisation d'informations

Nous avons rangé dans premier l'indice de la première ville du voyage, c'est-à-dire 5 qui correspond à MONTREAL. Comme suivante [5] vaut 6, la seconde ville du voyage est ville [6] qui est NEW YORK. Suivante [6] nous amène à PARIS et ainsi de suite jusqu'à ville [7] qui est MOSCOU. Comme suivante [7] vaut 0 et que cet indice ne correspond à aucune ville, le voyage est terminé.

La structure que nous venons de construire est une structure de **liste linéaire** ou **chaîne**. A chaque élément est associé l'emplacement (ou adresse) du suivant. On appelle généralement une telle adresse un **pointeur**.

Cette notion sera étudiée plus en détail au chapitre 23.

Les arbres

Une autre structure de données importante est **l'arbre**: chaque élément (ou noeud) est formé d'une information de base et de plusieurs pointeurs. Les noeuds vers lesquels ils pointent sont les **descendants directs** du noeud considéré, tandis que celui-ci est l'**ancêtre** de ses descendants. Un seul élément n'a pas d'ancêtres, on l'appelle la **racine** de l'arbre. Certains noeuds n'ont pas de descendants, on les appelle des **feuilles**. Enfin, à partir d'un noeud donné, un sous-arbre dont la racine est un descendant direct du noeud est appelé une **branche**. On représente normalement les arbres avec la racine en haut et les feuilles en bas (Figure 18.8).

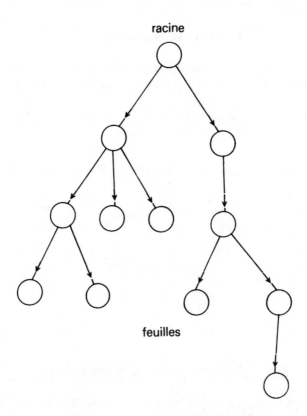

Fig. 18.8 Structure d'un arbre

Les arbres binaires

Un cas intéressant d'arbre est le cas particulier de **l'arbre binaire**. Tout noeud a 2 descendants (gauche et droite) ou pas de descendant. Une application est la représentation d'une expression mathématique. Supposons, par exemple, l'expression suivante:

$$(a + b * c)/((d-e*f)*(g + h))$$

Chaque opérateur agit sur deux opérandes; l'ordre des opérations est donné par les parenthèses et les règles de priorités. Si nous décidons de représenter une simple opération par un noeud avec deux descendants, nous obtenons l'arbre de la Figure 18.9.

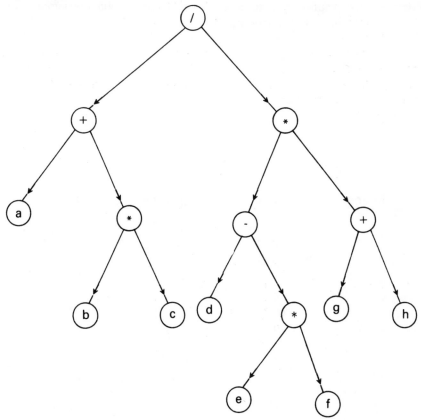

Fig. 18.9 Arbre binaire de l'expression (a + b * c)/((d · e * f) * (g + h))

Un tel arbre peut être construit en PASCAL, pour l'instant, à l'aide de 3 tableaux: un tableau des opérateurs et opérandes, un tableau des pointeurs gauche et un tableau des pointeurs droite.

    p.e.   **const** nbnoeuds = 15;
           type limite = 1..nbnoeuds;
           var oper: **array** [limite] **of** char;
               gauche, droite: **array** [limite] **of** 0..nbnoeuds;

On mémorise alors l'arbre de la manière décrite dans la Figure 18.10.

Un pointeur nul indique qu'il n'y a pas de descendant direct. Un noeud dont les pointeurs droite et gauche sont nuls est une feuille. Il faut prévoir une variable racine de type limite qui contient la valeur 6 qui est l'indice de la racine.

Une telle réalisation à l'aide de 3 tableaux n'est pas la meilleure; nous verrons une réalisation basée sur les tableaux d'enregistrements, au paragraphe 19.6, et une réalisation s'appuyant sur l'allocation dynamique, au chapitre 23.

Il existe encore d'autres structures de données telles que l'ensemble (voir chapitre 20) et le fichier (voir chapitre 21).

indice	oper	gauche	droite
1	a	0	0
2	+	1	4
3	b	0	0
4	*	3	5
5	c	0	0
6	/	2	12
7	d	0	0
8	-	7	10
9	e	0	0
10	*	9	11
11	f	0	0
12	*	8	14
13	g	0	0
14	+	13	15
15	h	0	0

Fig. 18.10 Mémorisation d'un arbre

18.6 Exercices

* 18.1 Comment peut-on représenter dans la mémoire d'un ordinateur la variable suivante:

   var x: **array**, [1..2] **of array** [1..3, 'A'..'B'] **of** integer

* 18.2 Donner le schéma d'une structure hiérarchique comprenant le nom et

le prénom d'une personne, son âge et des renseignements concernant sa voiture (marque, modèle, année, numéro de plaque).

18.3 Ecrire un programme qui lit une suite de caractères et les empile alternativement sur deux piles. Imprimer successivement les éléments des deux piles.

18.4 Réaliser le même programme pour deux queues.

18.5 Ecrire le programme établissant la liste linéaire du paragraphe 18.5.

18.6 Ecrire le programme établissant l'arbre binaire du paragraphe 18.5.

CHAPITRE **19**

LES ENREGISTREMENTS

19.1 Le type enregistrement

Comme on l'a vu, au chapitre 17, on utilise une structure hiérarchique pour grouper un certain nombre d'informations de types différents, mais qualifiant un même objet.

p.e.

i) le nom, le prénom et l'âge d'une personne

ii) le symbole atomique, le numéro atomique et la masse atomique d'un élément chimique.

En PASCAL, cette structure hiérarchique existe et s'appelle un enregistrement (**record**). La déclaration d'un type enregistrement peut être illustrée par les diagrammes syntaxiques (encore partiels) des Figures 19.1 et 19.2.

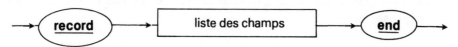

Fig. 19.1 Nouvelle branche du diagramme type

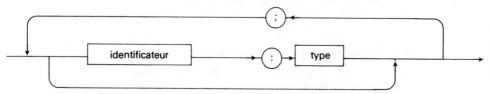

Fig. 19.2 Diagramme syntaxique d'une liste de champs

Ainsi, une déclaration d'enregistrement commence par le mot réservé **record** et se termine avec le mot réservé **end**. Les informations composant un enregistrement s'appellent des **champs**. Chaque champ est caractérisé par un identificateur et a un type. Ainsi, les deux exemples donnés précédemment peuvent s'écrire:

i) **type** personne = **record** nom, prenom: **packed array** [1..12]
of char;
age : 0..120
end;

ii)   **type** element = **record** symbole : **packed array** [1..2]
                         of char;
                         numeroatomique: 1..103;
                         masseatomique: real
                     end;

On déclare des variables de type enregistrement selon la syntaxe habituelle.
       p.e. **var** p1, p2: personne;

19.2   Accès à un enregistrement et à ses champs

Accès à un enregistrement

Il est possible d'accéder à tout un enregistrement par son identificateur déclaré dans la section **var**.
       p.e. p1 := p2
       copie tout l'enregistrement p2 dans p1

Outre l'affectation entre deux enregistrements, il est possible dans la plupart des compilateurs de tester si deux enregistrements sont égaux ou différents; pourtant, il serait préférable de ne pas utiliser cette facilité.
       p.e. **if** p1 = p2 **then** write ('C''EST LA MEME PERSONNE')

Les paramètres de procédures peuvent évidemment être de type enregistrement.

Par contre, les opérations suivantes ne sont pas possibles:

   i)   lecture et écriture d'enregistrements
   ii)   comparaisons d'enregistrements à l'aide des opérateurs relationnels $<$, $>$, $<$ = ou $<$ = .

   iii) toutes les opérations arithmétiques et logiques.
         p.e. on peut définir un type complexe par:
         type complexe = **record** reelle, imaginaire: real
                         end;
         mais, si on définit 3 variables complexes par
         var c1, c2, c3: complexe;
         l'affectation c1 := c2 + c3 est impossible

Accès aux champs d'un enregistrement

Considérons à nouveau les deux variables p1 et p2 de type personne. On désire maintenant comparer l'âge des deux personnes. Ceci est possible en indiquant les identificateurs p1 et p2 suivis d'un point et de l'identificateur du champ age.
       p.e. **if** p1 . age = p2 . age **then** write ('MEME AGE')

Nous avons donc une nouvelle sorte de variable dont on peut tenir compte dans le diagramme syntaxique de la variable de la Figure 19.3.

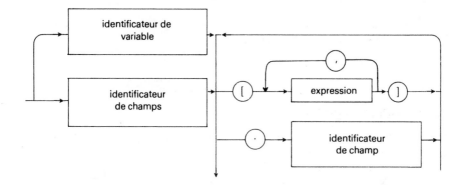

Fig. 19.3 Diagramme syntaxique d'une variable

Exemples

Nous reprenons les types personne et élément déclarés au paragraphe 19.1 et nous considérons les variables suivantes:

    var p1, p2 : personne; e1: element;

Les instructions suivantes sont parfaitement correctes:

    if e1.numeroatomique < 10 **then** write (e1.symbole);
    p1. nom : = 'DUPONTᴬᴬᴬᴬᴬᴬ ' ; (*pas disponible dans tous les compilateurs*)
            pilateurs*)
    read (e1.masseatomique)

Nous voyons que les opérations permises sur les champs d'un enregistrement sont les mêmes que celles permises sur des variables de même type,

Ainsi, il n'est pas possible d'écrire le contenu de l'enregistrement p2 par
    write (p2)

Par contre, il est tout à fait légal de l'écrire de la manière suivante:
    write (p2.nom, p2.prenom, p2.age)

19.3   Combinaison de types

Un champ d'un enregistrement peut être lui-même un enregistrement. Nous pouvons, par exemple, considérer un enregistrement hotel dont les champs sont la classe de l'hotel, le prix le plus bas, le prix le plus haut, le nombre de chambres et le propriétaire. Un tel type se déclare ainsi:

    type hotel = **record** classe : (luxe, classe1, classe2);
                   bas, haut: real;

```
                    nbchambres : integer;
                    proprietaire : personne
       end;
```

Si on n'avait pas voulu déclarer le type personne au préalable, on aurait pu écrire:

```
       type hotel = record classe : (luxe, classe1, classe2);
                    bas, haut : real;
                    nbchambres : integer;
                    proprietaire: record
                                  nom, prenom: packed array
                                         [1..12] of char;
                                  age : 0..120
                                  end

       end;
```

Si, maintenant, nous déclarons les variables suivantes:

```
       var h : hotel ; prix: real;
```

les affectations suivantes sont possibles:

i)   prix : = h.haut;
       on fixe prix comme le prix le plus haut

ii)   h.proprietaire.age : = 30;
       on fixe l'âge du propriétaire à 30 ans.
       Il faut remarquer ici que h.proprietaire.age est du type intervalle 0..120, h.proprietaire est du type personne et h du type hotel.

iii)   h.proprietaire.nom : = 'DURAND ᴀᴀᴀᴀᴀ '

Nous avons vu, avec les champs nom et prenom de personne, qu'il est possible d'avoir des tableaux comme champ d'un enregistrement. Inversement, on peut déclarer des tableaux d'enregistrements.

Exemples (se référant toujours aux types déclarés au paragraphe 19.2)

i)   **var** table: **array** [1..103] **of** element;
       Ceci correspond à la table périodique de Mendeleiev. On peut imprimer le symbole et la masse atomique du 17e élément par:
       write (table [17] .symbole, table [17] . masseatomique)

ii)   Considérons les déclarations suivantes:
       type tableau: **array** [1..50] **of** personne;
       Une procédure triant (par échanges) un tableau de 50 personnes, dans l'ordre alphabétique, selon le nom, aura la forme suivante:
       procedure tri (**var** p: tableau);
       var i,j: integer; stock: personne;
       begin
       for i : = 1 **to** 49 **do**

```
          for j := i + 1 to 50 do
            if p[i] .nom > p [ j ].nom then
                          begin stock := p[i];
                                p[i] := p[j];
                                p[j] := stock
                          end
    end;
```

On remarque ici que le test porte seulement sur le champ «nom», tandis que l'échange se fait évidemment sur tout l'enregistrement.

iii) Nous considérons ici un magasin avec divers départements; dans chaque département, il y a un chef et 25 employés. Nous pouvons déclarer:

```
type etatcivil = (celibataire, marie, divorce, veuf);
     personne = record
                 nom, prenom: packed array [1..12] of
                 char;
                 age: 0..120; etat: etatcivil
                 end;
     departement = record nom: packed array [1..20]
                          of char;
                          chef: personne;
                          employe: array [1..25] of
                                         personne
                 end;
     genredep = (jouets, habits, meubles, vaisselle,
                 disques);
var dep: array [genredep] of department;
```

Pour tester l'état civil du deuxième employé du département meubles, on peut écrire:

```
if dep [meubles] .employe [2] .etat = celibataire then
                write ('IL EST CELIBATAIRE')
```

Il est intéressant de remarquer, dans cet exemple, qu'il est possible d'avoir des champs de deux enregistrements qui ont le même identificateur.

Ainsi, si nous déclarons:

```
var d: departement; p: personne;
d.nom est une chaîne de 20 caractères
p.nom est une chaîne de 12 caractères
```

iv) Dans ce dernier exemple, on va considérer 20 écoles de 50 classes ayant chacune 25 élèves. On peut déclarer:

```
type personne = record nom, prenom: packed array [1..10]
                          of char;
                 age: 0..120
                 end;
```

```
classe = record maitre : personne;
                nom : packed array [1..4] of char;
                degre: 1..4;
                eleves: array [1..25] of personne
        end;
unite = array [1..50] of classe;
var ecole : array [1..20] of unite;
```

On atteint l'âge du 15e élève de la 5e classe de la 11e école par:

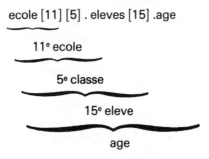

ecole [11] [5] . eleves [15] .age

    11e ecole

        5e classe

            15e eleve

                age

19.4 Enregistrements compactés

Il faut cependant être prudent en utilisant des exemples du paragraphe précédent; en effet, la quantité d'informations à mémoriser peut devenir véritablement prohibitive. Dans le dernier exemple, si nous admettons qu'un mot-machine peut contenir jusqu'à 6 caractères, nous pouvons faire le calcul suivant:

```
nom     : 2 mots-machine   ⎫
prenom  : 2 mots-machine   ⎬  personne: 5 mots-machine
age     : 1 mot-machine    ⎭

maitre  : 5 mots-machine   ⎫
nom     : 1 mot-machine    ⎪
degre   : 1 mot-machine    ⎬  classe: 132 mots-machine
eleves  : 25 * 5 mots-machine ⎭

unite   : 50 * 132 = 6600 mots-machine
```

Ainsi ecole, qui est un tableau de 20 unités, occuperait 132000 mots-machine, une capacité de mémoire rarement disponible.

Un moyen de diminuer la place occupée est d'utiliser des enregistrements compactés. Ceux-ci sont déclarés en précédant le mot réservé **record** du mot réservé **packed**. Ainsi, dans notre exemple, si on déclare personne et classe comme des **packed record**, on aura le calcul suivant:

```
nom        : 2 mots-machine   ⎫  personne: 4 mots-machine
prenom, age : 2 mots-machine  ⎭
```

```
maitre        : 4 mots-machine
nom, degre    : 1 mot-machine          }  classe: 105 mots-machine
eleves        : 25 * 4 mots-machine

unite         : 50 * 105 = 5250 mots-machine
```

Ainsi ecole occupe 20 * 5250 donc 105000 mots-machine d'où un gain de 27000 mots-machine. Il ne faut pourtant pas oublier que ce gain se fait aux dépens de la vitesse d'exécution; en effet, l'accès aux champs d'un enregistrement compacté est plus coûteux en temps. Cependant, le fait de déclarer un enregistrement compacté ou non ne change rien à la logique d'un programme. Enfin, il faut noter que 105000 mots-machine est encore peu acceptable!

19.5   L'instruction with

Considérons toujours le 4e exemple du paragraphe 19.3. Nous désirons maintenant initialiser les informations concernant le 12e élève de la 6e classe de la 7e école. Nous avons, par exemple:

```
ecole [7] [6] .eleves [12] .nom : = 'LAPLUME ʌʌʌ  ';
ecole [7] [6] .eleves [12] .prenom : = 'MELANIE ʌʌʌ  ';
ecole [7] [6] .eleves [12] .age : = 12
```

Cette notation est assez fastidieuse et PASCAL permet une simplification d'écriture avec l'instruction **with** qui a la syntaxe représentée à la Figure 19.4.

Fig. 19.4 Diagramme syntaxique de l'instruction with

Cette notation signifie que, dans l'instruction, un identificateur identique à celui d'un champ de l'enregistrement cité, désigne ce champ. Autrement, l'identificateur est interprété sans tenir compte du **with**. On pourrait donc écrire nos trois énoncés:

```
with ecole [7] [6] . eleves [12 ] do
begin
        nom : = 'LAPLUME ʌʌʌ ';
        prenom : = 'MELANIE ʌʌʌ ';
        age : = 12 ;
end
```

Il est possible d'emboîter des **with** et la notation
```
        with a,b do ...;
```
est équivalente à
```
        with a do
          with b do ... ;
```
où b est interprété comme tout autre identificateur dans un **with**.

Soit la déclaration, «**var** maternelle : classe», dans l'instruction suivante:

1. **with** maternelle **do**
2. **begin**
3.   **with** maitre do nom : = 'DUPONT ˄˄˄˄';
4.   **with** eleves [3] **do** nom : = 'DURANT ˄˄˄˄';
5. **end**;

L'affectation à la ligne 3 s'applique à maternelle.maitre.nom tandis que celle de la ligne 4 touche maternelle.eleves [3]. nom.

Il convient de signaler que si l'enregistrement désigné par le **with** est une variable indicée, il est défendu de modifier l'index dans l'instruction. Ainsi l'exemple suivant est illégal:

```
i : = 1;
with maternelle. eleves [i] do
begin
        nom : = 'DUPOND ˄˄˄˄';
        i: = 2;
        nom : = 'DUPONT ˄˄˄˄';
end.
```

Bien que l'imbrication des **with** soit parfois utile, trop souvent elle mène à des programmes dont le sens n'est pas évident. Comme exemple, nous prendrons un appel de procédure, p(a,b,c,c.a) dans 4 contextes différents et indiquerons les variables désignées par les paramètres.

On suppose les déclarations suivantes (comme les mêmes identificateurs reviennent plusieurs fois, nous utiliserons les numéros de lignes pour les identifier);

```
1. a: record
2.       a: real ;
3.       b: record
4.             a: real
          end;
5.       c: real ;
      end ;
6. b : char;
7. c : record
8.       a: char
      end;
```

Exemple	variables désignées par les paramètres			
	a	b	c	c.a
with a **do** p(a,b,c,c.a)	2	3	5	erreur
with a.b **do** p(a,b,c,c.a)	4	6	7	8
with a,b **do** p(a,b,c,c.a)	4	3	5	erreur
with c **do** p(a,b,c,c.a)	8	6	7	8

Les erreurs sont provoquées parce que c.a exige que c soit un enregistrement et le c désigné (ligne 5) est un simple réel.

19.6   Enregistrements avec variantes

Dans un enregistrement, suivant un certain critère, les informations à mémoriser ne sont pas nécessairement les mêmes. Il est ainsi possible de déclarer des enregistrements à variantes comme le montre le diagramme syntaxique complet de la Figure 19.5.

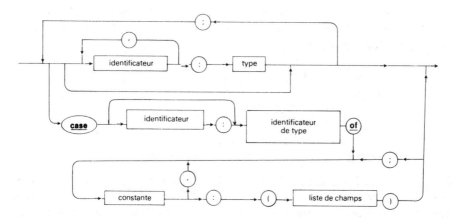

Fig. 19.5 Diagramme syntaxique d'une liste des champs d'un enregistrement

Exemple

```
type etatcivil = (marie, veuf, divorce, celibataire);
     personne = record nom,prenom: packed array [1..10] of char;
                       age: 0..120;
                       sexe: (feminin, masculin);
                       case etat : etatcivil of
                             marie, veuf : (enf : integer);
                             divorce : (enfant : integer;
                                         premier : boolean);
                             celibataire : (seul : boolean)
                 end;
     var p1, p2, p3, p: personne;
```

Pour toute personne, on aura son nom, son prénom, son âge, son sexe et son état civil. Pour une personne mariée ou veuve, on aura son nombre d'enfants (enf). Pour un divorcé, on aura son nombre d'enfants (enfant) et une indication si c'est son premier divorce (premier). Enfin, pour un célibataire, on mentionnera le fait qu'il vive seul ou non (seul) (Figure 19.6).

191

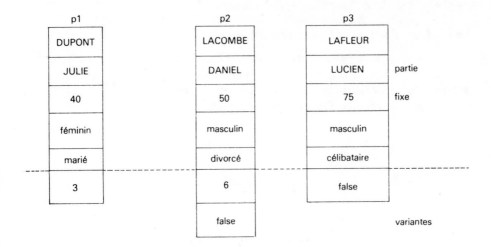

Fig. 19.6 Schémas d'enregistrements avec variantes

Des Figures 19.5 et 19.6, on peut tirer quelques constatations:

i)   La partie fixe d'un enregistrement doit être en début de celui-ci et les variantes à la fin. Il n'est donc pas possible d'avoir des parties fixes après les variantes.

ii) Tous les champs de l'enregistrement correspondant à une étiquette (à un cas) du **case** doivent être entre parenthèses. Dans notre exemple, les étiquettes sont marie, veuf, divorce et celibataire. Si pour une étiquette donnée, on ne prévoit aucun champ, il faut quand même mettre des parenthèses.

    p.e. celibataire: ( )

iii) Le champ qui sélectionne les différents cas (ici etat: etatcivil) fait partie de l'enregistrement. Le type est nécessairement scalaire (pas réel) et ne peut être indiqué que par un identificateur.

iv) Il faut tester le champ de sélection avant d'accéder aux variantes.
    p.e. p.enfant := 6
     n'a pas de sens si p.etat vaut celibataire
     Il faut donc plutôt utiliser:
     if p. etat = divorce **then** p. enfant := 6

19.7 Un exemple complet: l'arbre généalogique

On connaît les liens familiaux de 63 personnes que l'on peut résumer en le tableau de la Figure 19.7.

PRENOM	PERE	MERE	PRENOM	PERE	MERE
Julie	Bertrand	Monique	Michel	Claude	Claire
Martine	Georges	Nelly	Christine	Clément	Françoise
Eulalie	Christian	Jacqueline	Brigitte	Philippe	Christiane
Gertrude	Armand	Liliane	Marc	Pierre	Nadia
Mireille	Nicolas	Christine	Sybille	Henri	Albertine
Charles	Bernard	Dorothée	Marguerite	Maurice	Julie
Dorothée	Daniel	Chloé	Jacqueline	Charles	Marguerite
Amédée	Jules	Gertrude	Philippe	Victor	Catherine
Jules	Louis	Anne	Christian	André	Fabienne
Sheila	Alain	Brigitte	Hector	Alphonse	Sheila
Edouard	Hector	Eulalie	Bernard	Jean	Adeline
Fabienne	Marc	Aline	Christiane	Dominique	Jeanne
Auguste	Jacques	Ernestine	Alphonse	Amédée	Mireille
Aline	Hugo	Sandra	Maurice	Paul	Juliette
Nicolas	Frédéric	Sophie	André	Auguste	Martine
Alain	Michel	Sybille			

Fig. 19.7 Tableau généalogique

Soit un programme PASCAL qui stocke l'arbre généalogique de cette famille en mémoire centrale. On aura des enregistrements du type:

PRENOM	pointeur vers le père	pointeur vers la mère

On doit pouvoir obtenir par programme l'ascendance de n'importe quelle personne. En particulier:

a) Pour un nom donné, trouvez les 4 grands-parents.

b) La filiation mâle sous la forme :

PRENOM enfant de ... lui-même enfant de ... lui-même enfant de ...

Le programme consiste donc à lire le tableau donné et à construire l'arbre sous la forme d'un tableau d'enregistrements:

type indice = 0..max;

personne = **record** nom : **packed array** [1..mnom] **of** char;
                    pere, mere: indice
      end;
  var arbre: **array** [indice] **of** personne:

Il faut remarquer que l'on retrouve un grand-parent (p.e. grand-père maternel) d'une personne donnée de la manière suivante:

write (arbre [arbre [arbre [prenom] .mere] .pere] .nom)

prenom est evidemment de type indice. Le listage et l'exécution du programme se trouvent dans la Figure 19.8.

```
PROGRAM ARBRE(INPUT,OUTPUT);
CONST MNOM=20; (*LONGUEUR MAXIMALE D'UN NOM*)
      NDONNEES=31;   (*NOMBRE DE DONNEES*)
      MAX=65; (*NOMBRE DE PERSONNES +2*)
      BLANC=' ';
TYPE INDICE=0..MAX;
     ALFA=PACKED ARRAY[1..MNOM] OF CHAR;
     PERSONNE=RECORD NOM:ALFA;
                     PERE,MERE: INDICE
               END;
VAR ARBRE (*ARBRE GENEALOGIQUE*) : ARRAY [INDICE] OF PERSONNE;
    I:INTEGER;
    DERNIER,PRENOM,RPRENOM: INDICE;

    PROCEDURE RECHERCHE(PREN:ALFA;VAR POINTEUR: INDICE);
    (*RECHERCHE SI UN NOM DONNE EXISTE*)
    BEGIN POINTEUR:=0;
    REPEAT POINTEUR:=POINTEUR+1
    UNTIL (PREN=ARBRE[POINTEUR].NOM) OR (POINTEUR>DERNIER)
    END;


    PROCEDURE LIRENOM(VAR NOM:ALFA);
    VAR TAMPON:ARRAY[1..MNOM] OF CHAR;
        I,K:INTEGER;
    BEGIN I:=0;
    WHILE NOT EOLN(INPUT) DO
       BEGIN I:=I+1;
       READ(TAMPON[I])
       END;
    FOR K:=I+1 TO MNOM DO TAMPON[K]:=BLANC;
    READLN;
    PACK(TAMPON,1,NOM)
    END;

    PROCEDURE LECTURE;
    VAR I,K: INTEGER;
        P:ARRAY[1..3] OF ALFA;
        TAMPON:ARRAY[1..MNOM] OF CHAR;
    BEGIN
    FOR K:=1 TO 2 DO
       BEGIN
       FOR I:=1 TO MNOM DO READ(TAMPON[I]);
       PACK(TAMPON,1,P[K])
       END;
    LIRENOM(P[3]);
    FOR I:=1 TO 3 DO
          BEGIN
          RECHERCHE(P[I],PRENOM);
          CASE I OF
            1: RPRENOM:=PRENOM;
            2: ARBRE[RPRENOM].PERE:=PRENOM;
            3: ARBRE[RPRENOM].MERE:=PRENOM
          END;
          IF PRENOM>DERNIER THEN
                BEGIN
                ARBRE[PRENOM].NOM:=P[I];
                ARBRE[PRENOM].PERE:=0;
                ARBRE[PRENOM].MERE:=0;
                DERNIER:=PRENOM
                END
          END
END;
```

```
PROCEDURE FILIATIONETGRANDSPARENTS;
(*IMPRIME LA FILIATION MALE POUR UN NOM DONNE
      ET LES 4 GRANDS-PARENTS *)
VAR PREN:ALFA;
   PROCEDURE FILIATION(ADRESSE:INDICE);
   BEGIN
   WHILE ARBRE[ADRESSE].PERE > 0 DO
         BEGIN WRITE(BLANC:10,'ENFANT DE ');
         WRITELN(ARBRE[ARBRE[ADRESSE].PERE].NOM);
         ADRESSE:=ARBRE[ADRESSE].PERE
         END
   END;

BEGIN LIRENOM(PREN);
WRITELN; WRITELN(BLANC,PREN);
RECHERCHE(PREN,PRENOM);
IF PRENOM > DERNIER THEN
      WRITELN(BLANC:10,'PRENOM INEXISTANT DANS LA TABLE ')
                     ELSE
   BEGIN FILIATION(PRENOM);
   WRITELN;
   (*ON VERIFIE SI LES LES GRANDS-PARENTS PATERNELS
         EXISTENT*)
   WRITE(BLANC:5,'GRANDS-PARENTS PATERNELS ');
   IF ARBRE[PRENOM].PERE=0 THEN
            WRITELN('INEXISTANTS ')
                     ELSE
   IF ARBRE[ARBRE[PRENOM].PERE].PERE=0 THEN
          WRITELN('INEXISTANTS ')
                  ELSE
      BEGIN
      WRITE(': ',ARBRE[ARBRE[ARBRE[PRENOM].PERE].PERE].NOM);
      WRITELN(ARBRE[ARBRE[ARBRE[PRENOM].PERE].MERE].NOM)
      END;
   WRITE(BLANC:5,'GRANDS-PARENTS MATERNELS ');
   (*ON VERIFIE SI LES GRANDS-PARENTS MATERNELS EXISTENT*)
   IF ARBRE[PRENOM].MERE=0 THEN
      WRITELN('INEXISTANTS ')
                  ELSE
   IF ARBRE[ARBRE[PRENOM].MERE].PERE=0 THEN
      WRITELN('INEXISTANTS ')
               ELSE
      BEGIN
      WRITE(': ',ARBRE[ARBRE[ARBRE[PRENOM].MERE].PERE].NOM);
      WRITELN(ARBRE[ARBRE[ARBRE[PRENOM].MERE].MERE].NOM)
      END
   END
END;
BEGIN DERNIER:=0;
WRITELN;
FOR I:=1 TO NDONNEES DO LECTURE;
WRITELN; WRITELN;
WRITELN('  FILIATION ET GRANDS-PARENTS');
WHILE NOT EOF(INPUT) DO FILIATIONETGRANDSPARENTS
END.


  FILIATION ET GRANDS-PARENTS

EDOUARD
          ENFANT DE HECTOR
          ENFANT DE ALPHONSE
          ENFANT DE AMEDEE
```

```
          ENFANT DE JULES
          ENFANT DE LOUIS

       GRANDS-PARENTS PATERNELS : ALPHONSE        SHEILA
       GRANDS-PARENTS MATERNELS : CHRISTIAN       JACQUELINE

HECTOR
          ENFANT DE ALPHONSE
          ENFANT DE AMEDEE
          ENFANT DE JULES
          ENFANT DE LOUIS

       GRANDS-PARENTS PATERNELS : AMEDEE          MIREILLE
       GRANDS-PARENTS MATERNELS : ALAIN           BRIGITTE

MAURICE
          ENFANT DE PAUL

       GRANDS-PARENTS PATERNELS INEXISTANTS
       GRANDS-PARENTS MATERNELS INEXISTANTS

MARCEL
          PRENOM INEXISTANT DANS LA TABLE

EULALIE
          ENFANT DE CHRISTIAN
          ENFANT DE ANDRE
          ENFANT DE AUGUSTE
          ENFANT DE JACQUES

       GRANDS-PARENTS PATERNELS : ANDRE           FABIENNE
       GRANDS-PARENTS MATERNELS : CHARLES         MARGUERITE

CHARLES
          ENFANT DE BERNARD
          ENFANT DE JEAN

       GRANDS-PARENTS PATERNELS : JEAN            ADELINE
       GRANDS-PARENTS MATERNELS : DANIEL          CHLOE

SHEILA
          ENFANT DE ALAIN
          ENFANT DE MICHEL
          ENFANT DE CLAUDE

       GRANDS-PARENTS PATERNELS : MICHEL          SYBILLE
       GRANDS-PARENTS MATERNELS : PHILIPPE        CHRISTIANE
```

Fig. 19.8 Programme d'un arbre généalogique

19.8   Exercices

19.1   Définir un type «personne» qui soit un type enregistrement comprenant le maximum de renseignements sur une personne.

* 19.2 Comment peut-on envisager la structure d'un enregistrement qui contient des renseignements sur les enfants d'une personne? Le problème à étudier est le suivant: certaines personnes n'ont pas d'enfants, d'autres en ont un nombre élevé; il est coûteux de prévoir une place maximale pour les personnes sans enfants.

19.3 Ecrire les procédures de base d'une arithmétique complexe, sachant que le type «complexe» a été défini comme:

type complexe = **record** reelle, imaginaire: real
end;

19.4 Ecrire un programme qui trie le tableau suivant dans l'ordre croissant des numéros de téléphone.

var personne: **array** [1..100] **of record** nom, prenom: alfa;
telephone: integer
end;

19.5 Ecrire une fonction qui calcule la surface d'une figure géométrique. On définit la figure comme:

type forme = (carre, cercle, triangle, rectangle,.......);
figure = **record case** f: forme **of**
carre: (cote:real);
cercle: (rayon: real);
.
.
.
.
end;

La fonction surface est déclarée comme:
function surface (f: figure) : real;

19.6 Ecrire une procédure qui lit indifféremment un nombre entier, un nombre réel ou une chaîne de 10 caractères.

19.7 Comment faut-il modifier la structure de l'arbre généalogique du paragraphe 19.7, pour que l'on puisse retrouver facilement les descendants d'une personne donnée?

CHAPITRE **20**

LES ENSEMBLES

20.1   Le type ensemble

Supposons que nous désirions tester si un nombre entier x inférieur à 20 est premier. L'expression booléenne correspondante pourrait évidemment s'écrire:

$$(x = 2) \text{ or } (x = 3) \text{ or } (x = 5) \text{ or } (x = 7) \text{ or } (x = 11) \text{ or } (x = 13) \text{ or } (x = 17) \text{ or } (x = 19)$$

Pourtant, en mathématique, il est beaucoup plus simple d'utiliser la notation dérivée de la théorie des ensembles.

$$x \in \{ 2,3,5,7,11,13,17,19 \}$$

De même, si l'on veut reconnaître si une lettre c est une voyelle, on peut écrire:

$$(c = 'A') \text{ or } (c = 'E') \text{ or } (c = 'I') \text{ or } (c = 'O') \text{ or } (c = 'U') \text{ or } (c = 'Y')$$

Mais il serait préférable de pouvoir utiliser la notation suivante:

$$c \in \{ 'A', 'E', 'I', 'O', 'U', 'Y' \}$$

C'est la raison pour laquelle le type d'ensemble a été introduit dans le langage PASCAL. Des constantes, variables ou expressions d'un tel type sont des ensembles au sens de la théorie des ensembles. Comme en mathématique, un ensemble est construit à partir d'un type de base. Cela signifie que tous les éléments d'un ensemble doivent être de même type. De plus, ce type ne peut être qu'un type scalaire ou un type intervalle. Il ne peut pas être «real» et est généralement limité.

La déclaration de type ensemble a la forme syntaxique présentée dans la Figure 20.1.

Fig. 20.1   Diagramme syntaxique d'une déclaration de type ensemble

On a donc deux mots réservés et le type des éléments de l'ensemble.

p.e. **type** groupe = **set of** 'A'..'Z';
jours = **set of** (lundi, mardi, mercredi, jeudi, vendredi, samedi, dimanche);

20.2 Variables et définitions d'ensembles

On peut évidemment définir des variables de type ensemble, ainsi les déclarations suivantes sont tout à fait valides:

type jour = (lundi, mardi, mercredi, jeudi, vendredi, samedi, dimanche);

ensjour = **set of** jour; enslettre = **set of** 'A'..'Z';

ensentier = **set of** 1 ..10;

var travail, semaine, ferie: ensjour;

alphabet, voyelles, consonnes: enslettre;

nombre, pair, impair: ensentier;

Comme en mathématique, un ensemble peut être défini par énumération. Le diagramme de la Figure 20.2 montre la syntaxe d'un tel ensemble et doit être placé comme nouvelle branche du diagramme facteur (voir annexe B).

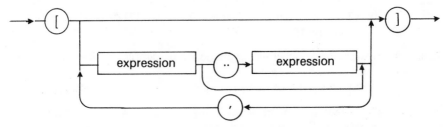

Fig. 20.2 Diagramme syntaxique d'un ensemble défini par énumération

A partir de ce diagramme, on peut faire un certain nombre de constatations que nous allons illustrer à l'aide d'exemples construits à partir des déclarations précédentes.

i) Les délimiteurs d'ensemble sont [ ] et non { }
p.e. ferie : = [samedi, dimanche]
     pair : = [2, 4, 6, 8, 10]
     voyelles : = ['A', 'E', 'I', 'O', 'U', 'Y']

ii) Il est possible d'utiliser la notation d'intervalle dans un ensemble.
p.e. semaine : = [lundi..dimanche]
     travail : = [lundi..vendredi]

iii) On peut définir un ensemble par énumération et intervalle.
p.e. nombre : = [1..3, 5, 7..9]
     est équivalent à
     nombre : = [1, 2, 3, 5, 7, 8, 9]

iv) Il ne faut évidemment pas confondre la notion d'intervalle dans un ensemble avec celle de type intervalle.
p.e. **var** lettres : 'A'..'Z'
définit une variable qui ne peut prendre comme valeur qu'une lettre de l'alphabet.

lettres : = ['A'..'Z']
signifie qu'on affecte à la variable lettres l'ensemble des lettres de l'alphabet. Dans ce cas, lettres doit avoir été déclaré comme:
var lettres : **set of** 'A'..'Z'

v) Les éléments définissant un ensemble peuvent être des expressions.
    p.e. Si on a déclaré **var** n: 1..5
        l'affectation suivante est correcte:
        nombre : = [n, 2*n, n + 3]

vi) L'ensemble vide est défini par [   ] .
    p.e. nombre : = [   ]

vii) Il n'est pas possible d'affecter un ensemble d'un type donné à une variable
    d'un autre type ensemble.
    p.e. nombre : = ['A', 'Z'] est incorrect
    Mais l'affectation x : =   [   ]   est correcte quel que soit le type de x pour
                                        autant que ce soit un ensemble.

20.3   Les opérations sur les ensembles

Les opérations usuelles de la théorie des ensembles sont disponibles:

i) **l'intersection**
    A ∩ B

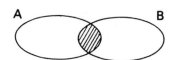

L'opérateur d'intersection entre deux ensembles est le signe «*».
p.e. Après l'exécution des instructions suivantes
    pair : = [2,4,6,8,10];
    nombre : = [1..7]* pair;
nombre a la valeur [2,4,6]

ii) **la réunion**
    A ∪ B

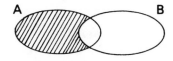

L'opérateur d'union entre deux ensembles est le signe « + »
p.e. semaine : = travail + ferie ;

iii) **la différence**
    A ∖ B

L'opérateur de différence entre deux ensembles est le signe «-».

p.e. consonnes : = ['A'..'Z'] - voyelles

Le résultat des trois opérations précédentes est aussi un ensemble de même type et nous pouvons faire les 2 remarques suivantes:

1. Il n'est pas possible de faire une opération entre deux ensembles de type différent.

   p.e. x : = ['A', 'B'] + [2,3] est illégal

2. On peut combiner plusieurs opérateurs.

   p.e. $(A \cap B) \setminus (C \cup D)$ s'écrit en PASCAL

   (a * b) - (c + d)

   C'est une expression tout à fait correcte pour autant que a, b, c et d soient de même type.

20.4 Comparaisons d'ensembles

Egalité et altérité

Il est souvent intéressant dans un programme de comparer deux ensembles. On peut vouloir tout d'abord vérifier si les deux ensembles ont exactement les mêmes éléments, ce qui est possible par l'opérateur relationnel « = ».

   p.e. **if** nombre = [3,5,7] **then** write ('CORRECT')

L'opérateur relationnel « < > » permet de vérifier si deux ensembles ont au moins un élément qui ne soit pas commun.

   p.e. **if** nombre < > [3,5,7] **then** write ('INCORRECT')

Inclusion

On peut tester l'inclusion d'un ensemble a dans un ensemble b par a < = b ou b > = a. Les deux opérateurs relationnels < = et > = correspondent à une inclusion au sens large ($\subseteq$ et $\supseteq$). Si on a besoin d'un opérateur relationnel d'inclusion au sens strict ($\subset$ ou $\supset$), on peut utiliser l'opérateur d'altérité < > .

   p.e. A $\subset$ B peut s'écrire en PASCAL:

   (a < = b) **and** (a < > b)

L'expression a < b est illégale avec des ensembles.

Appartenance

Si nous reprenons les deux exemples du début de ce chapitre, nous voyons qu'il nous manque la possibilité de tester l'appartenance d'un élément à un ensemble. Nous pouvons pourtant le faire grâce à l'opérateur **in**.

   p.e. i) x $\in$ { 2,3,5,7,11,13,17,19 } s'écrit:

   x **in** [2,3,5,7,11,13,17,19]

   ii) c $\in$ { 'A', 'E', 'I', 'O', 'U', 'Y' } s'écrit:

   c **in** ['A', 'E', 'I', 'O', 'U', 'Y']

L'opérateur **in** relie obligatoirement une expression de type simple à une expression de type ensemble basé sur le même type simple.

p.e. Si nous avons les déclarations suivantes:

type lettres = 'A'..'Z'; chiffres = 1..10;

var l : lettres; el : **set of** lettres;

c : chiffres ; ec : **set of** chiffres

Les expressions suivantes sont correctes:

l **in** el

c **in** ec

Par contre, les deux suivantes sont impossibles:

c **in** el

l **in** ec

20.5 Tableau comparatif

Dans la Figure 20.3, nous donnons un tableau comparatif entre les notations mathématiques de la théorie des ensembles et les conventions du langage PASCAL correspondantes.

	Mathématique	PASCAL
énumération	$\{2, \ 3, \ 7, \ 8\}$	[2, 3, 7, 8]
intersection	$A \cap B$	a * b
réunion	$A \cup B$	a + b
différence	$A \setminus B$	a - b
égalité	$A = B$	a = b
altérité	$A \neq B$	a < >b
inclusion (large)	$A \subseteq B$	a< =b
	$A \supseteq B$	a>=b
appartenance	$x \in A$	x **in** A
ensemble vide	$\emptyset$	[ ]

Fig. 20.3 Tableau comparatif de notations de la théorie des ensembles

20.6 Lecture et écriture d'ensembles

Les instructions read et write ne permettent pas la lecture et l'écriture d'ensembles. Mais il est possible de programmer ces opérations lorsque les ensembles sont basés sur des entiers ou des caractères.

Lecture

L'exemple suivant nous montre comment construire un ensemble de 5 nombres entiers positifs inférieurs à 20, lorsque ces nombres sont lus sur le dispositif d'entrée input.

On suppose que l'on a déclaré:

```
type positif = 1..20;
var   n : positif; nombres : set of positif; i: 1..5;
```

On construit l'ensemble par des opérations d'union:

```
nombre := [ ] ;
for i := 1 to 5 do
        begin read(n);
        nombre := nombre + [n]
        end;
```

Il faut remarquer que l'on a placé l'élément n entre crochets, puisque l'opération d'union n'est possible qu'entre deux ensembles.

Ecriture

Pour imprimer un ensemble de lettres, on peut utiliser l'instruction suivante:

```
for ch = 'A' to 'Z' do if ch in let then write(ch)
```

où l'on a déclaré:

```
type lettres = 'A'..'Z';
var   ch: lettres; let: set of lettres;
```

On pourrait plus efficacement traiter cet exemple, si on connaissait le nombre d'éléments de l'ensemble; en effet, il est regrettable de devoir parcourir tout l'ensemble, même si celui-ci est vide ou ne contient que 'B' par exemple.

```
i := 0; ch := 'A';
while i < nbelements do
        begin
        if ch in let then begin write(ch);
                           i := i + 1
                           end;
        ch := succ(ch)
        end;
```

où i et nbelements sont des entiers.

En fait, dans la plupart des compilateurs PASCAL, il existe une fonction non standard «card», dont l'argument est un ensemble et qui donne comme résultat le nombre d'éléments de l'ensemble.

Dans notre exemple, il faudrait donc ajouter l'affectation suivante:

```
nbelements := card (let)
```

20.7   Ensembles et autres structures de données

Il est possible de combiner la structure d'ensemble avec d'autres comme le tableau ou l'enregistrement.

p.e.

i) On peut se définir un tableau de 10 ensembles de lettres.
   type tableau = **array** [1..10] **of set of** 'A'..'Z';
   var t : tableau;

   Les affectations suivantes sont alors correctes:
   t[1] := ['A', 'F', 'H'];
   t[2] := ['K', 'Z'];
   t[3] := t[1] + t[2];

ii) Considérons un enregistrement formé d'un ensemble de nombres entiers et d'un nombre réel.
   type enreg = **record** ens : **set of** 1..50;
                           r: real
                    end;
   var x : enreg;

   L'affectation suivante est tout à fait possible:
   x.ens := [2, 4, 6]

On peut encore noter qu'il est possible de compacter des ensembles, en faisant précéder le mot **set** de **packed** dans la déclaration d'ensemble.
   p.e. **type** ensemble = **packed set of** 1..50;

20.8 Un exemple complet: analyse de texte

Nous allons écrire un programme qui lit un texte formé de mots français séparés par des blancs, points ou virgules et imprimer tous les mots possédant au moins 3 consonnes consécutives (construction) ou 3 voyelles consécutives (p.e. le mot 'eau'). Nous allons imprimer le mot le plus long, le mot de plus de 6 lettres, ayant le plus grand taux de consonnes ainsi que le mot de plus de 6 lettres, ayant le plus grand taux de voyelles. Le listage et l'exécution du programme se trouvent dans la Fig. 20.4.

```
PROGRAM ANALYSE(INPUT,OUTPUT);
CONST MAX=30; (*LONGUEUR MAXIMUM D'UN MOT*)
TYPE ENSLETTRES=SET OF 'A'..'Z';
VAR VOYELLES,ALPHABET:ENSLETTRES;
        MOT (*MOT COURANT*),
        PLM (*MOT LE PLUS LONG*),
        MPGTV (*MOT AYANT LE PLUS GRAND TAUX DE VOYELLES*),
        MPGTC (*MOT AYANT LE PLUS GRAND TAUX DE CONSONNES*) :
                        ARRAY [1..MAX] OF CHAR;
        CAR:CHAR;
        LMOT (*LONGUEUR DU MOT COURANT*),
        LPLM (*LONGUEUR DU MOT LE PLUS LONG*),
        PGTV (*PLUS GRAND TAUX DE VOYELLES*),
        PGTC (*PLUS GRAND TAUX DE CONSONNES*),
        NCC (*COMPTEUR DE CONSONNES CONSECUTIVES*),
        MAXNCC (*NOMBRE MAXIMUM DE CONSONNES CONSECUTIVES*),
        NVC (*COMPTEUR DE VOYELLES CONSECUTIVES*),
        MAXNVC (*NOMBRE MAXIMUM DE VOYELLES CONSECUTIVES*),
        NV (*COMPTEUR DE VOYELLES*),
        NC (*COMPTEUR DE CONSONNES*),J,
        LMPGTV (*LONGUEUR DU MOT AYANT LE PLUS DE VOYELLES*),
```

```
      LMPGTC (*LONGUEUR DU MOT AYANT LE PLUS DE CONSONNES*) : INTEGER;
BEGIN
VOYELLES:=['A','E','I','O','U','Y'];
ALPHABET:=['A'..'Z'];
LPLM:=0; PGTV:=0; PGTC:=0; LMOT:=0; NV:=0; NC:=0; NVC:=0;
NCC:=0; MAXNVC:=0; MAXNCC:=0;
WRITELN(' MOTS AYANT AU MOINS 3 CONSONNES OU VOYELLES CONSECUTIVES');
WRITE(' ');
WHILE NOT EOF(INPUT) DO
    BEGIN READ(CAR); (*LECTURE CARACTERE PAR CARACTERE*)
    IF CAR IN ALPHABET THEN
          BEGIN (*MEMORISATION D'UN MOT*)
          LMOT:=LMOT+1;
          MOT[LMOT]:=CAR;
          IF CAR IN VOYELLES THEN
              BEGIN (*RECHERCHE DES VOYELLES CONSECUTIVES*)
              NV:=NV+1;
              IF NVC=0 THEN BEGIN
                              IF NCC>MAXNCC THEN MAXNCC:=NCC;
                              NCC:=0
                              END;
              NVC:=NVC+1
              END
                  ELSE
              BEGIN(*RECHERCHE DES CONSONNES CONSECUTIVES*)
              NC:=NC+1;
              IF NCC=0 THEN
                 BEGIN IF NVC>MAXNVC THEN MAXNVC:=NVC;
                 NVC:=0
                 END;
              NCC:=NCC+1
              END
          END ELSE
    IF LMOT>0 THEN
      BEGIN
      IF NVC>MAXNVC THEN MAXNVC:=NVC;
      IF NCC>MAXNCC THEN MAXNCC:=NCC;
      IF (MAXNVC>2) OR (MAXNCC>2) THEN
         BEGIN FOR J:=1 TO LMOT DO WRITE(MOT[J]);
         WRITE(' ')
         END;
      IF LMOT>LPLM THEN BEGIN LPLM:=LMOT;
                         FOR J:=1 TO LMOT DO PLM[J]:=MOT[J]
                         END;
      IF LMOT>6 THEN
         BEGIN IF NV>PGTV THEN
                      BEGIN PGTV:=NV;
                      LMPGTV:=LMOT;
                      FOR J:=1 TO LMOT DO MPGTV[J]:=MOT[J]
                      END;
            IF NC>PGTC THEN BEGIN PGTC:=NC;
                            LMPGTC:=LMOT;
                            FOR J:=1 TO LMOT DO MPGTC[J]:=MOT[J]
                            END
         END;
      LMOT:=0; NV:=0; NC:=0; NVC:=0; NCC:=0;
      MAXNVC:=0; MAXNCC:=0
      END
    END;
WRITELN; WRITELN; WRITE(' MOT LE PLUS LONG: ');
FOR J:=1 TO LPLM DO WRITE(PLM[J]);
WRITELN; WRITELN;
WRITE(' MOT AYANT LE PLUS GRAND TAUX DE VOYELLES: ');
FOR J:=1 TO LMPGTV DO WRITE(MPGTV[J]);
WRITELN; WRITELN;
WRITE(' MOT AYANT LE PLUS GRAND TAUX DE CONSONNES: ');
```

```
FOR J:=1 TO LMPGTC DO WRITE(MPGTC[J])
END.
```
EN PASCAL ON PEUT DECRIRE UN TYPE DIRECTEMENT DANS LA DECLARATION
DES VARIABLES, MAIS ON PEUT EGALEMENT UTILISER DES IDENTIFICATEURS
DE TYPES. NOUS AVONS DEJA VU QU'IL EXISTE EN PASCAL PLUSIEURS
IDENTIFICATEURS DE TYPE STANDARD ET NOUS ALLONS EN VOIR QUELQUES
AUTRES. IL EST EGALEMENT POSSIBLE DE CREER DE NOUVEAUX TYPES AU
MOYEN DES DEFINITIONS DE TYPES QUI ASSOCIENT UN IDENTIFICATEUR A UN
ENSEMBLE DE VALEURS CORRESPONDANT AU NOUVEAU TYPE. LA DEFINITION DE
TYPE DOIT SE TROUVER EN TETE D'UN BLOC ET EST INTRODUITE PAR LE
MOT TYPE SUIVI D'UN CERTAIN NOMBRE D'ELEMENTS.

MOTS AYANT AU MOINS 3 CONSONNES OU VOYELLES CONSECUTIVES
PLUSIEURS NOUVEAUX MOYEN ENSEMBLE NOUVEAU INTRODUITE NOMBRE ELEMENTS

MOT LE PLUS LONG: IDENTIFICATEURS

MOT AYANT LE PLUS GRAND TAUX DE VOYELLES: IDENTIFICATEURS

MOT AYANT LE PLUS GRAND TAUX DE CONSONNES: CORRESPONDANT

Fig. 20.4 Programme d'analyse de texte

20.9 Exercices

20.1 Ecrire un programme qui vérifie pour 3 ensembles donnés A, B et C les
propriétés suivantes:
a) $A \cap (B \cup C) = (A \cap B) \cup (A \cap C)$
b) $A \cup \varnothing = A$
c) $A \subseteq B \Rightarrow A \cup B = B$
d) $A \subseteq B \Rightarrow A \cap B = A$
e) $A \cap B \subseteq A \subseteq A \cup B$

* 20.2 Ecrire une fonction qui compte le nombre d'éléments d'un ensemble de
lettres.

CHAPITRE 21

LES FICHIERS

21.1 La notion de fichier séquentiel

Un fichier est une suite de longueur quelconque de composantes du même type. Malgré certaines ressemblances entre fichier et tableau, il y a des différences importantes au niveau du nombre et des opérations d'accès aux composantes. Dans un tableau, le nombre d'éléments est fixé par le type du tableau tandis qu'avec un fichier, le nombre est indéterminé a priori et peut varier durant l'exécution. Avec un tableau, l'indexation permet d'accéder à une composante quelconque; avec un fichier, seulement une composante à la fois est directement accessible, mais on peut passer d'une composante à la suivante ou se repositionner sur la première.

Les caractéristiques d'un fichier correspondent au fonctionnement des unités périphériques classiques comme les lecteurs de cartes, imprimantes et dérouleurs de bandes magnétiques. Normalement, le fichier sera la structure de donnée utilisée pour représenter les données lues par un programme et les résultats imprimés, mais la structure de fichier sera aussi utile pour le stockage local de séquences de données de longueur arbitraire.

Le genre de fichier que nous avons décrit est plus exactement appelé fichier séquentiel. Il existe d'autres sortes de fichiers dits fichiers indexés ou fichiers à accès direct, dont les propriétés logiques sont plus proches de celles du tableau, mais ce genre de fichier n'est pas disponible en PASCAL ISO.

Le type de fichier séquentiel se déclare en PASCAL selon la Figure 21.1, où le «type» indiqué est celui des composantes. PASCAL ne permet pas des fichiers de fichiers, et la seule restriction sur ce «type» est qu'il ne soit pas de type fichier (et ne contienne pas un fichier comme composante).

Le type fichier séquentiel se déclare en PASCAL selon la Figure 21.1,

Fig. 21.1 Diagramme syntaxique d'une déclaration de type fichier

On peut donc avoir des fichiers de tableaux, d'enregistrements, de réels, d'ensembles, etc. Le plus souvent, les fichiers traités seront des fichiers d'enregistrements (gestion) ou des fichiers de caractères (input, output). On peut noter que le langage permet d'avoir des fichiers comme composantes de tableaux ou d'enregistrements bien que certaines implantations limitent parfois cette utilisation.

Exemples

```
type personne = record
                     nom : array [1..10] of char ;
                     salaire : real
               end ;
     personnel = file of personne ;

var  pers1, pers2 : personnel ;
     data : file of integer ;
```

Comme toute autre donnée, un fichier peut servir de paramètre à une procédure; cependant, seul est permis le passage par variable (on conçoit facilement l'ampleur du travail de copie nécessaire pour le passage par valeur d'un fichier d'un million d'enregistrements). Soit p une procédure qui lit un fichier de personnes et en produit une deuxième du même type; p aurait la forme suivante:

```
procedure p (var f1, f2 : personnel);
begin ... end;
```

et pourrait être appelé avec :
p (pers1, pers2)

Un fichier peut servir pour le stockage temporaire de données dans un programme, mais souvent les fichiers servent au stockage permanent d'informations (p.e. le fichier du personnel d'une entreprise). Ces fichiers dits «externes» ont une existence avant et après l'exécution d'un programme et on peut les concevoir comme données globales du système d'exploitation qui sont fournies en paramètres aux programmes.

L'entête du programme joue le même rôle que les entêtes de procédures: la description des paramètres; cependant, les paramètres de programme sont limités à des fichiers et la manière de les spécifier est différente. L'entête d'un programme ne contient que les identificateurs locaux de fichiers externes. Pour les fichiers standards, input et output, ceci est suffisant; par contre, les autres doivent faire l'objet d'une déclaration de fichier (comme pour un fichier interne). Supposons que les fichiers pers1 et pers2, utilisés en exemple, soient des fichiers externes, l'entête du programme serait la suivante:

```
program modif (output, pers1, pers2);
```

:
:

21.2 Accès aux composantes d'un fichier

L'utilisation d'un fichier ressemble à celle d'un magnétophone. Quatre opérations sont disponibles: «reset(f)» qui rembobine le fichier pour la lecture, «rewrite(f)» qui efface le fichier et le rembobine pour l'écriture, «get(f)» qui lit une composante et avance le fichier au début de la prochaine composante et «put(f)» qui ajoute une composante à la fin du fichier. Une fonction booléenne «eof(f)» retourne vrai si on a dépassé les informations écrites sur le fichier (condition end of file). Le paramètre «f» désigne le fichier traité.

Comme toute opération de lecture ou d'écriture avance automatiquement le fichier, il est utile d'avoir une variable-tampon dans laquelle on dépose l'information lue.

A chaque fichier est donc associée une **variable-tampon** ayant le type spécifié des composantes. L'opération «get» amène dans ce tampon une copie de la prochaine composante du fichier et «put» ajoute le contenu du tampon en fin de fichier. La variable-tampon d'un fichier f est notée f↑ et toute opération permise sur des variables de type composant de f est permise sur f↑.

Soit f un fichier d'entiers défini par
var f : **file of** integer ;

l'écriture d'un entier 3 à la fin de f serait donc codée en deux étapes:

f↑ := 3;   {initialisation de contenu du tampon}
put (f);   {copie du tampon en fin de f }

Remarquons cependant que f↑ peut être utilisée en tant que simple variable entière sans provoquer d'écritures sur f. Par exemple,

f↑ := 2 ;
f↑ := f↑ + 1 ;
write (f↑);
put (f) ;

Ici, l'effet sur f est le même qu'avant, mais la valeur écrite (3) est le résultat d'un calcul et on l'a même affiché sur l'imprimante avant de l'ajouter à f.

Pour expliquer le fonctionnement des opérations de fichiers, nous allons utiliser un modèle basé sur les tableaux. Un fichier F sera représenté par les trois éléments suivants:

F: **array** [1..infini] de TC;
POS: 1..infini;
F↑ : TC;

où TC est un type quelconque de composant. POS est un index dans le tableau F indiquant la position de la dernière composante lue ou de la prochaine à écrire.

Finalement, on suppose deux valeurs spéciales: ⊠ qui marque la fin du fichier et ? qui dénote une valeur quelconque. Si on prend un fichier d'entiers avec seulement deux composantes 13 et 27 après avoir fait reset, on aurait l'état suivant:

```
            1   2   3   4   5   6
F :   │ 13 │ 27 │ X │ ? │ ? │ ? │ }

POS : │ 1 │

F↑ :   │ 13 │
```

Nous allons maintenant définir les 5 opérations en donnant les opérations équivalentes sur le modèle:

1) eof(f) ≡ F [POS] = $\boxed{X}$

eof retourne vrai si la prochaine composante est un marqueur de fin de fichier.

2) rewrite (F) ≡ POS := 1;
                 F [POS] := $\boxed{X}$;
                 F↑ := $\boxed{?}$;

Après l'exécution de rewrite, le fichier est vide, eof(F) est vrai et le contenu du tampon est non spécifié.

3) put(F) ≡ **if** F [POS] ≠ $\boxed{X}$
            then erreur
            else begin
                    F [POS] := F↑ ;
                    POS := POS + 1 ;
                    F [POS] := $\boxed{X}$;
                    F↑ := $\boxed{?}$
            end;

PASCAL n'admet l'écriture qu'en fin de fichier et une erreur sera provoquée autrement. Après «put», eof est toujours vrai et le contenu du tampon est non-spécifié. (On ne pourra donc pas écrire trois fois la même chose avec «put(F); put(F); put(F)».)

4) reset (F) ≡ POS := 1;
               F↑ := F [POS] ;
               if F↑ = $\boxed{X}$ **then** F↑ := $\boxed{?}$;

Si le fichier est vide, reset n'a aucun effet sauf mettre une valeur indéfinie dans le tampon; autrement on se place au début du fichier et on amène la première composante dans le tampon.

5) get (F) ≡ **if** F [POS] = $\boxed{X}$
             then erreur
             else begin
                     POS := POS + 1
                     F↑ := F [POS] ;
                     if F↑ = $\boxed{X}$ **then** F↑ := $\boxed{?}$
             end;

S'il reste des composantes à lire, on amène la prochaine dans le tampon; autrement, le programme s'arrête avec un message d'erreur.

Nous trouvons un résumé dans la Figure 21.2.

procédure	f ↑	eof(f)
reset(f) (avec f non vide)	première composante	false
reset(f) (avec f vide)	indéfini	true
get(f) (prochaine composante existe)	prochaine composante	false
get(f) (prochaine composante n'existe pas)	indéfini	true
rewrite(f)	indéfini	true
put(f)	indéfini	true

Fig. 21.2 Résumé des opérations sur les fichiers

Pour mieux comprendre ces opérations, nous allons donner un petit exemple et visualiser après chaque opération le fichier, la variable-tampon et le prédicat de fin de fichier. L'indicateur de position, POS, sera représenté par une flèche. L'exécution est montrée à la Figure 21.3

```
program test (output);
var
  suite: file of integer;

begin
```

	suite	suite	eof(suite)
rewrite (suite);	↑X ? ?	?	true
suite↑ : = 5;	↑X ? ?	5	true
put (suite);	5 ↑X ?	?	true
suite↑ : = 7; put (suite);	5 7 ↑X	?	true
reset (suite);	↑5 7 X	5	false
get (suite);	5 ↑7 X	7	false
get (suite);	5 7 ↑X	?	true
get (suite);	ERREUR : lecture après fin du fichier		

```
end.
```

Fig. 21.3 Une exécution de programme impliquant un fichier

Un exemple: la copie de fichiers

Supposons que nous ayons un fichier d'entrée (source) et que nous désirions le copier, c'est-à-dire créer un second fichier (destination) contenant les mêmes informations que le premier. Un tel programme a l'allure suivante:

```
program copie (output);
type       infor = ...; (* type différent d'un fichier *)
var        source, destination: file of infor;
begin      reset (source); rewrite (destination);
while      not eof (source) do
           begin destination↑ : = source↑;
                 put(destination);
                 get(source)
           end
end.
```

Si les fichiers étaient externes, le seul changement requis serait à l'entête qui prendrait la forme suivante:

```
program copie (output, source, destination) ;
```

21.3   La fusion de fichiers

Supposons que nous ayons deux fichiers d'enregistrements comprenant les nom, prénom et numéro d'assurance sociale de personnes. Les fichiers sont triés en ordre croissant de numéro d'assurance. Nous désirons produire une liste unique triée selon le même critère combinant les informations des deux fichiers. Cette union de deux fichiers en un seul s'appelle la «fusion» de fichiers. Voici d'abord les déclarations pour les 3 fichiers:

```
type personne = record nom, prenom: packed array [1..12] of
                                                        char;
                  assurance: integer
       end;
       personnel = file of personne;
var    donnees1, donnees2, resultat: personnel;
```

Le programme de la Figure 21.4 imprime tout d'abord le contenu des 2 fichiers à fusionner grâce à la procédure visualise. Puis la fusion proprement dite est effectuée. A la fin, le fichier résultat est également visualisé.

```
PROGRAM FUSION(OUTPUT,DONNEES1,DONNEES2,RESULTAT);
TYPE PERSONNE=RECORD NOM,PRENOM:PACKED ARRAY[1..12] OF CHAR;
                     ASSURANCE:INTEGER
          END;
     PERSONNEL=FILE OF PERSONNE;
VAR DONNEES1,DONNEES2 (*FICHIERS A FUSIONNER*),
    RESULTAT (*FICHIER DE FUSION*) :PERSONNEL;
    FINDEFICHIER:BOOLEAN;

  PROCEDURE VISUALISE(VAR F:PERSONNEL);
  BEGIN RESET(F);
```

214

```
    WHILE NOT EOF(F) DO
        BEGIN WITH F^ DO WRITELN(NOM:15,PRENOM:15,ASSURANCE:12);
        GET(F)
        END
    END;

    PROCEDURE PLACER(VAR F:PERSONNEL);
    BEGIN RESULTAT^:=F^; GET(F);
    FINDEFICHIER:=EOF(F)
    END;

    PROCEDURE FINIR(VAR F:PERSONNEL);
    BEGIN
    WHILE NOT EOF(F) DO
        BEGIN RESULTAT^:=F^; PUT(RESULTAT);
        GET(F)
        END
    END;

BEGIN
WRITELN(' FICHIER DONNEES1'); WRITELN;
VISUALISE(DONNEES1); WRITELN; WRITELN;
WRITELN(' FICHIER DONNEES2'); WRITELN;
VISUALISE(DONNEES2); WRITELN; WRITELN;
(*FUSION PROPREMENT DITE*)
RESET(DONNEES1); RESET(DONNEES2); REWRITE(RESULTAT);
FINDEFICHIER:=EOF(DONNEES1) OR EOF(DONNEES2);
WHILE NOT FINDEFICHIER DO
    BEGIN IF DONNEES1^.ASSURANCE < DONNEES2^.ASSURANCE
                    THEN PLACER(DONNEES1)
                    ELSE PLACER(DONNEES2);
    PUT(RESULTAT)
    END;
FINIR(DONNEES1); FINIR(DONNEES2);
WRITELN(' FICHIER RESULTAT'); WRITELN;
VISUALISE(RESULTAT)
END.
```

FICHIER DONNEES1

DUPONT	JEAN	153234457
DURAND	LOUISE	154678902
LAJOIE	PAULO	155345678

FICHIER DONNEES2

LARIVIERE	JULIE	134678234
LASOURCE	TOTO	154679867
LEFLEUVE	MARTINE	166166789

FICHIER RESULTAT

LARIVIERE	JULIE	134678234
DUPONT	JEAN	153234457
DURAND	LOUISE	154678902
LASOURCE	TOTO	154679867
LAJOIE	PAULO	155345678
LEFLEUVE	MARTINE	166166789

Fig. 21.4 Programme de fusion

21.4 Les fichiers de texte

On appelle **fichier de texte** un fichier dont les composantes sont des caractères. Il existe dans le langage PASCAL un type standard de fichier de texte appelé «text» et défini comme:

type text = **file of** char

Les fichiers input et output sont prédéfinis avec:

var input, output: text.

Les opérations sur les fichiers quelconques sont évidemment disponibles sur les fichiers de texte; reset, rewrite, put, get et eof peuvent donc être utilisés normalement (Note: avec la majorité des implantations, reset (input) et rewrite (output) sont exécutés automatiquement en début de programme et il est interdit de rembobiner ces fichiers standards).

En plus de ces opérations, les commandes read, write, readln et writeln sont aussi permises sur les textes. Ces opérations combinent l'accès au tampon avec les opérations get et put. Pour faciliter la programmation, read et write appliqués à des paramètres de type autre que «char» ont la possibilité de lire ou d'écrire plus d'un caractère.

Les fichiers de texte sont structurés en lignes et on peut supposer l'existence d'un caractère spécial, noté ▱ , qui indique la fin de ligne. Noter l'analogie avec le marqueur de fin de fichier ▨ . Un fichier de texte contenant les trois lignes suivantes:

    TOTO
    12
    A

pourrait être représenté avec notre modèle par:

| T | 0 | T | 0 | ▱ | 1 | 2 | | | ▱ | A | ▱ | X | ⟩ |

(Note: cet exemple montre aussi qu'avec certaines implantations, il peut y avoir un nombre arbitraire de blancs entre le dernier caractère significatif sur une ligne et le marqueur ▱ .)

Comme avec le marqueur de fin de fichier, le marqueur ▱ ne peut pas être traité directement dans un programme, mais un prédicat «eoln(f)» (**end of line**) est fourni qui retourne vrai si P [POS] = ▱ .L'opération writeln ajoute un marqueur au fichier et readln place l'indicateur de position POS sur le caractère suivant le prochain marqueur rencontré. Par contre, la lecture du marqueur avec «get» amène un blanc dans le tampon.

read, readln, write et writeln sont en fait des procédures standards dont le premier paramètre est un identificateur de fichier, les autres définissant les valeurs à lire ou à écrire. Les fonctions eof et eoln doivent avoir comme unique paramètre l'identificateur de fichier.

Comme pour les dispositifs d'entrée et de sortie standards «input» et «output», on peut lire et écrire dans ces fichiers de texte non seulement des caractères, mais des entiers, des réels et des booléens.

p.e. On déclare: **var** f1, f2: text; i: integer; c: char; r: real;

Les instructions suivantes sont correctes:
```
read (f1, i);
write (f2, c, r);
readln (f1, i, c, r);
writeln (f2, i: 3, c, r: 5: 2);
if eoln(f1) then readln(f1);
while not eof (f1) do begin read (f1, c);
                           write (f2, c)
                     end;
```

On remarque qu'on peut aussi utiliser les formats pour les fichiers de texte.

Nous pouvons encore faire deux constatations:

i)   Les instructions read et write sont des formes abrégées des instructions vues au paragraphe 21.2

Ainsi, si on a déclaré un fichier de texte «inf» et «car» de type char, on a les correspondances suivantes:

```
read (inf, car)      ←→      car := inf↑ : get(inf)
write(inf, car)      ←→      inf↑ := car; put(inf)
```

D'ailleurs, read et write sont disponibles pour d'autres fichiers que les fichiers de texte.

ii) La procédure page (f) est aussi définie pour un fichier de texte f. Elle a pour effet de prendre une nouvelle page. Ainsi, après page (output) toute impression commence en début de page.

iii) «input» et «output» peuvent être considérés comme des fichiers de texte particuliers. Il n'est en effet pas nécessaire de mentionner leur identificateur dans les procédures et fonctions standards. Ainsi, on a les correspondances suivantes:

```
write(c)             write(output, c)
read(c)              read(input, c)
writeln              writeln(output)
readln               readln(input)
eoln                 eoln(input)
eof                  eof(input)
page                 page (output)
```

De plus, il est évident qu'on ne peut pas lire sur «output» ni écrire sur «input».

21.5   La mise à jour d'un fichier séquentiel

Supposons que nous possédions un fichier séquentiel des stocks de différents produits et que nous désirions mettre à jour la quantité de certaines pièces. Le fichier séquentiel est supposé être un fichier de texte. Les données de mise à jour comportent le nom de l'article et l'indication de la modification de quantité. Etant donné qu'il n'est pas possible de modifier directement un fichier existant, on crée un fichier temporaire «temp» et on le copie sur le fichier original à la fin du programme. (Fig. 21.5)

```
PROGRAM MISAJOUR(STOCK,INPUT,OUTPUT);

(* CE PROGRAMME DE MISE A JOUR DE STOCK SUPPOSE QUE
   LES DONNEES DE MODIFICATIONS SONT DANS LE MEME
   ORDRE QUE CELLES DU FICHIER ORIGINAL, POUR REMEDIER
   A CET INCONVENIENT, IL FAUDRAIT UN FICHIER TRIE DANS
   L'ORDRE ALPHABETIQUE ET DES DONNEES DE MODIFICATION
   EGALEMENT TRIEES                            *)

CONST LONG=10; (*LONGUEUR MAXIMALE DES NOMS DE PRODUITS*)
TYPE INTER=1..LONG;
     CHAINE=PACKED ARRAY[INTER] OF CHAR;
VAR STOCK (*FICHIER DES STOCKS*),
    TEMP (*FICHIER TRANSITOIRE*) : TEXT;
    PRODUIT,PROD2:CHAINE;
    NOMBRE (*QUANTITE EN STOCK*),
    MODIF (*MODIFICATION DE LA QUANTITE EN STOCK*) : INTEGER;
    PASTROUVE:BOOLEAN;

    PROCEDURE LECTURE(VAR F:TEXT;VAR NOM:CHAINE;VAR NB:INTEGER);
    VAR T:ARRAY[INTER] OF CHAR; I:INTER;
    BEGIN
    FOR I:=1 TO LONG DO READ(F,T[I]);
    PACK(T,1,NOM);   READLN(F,NB)
    END;

    PROCEDURE VISUALISE(VAR F:TEXT);
    VAR CH:CHAINE; NB:INTEGER;
    BEGIN
    RESET(F);
    WHILE NOT EOF(F) DO
      BEGIN LECTURE(F,CH,NB);
      WRITELN('  ',CH,NB)
      END
    END;

BEGIN RESET(STOCK);
WRITELN(' FICHIER STOCK'); WRITELN;
VISUALISE(STOCK);
WRITELN; WRITELN;
WRITELN(' MODIFICATIONS'); WRITELN;
RESET(STOCK);
WHILE NOT EOF(INPUT) DO
    BEGIN LECTURE(INPUT,PROD2,MODIF);
    WRITELN('  ',PROD2,MODIF);
    PASTROUVE:=TRUE;
    WHILE PASTROUVE AND NOT EOF(STOCK) DO
        BEGIN LECTURE(STOCK,PRODUIT,NOMBRE);
        IF PRODUIT=PROD2 THEN
            BEGIN NOMBRE:=NOMBRE+MODIF;
            PASTROUVE:=FALSE
            END;
```

```
        WRITELN(TEMP,PRODUIT,NOMBRE)
        END
    END;
WHILE NOT EOF(STOCK) DO
    BEGIN LECTURE(STOCK,PRODUIT,NOMBRE);
    WRITELN(TEMP,PRODUIT,NOMBRE)
    END;
WRITELN; WRITELN;
RESET(TEMP); REWRITE(STOCK);
WHILE NOT EOF(TEMP) DO
    BEGIN LECTURE(TEMP,PRODUIT,NOMBRE);
    WRITELN(STOCK,PRODUIT,NOMBRE)
    END;
WRITELN(' NOUVEAU FICHIER STOCK'); WRITELN;
VISUALISE(STOCK)
END.
```

FICHIER STOCK

```
PNEU              345
SKI               214
BATON            2346
FIXATION           24
PATIN               8
SAC              1234
RADIO             175
TV                234
CAMERA            177
TAPIS              34
```

MODIFICATIONS

```
FIXATION          100
RADIO             -17
TV                -53
CAMERA             50
```

NOUVEAU FICHIER STOCK

```
PNEU              345
SKI               214
BATON            2346
FIXATION          124
PATIN               8
SAC              1234
RADIO             158
TV                181
CAMERA            227
TAPIS              34
```

Fig. 21.5 Programme de mise à jour

* 21.6   Exercices

21.1 Ecrire un programme qui trie un fichier d'entiers dans l'ordre croissant.

21.2 Ecrire un programme qui compte le nombre de lettres dans un fichier de texte.

21.3 Concevoir un algorithme général de fusion de n fichiers.

21.4 Ecrire un programme qui numérote les lignes d'un fichier de texte.

21.5 Ecrire un programme d'édition de texte qui permet la recherche, la modification, l'insertion et la suppression de chaînes de caractères dans un fichier donné.

CHAPITRE **22**

LE TRAITEMENT SYSTEMATIQUE

DES FICHIERS

Le traitement d'un fichier est chose facile quand le traitement est identique pour chaque composante: par exemple la somme de tous les éléments d'un fichier d'entiers ou la copie d'un fichier d'enregistrements. Par contre, si le traitement d'une composante est fonction des composantes qui la précèdent ou la suivent, la programmation devient beaucoup plus complexe. L'exemple classique de ce dernier cas est la compilation où, bien que le fichier traité soit composé de caractères, le calcul (génération de code) dépend du regroupement logique de ces caractères en identificateurs, nombres, mots clés et énoncés. A un niveau intermédiaire, on trouve des applications de gestion où les enregistrements d'un fichier sont regroupés logiquement en sous-suites (par exemple les ventes d'un vendeur dans un fichier de toutes les ventes du mois); là il faut détecter les transitions entre sous-suites et appliquer un traitement différent aux premiers et derniers enregistrements.

Pour maîtriser la diversité des problèmes posés par le traitement des fichiers, il est nécessaire d'avoir une technique systématique pour la conception des programmes. La technique que nous présentons ici est basée sur le principe que la structure d'un programme doit correspondre à la structure logique du fichier traité. Les méthodes Warnier et Jackson sont aussi basées sur ce même principe.

Nous montrons d'abord comment décrire la structure logique d'un fichier à l'aide de diagrammes syntaxiques, puis nous expliquons comment transformer ces diagrammes en programmes. Finalement, nous appliquons la technique à des problèmes de traitement de textes et de gestion.

22.1 La syntaxe des fichiers

Dans ce livre, vous avez pu constater l'utilité des diagrammes syntaxiques pour spécifier la forme des programmes PASCAL. Ici, nous allons utiliser la même technique pour la description des fichiers; par contre, nous allons employer des termes plus évocateurs du problème: «composante» pour «symbole», «composante élémentaire» (ou élément) pour «symbole terminal» et «composante structurée» pour «symbole non terminal».

Généralement, les composantes élémentaires correspondent aux composantes physiques du fichier: enregistrements pour les fichiers d'enregistrements ou caractères pour les textes, mais parfois il sera utile de considérer les cartes (lignes de texte) comme composantes élémentaires. Une composante structurée fait l'objet d'un diagramme syntaxique et généralement elle est formée d'une suite de composantes élémentaires. Dans les diagrammes, l'utilisation de rectangles et de cercles distingue les deux sortes de composantes.

Trois types d'enchaînement entre composantes sont permis:

La Séquence

$$\rightarrow \boxed{C1} \rightarrow \boxed{C2} \rightarrow \ldots \boxed{C_n} \rightarrow$$

L'Alternative

$$\boxed{C1}$$
$$\boxed{C2}$$
$$\vdots$$
$$\boxed{C_n}$$

La Répétition

$$\boxed{C}$$

Ces formes de diagrammes sont analogues aux trois schémas de contrôle de la programmation structurée.

Nous traitons maintenant un exemple qui sera repris dans la prochaine section: celui du fichier étudiant. Ce fichier contient des résultats d'examens. Il est formé de deux sortes de composantes élémentaires: les noms et les notes.

Pour chaque étudiant, on trouve dans le fichier son nom suivi de ses notes (une ou plus). Voici la syntaxe du fichier:

Fichier

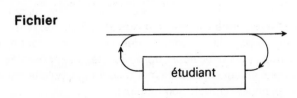

Etudiant

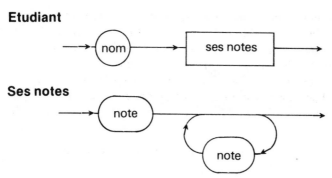

Ses notes

La syntaxe décrit la structure **logique** du fichier; elle fait abstraction de la réalisation **physique**. La syntaxe est la même que le fichier soit composé d'enregistrements, ou qu'il soit un fichier de texte. Par contre, il est essentiel que l'implantation permette facilement le passage d'un élément à un autre et la vérification du «type» des éléments (nom ou note dans notre exemple).

22.2 La construction d'un programme

La génération du programme de traitement d'un fichier donné se fait en deux étapes à partir de la syntaxe. D'abord, par une suite de transformations systématiques on génère un schéma de programme en pseudo-PASCAL: c'est-à-dire un modèle général pour tous les programmes d'application sur le fichier. Pour faire abstraction de l'application et de l'implantation physique du fichier, le schéma utilise des instructions abstraites du genre «traitement initial d'étudiant» ou «lecture du prochain élément».

Dans une deuxième étape, on remplace les pseudo-instructions par le traitement approprié exprimé en PASCAL et on ajoute les déclarations.

Le schéma suppose l'existence d'un tampon dans lequel est placée la prochaine composante élémentaire à traiter. Pour exprimer les opérations d'entrée sur le fichier, on utilise les trois pseudo-opérations suivantes:

PREMIER: opération qui amène le premier élément du fichier dans le tampon (équivalent à reset).

SUIVANT: opération qui amène le prochain élément dans le tampon, (équivalent à get).

C ?: prédicat qui indique si l'élément dans le tampon est le premier d'une composante C (élémentaire ou structurée). Si SUIVANT a dépassé la fin du fichier, C ? est faux.

Pour exprimer le traitement à effectuer à divers endroits du schéma, nous utilisons:

TRAITER (E) - traitement d'une composante élémentaire E.
TI (S) - traitement initial d'une composante structurée S.
TF (S) - traitement final d'une composante structurée S.

Le schéma de programme pour un fichier donné a la forme
    PREMIER;
    π (fichier) ;

où par π(C) on dénote la transformation du diagramme pour une composante C.
Il y a quatre transformations correspondant aux quatre formes de diagrammes,
et le schéma est obtenu par leur application répétée.

Séquence C:

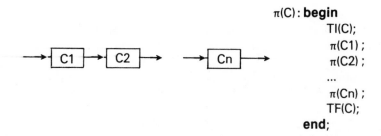

π(C) : **begin**
    TI(C);
    π(C1) ;
    π(C2) ;
    ...
    π(Cn) ;
    TF(C);
end;

Alternative C:

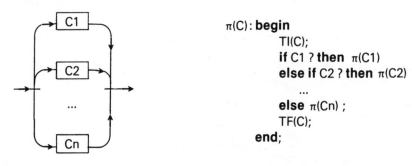

π(C) : **begin**
    TI(C);
    if C1 ? **then** π(C1)
    else if C2 ? **then** π(C2)
    ...
    else π(Cn) ;
    TF(C);
end;

Répétition C:

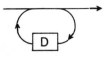

π(C) : **begin**
    TI(C);
    while D ? **do** π(D);
    TF(C);
end;

Composante élémentaire:

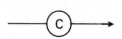

π(C) : **begin**
    TRAITER (C);
    SUIVANT
end;

Note: Si la syntaxe est importante ou récursive, il sera utile voire essentiel de
structurer le programme avec une procédure par diagramme. Ainsi
l'occurence de π(C) serait traduite par un appel à la procédure C définie
par:

procedure C;
begin π (C) **end**;

Voyons, maintenant, étape par étape, la génération d'un schéma pour notre fichier d'étudiants.

Version 1: PREMIER;
    π(fichier) ;

Fichier

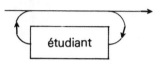

Version 2: PREMIER;
    TI (fichier);
    while étudiant ? **do**
        π(étudiant) ;
    TF (fichier);

Etudiant

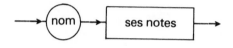

Version 3: PREMIER;
    TI (fichier);
    while étudiant ? **do**
    begin
        TI (étudiant);
        TRAITER (nom) ;
        SUIVANT;
        π (ses notes);
        TF (étudiant);
    end;
    TF (fichier);

Ses notes

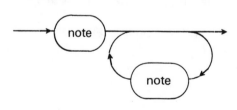

Version finale: PREMIER;
    TI (fichier);
    while étudiant ? **do**
    begin
        TI (étudiant);
        TRAITER (nom); SUIVANT;
        TI (ses notes);
        TRAITER (note); SUIVANT;
        while note ? **do**
        begin
            TRAITER (note);
            SUIVANT;
        end;
        TF (ses notes);
        TF (étudiant);
    end;
    TF (fichier);

Le schéma obtenu est indépendant de l'application. Divers traitements sont obtenus en remplaçant les pseudo-instructions par le code approprié. Pour démontrer ceci, nous allons générer deux programmes à partir du schéma: un pour le calcul des moyennes et l'autre pour la recherche en cancres.

Programme MOYENNE

Ce programme doit imprimer une ligne par étudiant avec son nom et sa moyenne. Le rapport débute avec une entête et se termine avec l'impression du nombre d'étudiants traités. Le fichier est composé d'une suite d'enregistrements selon les déclarations suivantes:

```
type
      mot = packed array [1..10] of char;
      EN = (E,N);
      element = record
                     case sorte : EN of
                     E : (nom : mot);
                     N : (note : real);
                     end;
var
      FE : file of element;
```

Le programme utilise aussi les variables suivantes:
```
var netud, nnote : integer;
      sum : real;
```

Les pseudo-instructions se traduisent ainsi:

PREMIER	$\longrightarrow$	reset (FE)
SUIVANT	$\longrightarrow$	get (FE)
TI (Fichier)	$\longrightarrow$	netud := 0;
		writeln ('LISTE DE MOYENNES')
TF (Fichier)	$\longrightarrow$	writeln ('NOMBRE D'ETUDIANTS :', netud)
Etudiant ?	$\longrightarrow$	**not** eof (FE) **and** (FE↑.sorte = E)
TI (Etudiant)	$\longrightarrow$	netud := netud + 1
TF (Etudiant)	$\longrightarrow$	writeln
TRAITER (nom)	$\longrightarrow$	write (FE↑. nom)
TI (ses notes)	$\longrightarrow$	nnote := 0; sum := 0
TF (ses notes)	$\longrightarrow$	write (sum/nnote)
Note ?	$\longrightarrow$	**not** eof (FE) **and** (FE↑.sorte = N)
TRAITER (note)	$\longrightarrow$	nnote := nnote + 1;
		sum := sum + FE↑.note

Avec quelques simplifications triviales, ceci donne le programme suivant:

```
program moyenne (output, FE);
    {déclarations}
begin
    reset (FE);
    netud : = 0;
    writeln ('liste de moyennes');
    while not eof (FE) and (FE↑ .sorte = E)do
    begin
        netud : = netud + 1;
        write (FE↑ .nom); get (FE);
        nnote : = 1;
        sum : = FE↑ .note ;
        get (FE)
        while not eof (FE) and (FE↑ .sorte = N) do
        begin
            nnote : = nnote + 1;
            sum : = sum + FE↑.note ;
            get (FE)
        end;
        writeln (sum/nnote)
    end;
    writeln ('nombre d'étudiants:', netud)
end.
```

Programme CANCRE

On considère ici une implantation du fichier sur cartes avec un élément par carte. On distingue les cartes «nom» des cartes «note» par un caractère particulier perforé en colonne 1: 'E' pour les noms d'étudiants et 'N' pour les notes. Le nom est perforé dans les colonnes 2 à 11 et les notes sont en format libre.

Le programme doit imprimer les noms des étudiants ayant obtenu une ou plusieurs notes de zéro.

Donc ici nous avons changé le calcul requis et l'implantation physique du fichier. Cependant, on peut remarquer que la structure du programme (dérivée du schéma) est inchangée.

```
program cancre (input, output);
type mot = packed array [1..10] of char;
var
    nom : mot;
    note : real;
    C: char;
```

```
        i: integer;
        zero : boolean;
begin
    while not eof and (input ↑ = 'E') do
    begin
            zero : = false;
            read (C);
            for i : = 1 to 10 do
            begin
                    read (C) ; nom [i] : = C
            end;
            readln;
            read (C, note);
            if note = 0 then zero : = true;
            readln;
            while not eof and (input ↑ = 'N') do
            begin
                    readln (C,note);
                    if note = 0 then zero : = true
            end;
            if zero then writeln (nom);
    end;
end.
```

L'accès séquentiel aux caractères d'une carte imposé par PASCAL amène une certaine confusion entre l'opération logique de lecture, SUIVANT implanté par readln, et le traitement logique qui exige lui aussi des lectures pour sauter le code et accéder aux champs: TRAITER (note) implanté par les instructions «read (C, note) ; if note = 0 then zero : = true».

22.3 Note sur les erreurs

Les schémas de transformation suggérés ne tiennent pas compte des erreurs qui pourraient se glisser dans le fichier traité. Ces erreurs à l'entrée donnent lieu à des résultats incorrects et peuvent occasionner des boucles infinies dans le programme, ou des interruptions d'exécution. Il faut remarquer que certaines erreurs sont indétectables par le programme (note 81 au lieu de 18) et qu'en général une vérification exhaustive des cas d'erreurs alourdit beaucoup la programmation.

Par contre, il est possible de modifier légèrement nos transformations pour améliorer la réaction des programmes aux erreurs. Dans ce qui suit, nous utilisons une pseudo-instruction ERREUR qui devrait imprimer un message et, si possible, donner une indication de la position de l'erreur dans le fichier.

Le schéma global d'un programme devrait avoir la forme suivante, pour s'assurer que tout le fichier a été lu:

```
PREMIER;
π (fichier)
if not eof then ERREUR;
```

On devrait aussi modifier les transformations, pour la composante élémentaire et l'alternative:

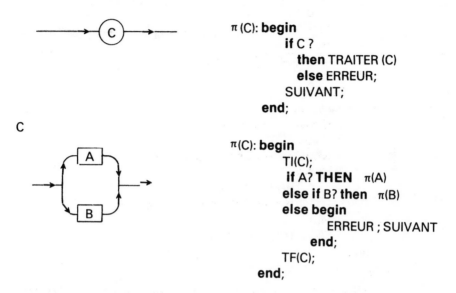

```
π (C): begin
         if C ?
               then TRAITER (C)
               else ERREUR;
         SUIVANT;
      end;
```

```
π(C): begin
         TI(C);
         if A? THEN  π(A)
         else if B? then  π(B)
         else begin
               ERREUR ; SUIVANT
            end;
         TF(C);
      end;
```

Nous ne prétendons pas que ces changements apportent **la solution** au problème, mais ils permettent une certaine détection sans ajouter beaucoup à la complexité du programme. Le traitement systématique des erreurs reste un problème ouvert de l'informatique.

22.4   Le traitement de texte

Basé sur les techniques précédentes, nous allons développer deux programmes qui traitent des suites de caractères (fichier texte).

Un fichier texte tel que défini par PASCAL est formé d'une suite de lignes où chaque ligne est composée d'une suite de caractères suivie d'un marqueur de fin de ligne. La syntaxe d'un tel fichier est la suivante:

Fichier

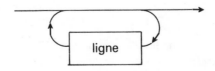

Ligne

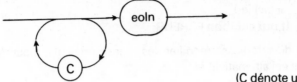

(C dénote un caractère)

Un programme pour traiter des textes aura donc nécessairement la forme:

```
PREMIER;
TI (texte);
while ligne ? do
begin
        TI (ligne);
        while C ? do
        begin
                TRAITER (C)?
                SUIVANT;
        end;
        TRAITER (eoln);
        SUIVANT;
        TF (ligne);
end;
TF (fichier);
```

Appliquons ce schéma à la copie d'un fichier de texte X sur un fichier Y. Les tests «ligne?» et «C?» peuvent s'exprimer en termes de prédicats standards eof et eoln pour donner:

```
program copie (output, X,Y);
var X,Y : text;
begin
        reset (X);
        rewrite (Y);
        while not eof (X) do
        begin
                while not eoln (X) do
                begin
                        Y↑ : = X↑   ; put (Y);
                        get (X)
                end;
                writeln (Y);
                readln (X)      { ou get (X)}
        end;
end.
```

En général, le traitement est plus compliqué, car il faut reconnaître certaines suites de caractères et effectuer un traitement approprié. Comme exemple, nous allons considérer la recherche de mots dans un texte. Une application serait pour un auteur qui a perforé un article sur cartes et cherche les lignes où certains mots clés apparaissent.

Avant de chercher à construire un programme, il faut d'abord préciser la syntaxe du fichier pour faire apparaître la notion de mot. Nous décidons qu'un mot ne peut pas s'étaler sur deux lignes et qu'un mot est une suite de caractères non blancs. Ceci nous amène à modifier la syntaxe de «ligne» pour donner:

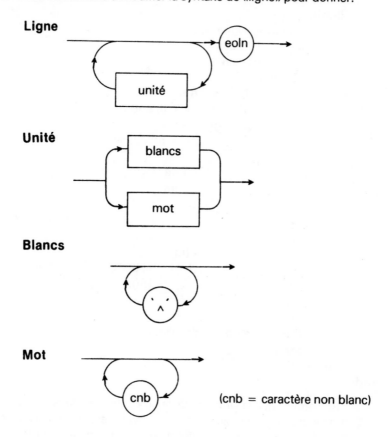

Ligne

Unité

Blancs

Mot

(cnb = caractère non blanc)

Cette syntaxe indique qu'une ligne est composée d'une suite d'unités qui sont soit des suites de blancs, soit des suites de caractères non blancs (mots).

Voici une procédure basée sur cette syntaxe qui fait le travail demandé. On suppose que les mots cherchés auront une longueur égale ou inférieure à 10 caractères et on suppose l'existence du **type** mot = **packed array** [1..10] **of** char. Le mot cherché et le fichier à examiner sont passés en paramètres.

```
procedure chercher (var f : text ; voulu : mot);
const motblanc = ' ^^^^^^^^^^^^ ';
var
    nligne, i : integer;
    m : mot;
    trouvé : boolean;
begin
        reset (f);
        nligne := 0;
        while not eof (f) do
        begin
                nligne := nligne + 1;
                trouve := false;
                while not eoln (f) do
                begin
                        if f↑ = '^' then
                           while not eoln (f) and (f↑ = '^') do get (f)
                        else begin
                                     m := motblanc;
                                     i := 0;
                                     while f↑ <> '^' do
                                     begin
                                             i := i + 1;
                                             if i <= 10 then m[i] := f↑ ;
                                             get (f)
                                     end;
                                     if (m = voulu) and (i <= 10)
                                                 then trouve := true
                        end;
                end;
                if trouve then writeln (nligne);
                readln (f)
        end;
end;
```

Remarquez que la structure de la procédure reflète la syntàxe donnée. Le test de la boucle qui assemble un mot fait l'hypothèse que si eoln (f) est vrai alors f↑ = '∧'. Par contre, nous ne faisons aucune hypothèse sur la longueur des mots dans le texte.

22.5 Application à la gestion

Le traitement de fichiers est une activité importante des programmes de gestion car les applications classiques, comme l'impression de chèques de paye ou la facturation des clients, sont caractérisées par l'application répétitive de calculs relativement simples à des masses d'information. Dans cette section, nous donnons une brève introduction aux concepts et applications particuliers à la gestion puis nous appliquons nos techniques de traitement à deux exemples.

En gestion, on distingue deux sortes de fichiers: les fichiers de transaction et les fichiers maître. Dans un cas comme dans l'autre, ce sont des fichiers d'enregistrements. Dans les fichiers de transaction, chaque enregistrement contient l'information sur un événement (transaction) qui s'est passé dans l'entreprise: par exemple, une vente, un changement d'adresse ou la réception d'une commande. Les fichiers maître reflètent l'état de l'entreprise à un moment donné, c'est-à-dire l'effet cumulatif des transactions. Normalement, il existe un fichier maître pour chaque type de personne ou de chose gérée par l'entreprise et on trouvera, par exemple, un fichier pour les employés, un pour les clients, un pour les pièces, etc. Chaque employé ou client ou pièce fait l'objet d'un enregistrement contenant l'information pertinente. Par exemple, un enregistrement employé contiendra son nom, son adresse, son numéro de téléphone, son salaire, les cumulatifs de ses retenues fiscales, etc.

Pour désigner, sans équivoque, les choses et les personnes, il est habituel d'associer à chacune un numéro d'identification distinct. L'étendue de cette pratique est évidente quand on note l'existence de numéro d'assurance sociale, d'employé, de pièce ou de compte en banque. Les enregistrements des fichiers maître auront chacun un de ces numéros qui servira à les repérer. Par contre, les transactions en auront généralement plusieurs: par exemple, la transaction pour une vente comprendra un numéro de vendeur, un numéro d'article et un numéro de client en plus de la date de vente et du nombre d'articles vendus.

Malgré une diversité apparente, la majorité des programmes de gestion effectue l'un des trois types de traitement suivant:

— la validation,
— la mise à jour ou
— l'impression de listes.

La validation est un traitement préalable appliqué aux transactions pour s'assurer que les informations enregistrées soient correctes.

La mise à jour est la modification des fichiers maîtres selon le contenu des transactions. Pour se garder des problèmes découlant de la destruction possible d'un fichier maître, normalement la mise à jour crée une nouvelle copie modifiée du maître et l'ancienne copie est conservée.

L'impression fait une copie systématique de certains champs de chaque enregistrement du fichier traité. Elle effectue aussi certains calculs simples et une mise en page. L'impression s'applique aussi bien aux fichiers maître (paye, bulletins de note) qu'aux transactions (listes des ventes du mois).

Un autre programme utilisé très souvent est le TRI qui ordonne les enregistrements d'un fichier par ordre croissant (ou décroissant) d'un champ ou d'une suite de champs donnés. Tous les systèmes d'exploitation modernes contiennent des utilitaires de tri paramétrisables auxquels on peut spécifier la suite de champs à utiliser comme critère (clé) d'ordonnancement.

Le tri souvent précède l'étape d'impression. Par exemple, pour créer un bottin téléphonique des employés d'une entreprise, le fichier «employé» sera d'abord trié par ordre alphabétique en utilisant le nom comme clé croissante, puis l'impression fera la mise en page du nom et du numéro de téléphone. Autre exemple: si on désire savoir qui sont les employés les mieux payés, on pourra trier par ordre décroissant du salaire pour qu'à l'impression les privilégiés sortent en tête de liste.

Le tri est aussi utile, car il a la propriété de regrouper les enregistrements ayant la même clé. Ceci est important dans le traitement des transactions. Prenons, par exemple, les transactions de ventes avec les champs suivants: numéro de vendeur, numéro d'article, prix unitaire et nombre vendus. Un tri sur le numéro de vendeur regroupe toutes les ventes du même vendeur et il sera facile à l'impression de calculer et d'imprimer le total des ventes pour chacun. De même, pour étudier la demande de chaque article, on pourra trier par numéro d'article et n'imprimer qu'une ligne par article avec le nombre ou la valeur totale.

Nous avons présenté rapidement les concepts pertinents de la programmation de gestion. Maintenant, nous allons développer des schémas de programmes pour deux applications typiques: l'impression avec cumulatifs et la mise à jour.

IMPRESSION AVEC CUMULATIFS —

Prenons un exemple concret. Afin de facturer le temps de développement de logiciel, un centre de calcul demande à ses programmeurs de noter, chaque semaine, le temps passé sur chacun de ses projets. Les informations retenues sont numéro de projet, numéro de programmeur et heures. Le numéro de projet comporte 4 chiffres dont les deux premiers désignent le service qui a lancé le projet; donc projet 1347 serait le projet 47 du service 13, et 0547 indiquerait un autre projet: le numéro 47 du service 05. (Ce schéma de numérotation est assez fréquent, et nous en verrons l'utilité dans ce qui suit.)

A la fin de chaque mois, les données sont perforées sur cartes et traitées par un programme de validation qui produit un fichier d'enregistrements du type suivant:

```
type
    transaction = record
                    nproj,
                    nprog : entier;
                    heures : reel;
                end;
```

L'application demande l'impression d'un rapport qui imprime côte à côte les transactions pour un projet donné et calcule le temps total par projet. Ce rapport doit aussi regrouper les projets par service et imprimer le cumulatif du temps par service. Finalement, on veut savoir le temps total.

Cette application avec regroupements hiérarchiques et cumulatifs est typique en gestion. On trouve des rapports analogues pour l'analyse des ventes par vendeur, succursale et région ou par produit, classes de produit et région. L'utilisation de clés composées, SERVICE-PROJET ou REGION-SUCC-VENDEUR, permet le regroupement hiérarchique par la simple application du tri. Ensuite, le rapport peut être imprimé par traitement séquentiel des transactions triées.

Pour notre exemple, le fichier de transaction trié par ordre croissant de numéro de projet a la syntaxe suivante:

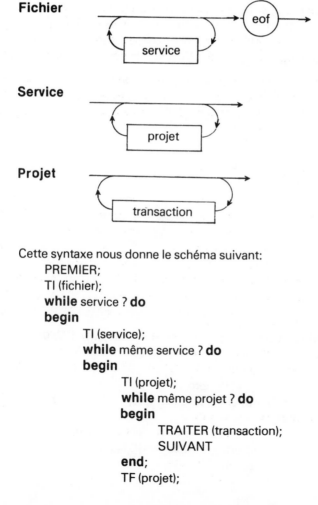

Fichier

Service

Projet

Cette syntaxe nous donne le schéma suivant:
```
PREMIER;
TI (fichier);
while service ? do
begin
        TI (service);
        while même service ? do
        begin
                TI (projet);
                while même projet ? do
                begin
                        TRAITER (transaction);
                        SUIVANT
                end;
                TF (projet);
```

235

end;
TF (service);
end;
TF (fichier);

Notez qu'ici c'est la clé qui indique le «type» d'une composante et que les fins de suites et sous-suites sont signalées par des changements de clé (numéro de projet ou numéro de service).

Pour chaque composante structurée (fichier, service et projet), les actions initiales et terminales se ressemblent. Chaque niveau demande deux variables: un numéro et un total. Les actions initiales ont la forme:

NUM : = clé;
TOT : = 0;

et les actions terminales ont la forme:
writeln (NUM, TOT);
ajouter TOT au total du niveau englobant.

Voici le programme au complet:

```
program cumulatif (output, f);
type
        transaction = record
                            nproj, nprog : integer;
                            heures : real;
                      end;
var
        f : file of transaction;
        tot, totserv, totproj : real;
        numserv, numproj : integer;
begin
        reset (f);
        tot : = 0;
        while not eof (f) do
        begin
                totserv : = 0;
                numserv : = f↑ .nproj div 100
                while not eof (f) and (numserv = f↑ .nproj div 100) do
                begin
                        totproj : = 0;
                        numproj : = f↑ .nproj ;
                        while not eof (f) and (numproj = f↑ .nproj) do
                        begin
                                writeln (f↑ .nproj, f↑ .nprog, f↑ .heures) ;
                                totproj : = totproj + f↑ .heures ;
                                get (f)
```

```
                    end;
                    writeln ('PROJET', numproj, totproj);
                    totserv := totserv + totproj
            end;
            writeln ('SERVICE', numserv, totserv);
            tot := tot + totserv
      end;
      writeln ('TOTAL', tot)
end.
```

La structure du programme est évidente et il serait facile de l'étendre pour un nombre quelconque de niveaux hiérarchiques et cumulatifs. Si on veut améliorer la présentation, il est facile de voir où insérer des sauts de lignes, des sauts de pages et des entêtes.

Un détail reste inélégant: ce sont les tests de fin de suite qui doivent ajouter un test de fin de fichier à la comparaison de clés. Une solution souvent adoptée en gestion est d'associer une valeur de clé particulière à la condition de fin de fichier. Cette valeur devra nécessairement être différente de toutes les valeurs utilisées pour les numéros d'identification, mais vu le contrôle qu'on a sur l'attribution des numéros, cette condition n'est pas restrictive. Traditionnellement, pour un fichier trié en ordre ascendant, on utilise la valeur maximum comme indicateur de fin de fichier (HIGHVALUES en COBOL). Nous verrons, dans la prochaine section, que cette technique simplifie beaucoup l'algorithme de mise à jour.

Voici les modifications que cette technique apporterait à notre programme:

```
      program cumulatif (...);
      const HIGH = 9999;
            .
            .
            .
      begin
            reset (f) ; if eof (f) then f↑ .nproj := HIGH;
            ...
            while not eof (f) do
            begin
                  ...
                  while numserv = f↑ .nproj div 100 do
                  begin
                        ...
                        while numproj = f↑ .nproj do
                        begin
                              ...
                              get (f);
                              if eof (f) then f↑ .nproj := HIGH;
```

```
                    end;
                    ...
              end;
              ...
        end;
        ...
    end.
```

MISE A JOUR —

Ici, nous prenons l'exemple de la gestion des comptes bancaires. Le fichier maître est composé d'un enregistrement par compte avec deux champs pertinents: le numéro du compte et le montant (nous simplifions au maximum l'exemple pour faire ressortir l'essentiel du traitement). Les dépôts et les retraits sont enregistrés par des transactions ayant le même format que le fichier maître sauf que le montant est positif pour un dépôt et négatif pour un retrait. Nous ne traitons pas l'ouverture et la fermeture des comptes.

Nous voulons écrire un programme de mise à jour qui crée un nouveau fichier maître du même type que l'ancien où les montants sont modifiés en conséquence des transactions.

Notre programme traite deux sortes d'erreurs. Il détecte les transactions pour des comptes inexistants et il vérifie si les retraits ne donnent pas un montant négatif (chèque sans provision). La technique employée pour les erreurs sera d'imprimer toutes les transactions et d'ajouter les messages d'erreur à cette liste. Dans le cas de compte inexistant, le message sera directement en dessous de la transaction erronée et, dans le cas de défoncement de compte, le message suivra la ou les transactions fautives. Dans ce dernier cas, on ne fait aucune modification à l'enregistrement maître.

Encore une fois, le tri est essentiel à la mise à jour séquentielle et nous posons l'hypothèse que les deux fichiers sont déjà triés par numéro de compte ascendant.

Nous présentons le programme sans justifier sa structure, mais l'expérience a montré que la structure donnée s'adapte facilement à toutes les variantes connues du problème. La technique des HIGHVALUES est utilisée, et vous pourrez constater son utilité en comparant ce programme avec celui donné en section 21.5.

```
program mise à jour (output, t, vm, nm);
    (*fichiers utilisés : vm    - vieux maître
                          nm    - nouveau maître
                          t     - transactions
                          output - copie des transactions et messages d'erreur

    erreurs détectées: 1) transaction pour compte inexistant
                       2) montant négatif dans un compte

    technique spéciale : HIGHVALUES*)
```

```pascal
const
      HIGH = maxint;
type
      compte = record
                        clé : integer;
                        montant : real
                 end;
var
      vm, nm, t : file of compte;

procedure gett;
    begin
            get (t);
            if eof (t)
                    then t↑ .clé : = HIGH
                    else writeln (t↑ .clé, t↑ .montant)
        end;
procedure getvm;
    begin
            get (vm);
            if eof (vm) then vm↑ .clé : = HIGH
        end;
begin
        reset (t);
        if eof (t)
                    then t↑ .clé : = HIGH
                    else writeln (t↑ .clé, t↑ .montant) ;
        reset (vm);
        if eof (vm) then vm↑ .clé : = HIGH;
        rewrite (nm);
        while not (eof (t) and eof (vm)) do
            if t↑ .clé = vm↑ .clé then
            begin
                    nm↑ : = vm↑ ;
                    while t↑ .clé = nm↑ .clé do
                    begin
                            nm↑ .montant : = nm↑ .montant + t↑ .montant ;
                            gett
                    end;
                    if nm↑ .montant < 0 then
                            begin
                                    nm↑ : = vm↑ ;
                                    writeln ('SOMME NEGATIVE')
                            end;
                    put (nm);
```

```
                getvm
          end
       else if t↑.clé > vm↑. clé then
          begin
                nm↑ : = vm↑ ;
                put (nm);
                getvm
          end
       else (* t↑.clé < vm↑.clé *)
          begin
                writeln ('COMPTE INEXISTANT');
                gett
          end;
end.
```

La boucle extérieure ne se termine que lorsque les deux fichiers sont épuisés. A chaque itération, on travaille sur **un** numéro de compte, le suivant dans la séquence trouvé en prenant le minimum de clés de transactions et de vieux maîtres. Un fichier épuisé ne fait jamais l'objet d'un traitement, car sa clé a la valeur maximum. Encore une fois, la structure du programme correspond à la structure logique du problème et il est facile de vérifier si le programme fonctionne comme attendu.

22.6 Exercices

22.1 Un fichier est composé d'éléments de type T1, T2 et T3. Le premier élément doit être un T1 et le dernier un T3. Entre ces éléments, on trouve une suite de T2. Montrer la syntaxe du fichier et générer un schéma de traitement.

22.2 Les enregistrements d'un fichier sont de type T1, T2 ou T3. La spécification du fichier dit qu'il est composé d'une suite de T1 ou de T2 suivie d'un T3. Donner les schémas de traitement pour les deux interprétations possibles: soit la suite est composée exclusivement de T1 ou de T2, soit la suite comprend un mélange de T1 et de T2.

22.3 Faire la construction systématique d'un programme qui compte le nombre de mots dans un fichier de texte.

22.4 Adapter la procédure de recherche de mots dans un texte pour imprimer les lignes où se trouvent les mots cherchés. (Suggestions: utiliser un fichier auxiliaire pour stocker la ligne analysée ou faire le travail en deux passes, stockant les numéros de lignes sur un fichier d'entiers pour faire l'impression dans un deuxième balayage du fichier traité.)

22.5 Soit un fichier de transactions pour les ventes du mois où chaque enregistrement comprend le numéro de vendeur et le montant total de la vente. Montrer comment utiliser le tri avec des programmes de listes

avec cumulatifs pour imprimer une liste des vendeurs en ordre décroissant de leur total des ventes pour le mois.

22.6 Modifier le programme de mise à jour pour traiter trois sortes de transactions: les additions (ouverture de compte), les modifications (transactions de l'exemple) et les suppressions (fermeture de compte). Faire
les hypothèses nécessaires sur le format de ces transactions. Essayer de
prévoir et traiter les erreurs possibles. La programmation est-elle plus facile si l'on suppose les transactions pour le numéro de compte triées
pour avoir d'abord les additions puis les modifications et finalement les
suppressions?

CHAPITRE 23

LES POINTEURS ET

L'ALLOCATION DYNAMIQUE

23.1   Le type pointeur

Lorsque nous avons étudié les structures de données telles que les listes linéaires et les arbres, nous avons introduit la notion de pointeur. Mais la réalisation de ces structures était basée sur des tableaux et les pointeurs étaient de simples indices. Ainsi, un arbre binaire pouvait être défini ainsi:

var arbre: **array** [1..max] **of record** information : t;
gauche, droite : 0..max
end;

t est un type quelconque, c'est le type de l'information que l'on mémorise dans l'arbre, tandis que gauche et droite sont les adresses (pointeurs) des deux descendants dans l'arbre. En fait, gauche et droite ne sont que deux indices, puisque l'arbre est réalisé par un tableau.

Les défauts d'une telle réalisation sont les suivants:

i)   la structure d'arbre n'est pas très apparente, puisqu'elle est cachée par la structure de tableau;

ii)   la structure est statique, c'est-à-dire qu'il est nécessaire de réserver un nombre fixe de composantes, ici «max». Ceci implique de connaître le nombre de noeuds dans l'arbre, ce qui est une restriction certaine. De plus, on risque souvent de réserver plus de mémoire que nécessaire, ce qui constitue un gaspillage de ressource.

Pour remédier à ces inconvénients, le langage PASCAL permet la création de variables pendant l'exécution d'un programme.

Ces variables sont dynamiques et ne sont pas référencées par un identificateur, mais par une variable **pointeur**. La valeur du pointeur est en fait l'adresse d'une telle variable.

Il existe donc, dans le langage, un type pointeur dont la déclaration a la forme syntaxique présentée dans la Figure 23.1.

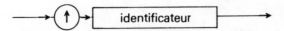

Fig. 23.1 Diagramme syntaxique d'une déclaration de type pointeur

Par exemple, si nous déclarons:

    type reference = ↑ donnees; (*on suppose que donnees est un
                                  type défini*)
    var inf : reference;

inf est une variable de type pointeur («reference»), elle représente l'adresse d'une variable dynamique. Cette dernière peut être référencée par inf↑ (l'identificateur de la variable pointeur suivi d'une flèche); inf↑ est évidemment de type «donnees».

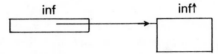

Il nous faut donc ajouter cette notation dans le diagramme syntaxique des variables présenté à la Figure 23.2.

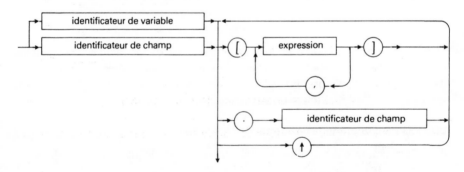

Fig. 23.2   Diagramme syntaxique d'une variable

Exemples

i)   **type** entpointeur = ↑integer;
    var point : entpointeur;
    point est une variable pointeur;
    point↑ est une variable entière.

ii)   **type** enfant = ↑personne ;
        personne = **record** nom: **packed array** [1..10] **of** char;
                fils, fille : enfant
                end;
    var habitant : **array** [1..1000] of enfant;
    habitant [3] est une variable pointeur
    habitant [3]↑ est une variable de type personne

habitant [3]↑.fille est une variable pointeur

habitant [3]↑.fille↑ est une variable de type personne

On remarque dans ce dernier exemple, qui est schématisé dans la Figure 23.3, la possibilité de référencer un type (ici personne) avant de le définir; c'est le seul cas où le langage l'admet.

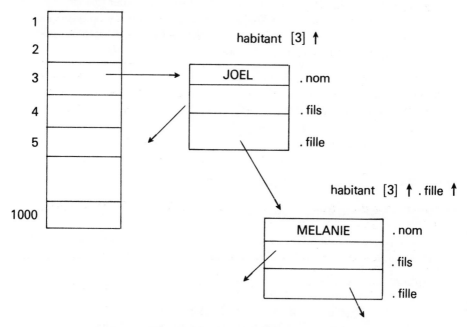

Fig. 23.3 Schéma montrant des pointeurs

iii)   Si nous reprenons l'exemple de l'arbre binaire du début du paragraphe, il devient:

  type descendant = ↑ noeud;

  noeud = **record** information : t;

  gauche, droite: descendant

  end;

var arbre: descendant;

On remarque que l'on ne réserve effectivement que la place pour une variable pointeur dont le nom est arbre. La place nécessaire pour ranger tout l'arbre sera allouée dynamiquement comme on va le voir au paragraphe 23.2.

Constante nil

Il est nécessaire de prévoir une valeur particulière pour un pointeur qui ne pointe sur rien. Dans le cadre de la représentation de pointeurs par des indices, on peut utiliser une valeur particulière comme 0 par exemple. Pour des variables de vrai type pointeur, il existe une constante dont le nom est **nil**. Ce nom est un mot réservé qui signifie «pointe vers rien». On peut assigner **nil** à toute variable pointeur et on peut tester si une variable pointeur vaut **nil** ou non.

    p.e.

```
habitant [3] : = nil;
arbre : = nil;
if arbre = nil then write ('FIN')
arbre↑ .gauche n'a aucune signification si
        arbre vaut nil
```

Il n'est pas possible d'imprimer la valeur d'un pointeur.

23.2   L'allocation dynamique

La procédure standard new (p) alloue la place nécessaire à la création d'une variable p↑ et rend dans p l'adresse de cette variable (pointeur).

Exemple:

```
type pointeur = ↑tableau ;
     tableau = array [1..100] of integer;
var  p : pointeur; (*seule la place du pointeur est allouée*)
begin new(p); (*alloue la place pour 100 entiers*)
     for i : = 1 to 100 do p↑[i]  : = 3*i + 2
        ⋮
        ⋮
end.
```

La place allouée dynamiquement ne peut pas dépasser la zone disponible. On l'a schématisée dans la Figure 23.4.

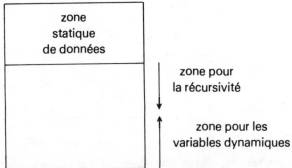

Fig. 23.4 Schéma d'allocation de place

Un problème se pose: comment libérer la place allouée par la procédure new quand on n'a plus besoin de la variable dynamique. Reprenons l'exemple précédent et supposons que le tableau de 100 nombres p↑ est devenu inutile.

L'affectation p := **nil** est possible, mais elle a pour effet de laisser dans la mémoire une zone de 100 nombres devenue parfaitement inaccessible.

PASCAL permet l'utilisation de la procédure dispose (p) qui affecte **nil** à p et rend disponible la place qu'occupait p↑. L'exemple suivant nous montre comment se servir de dispose:

```
type pointeur =  ↑tableau;
     tableau = ...
var p : pointeur;
begin new(p); (*allocation dynamique*)
          .
          .
          .
          .

      dispose(p);(*libération*)
      new(p);  (*nouvelle allocation*)
          .
          .
          .

      dispose(p);(*libération*)
end;
```

Dans le cas d'un enregistrement à variantes, il est important d'indiquer quelle variante doit être allouée, à cause de la place en mémoire occupée. On mentionnera donc dans les procédures new et dispose les valeurs des constantes (étiquettes) choisies dans l'ordre des déclarations de variantes. On aura par exemple:

```
type statut = (enfant, adulte);
     etatcivil = (celibataire, marie, divorce, veuf);
     personne = record
                 case stat: statut of
                 enfant: (age: integer);
                 adulte: (etat: record
                            case situation: etatcivil of
                            celibataire, divorce, veuf: (seul: boolean);
                            marie: (nbenfants: integer)
                          end)

            end;
var p : ↑personne;

begin new (p, adulte, marie);...

       dispose (p, adulte, marie)
end;
```

23.3 L'utilisation des pointeurs dans les listes linéaires

Les pointeurs permettent la construction de structure de données compliquées telles que les arbres ou les listes. Ici, nous allons décrire le simple chaînage et les opérations de création, d'insertion et de suppression de maillons de la chaîne.

Nous allons prendre, comme exemple, une chaîne de noms définie par:

```
type pointeur = ↑personne;
     personne = record nom: packed array [1... 10] of char;
                suivant : pointeur
     end;
```

a)   **Création**

```
const n = 3;
var premier, ptr : pointeur; i : integer;
begin premier : = nil;
     for i : = 1 to n do begin new (ptr); lire (ptr↑ .nom);
                         ptr↑ . suivant : = premier;
                         premier : = ptr
                         end;
```

.
.
.

Si les noms sont : PIERRE
                   PAUL
                   JULIE

Lire est une procédure (non listée ici) qui lit une chaîne de type alfa. On a successivement:

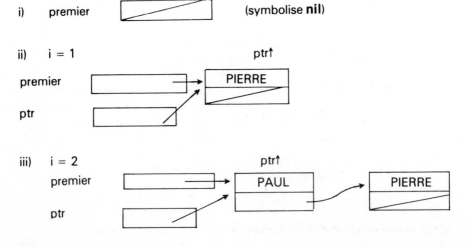

i)   premier   (symbolise **nil**)

ii)   i = 1   ptr↑

premier

ptr

iii)   i = 2   ptr↑

premier

ptr

iv)   i = 3

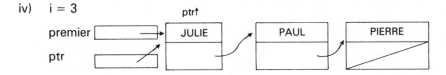

b)   Insertion

On désire insérer Chloé, dans la chaîne, après Julie.

```
var p, q, premier : pointeur;
begin . . . .p : = premier;
while p↑ .nom < > 'JULIE ' do p : = p↑ .suivant;
new(q); q↑ .suivant : = p↑ .suivant; q↑ .nom  : = 'CHLOE  ' ;
p↑ .suivant : = q
```

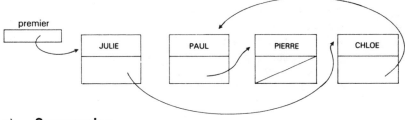

c)   Suppression

On désire supprimer Paul

.
.
.

```
var p, q, premier : pointeur;
begin
    .
    .
    .
    .
    .
    .
p : = premier;

while p↑ .nom  < > 'PAUL               ' do

        begin q : = p; p : = p↑ .suivant;

        end;

if p = premier   then premier : = p↑ .suivant

                 else q↑ .suivant : = p↑ .suivant;
```

(Cette instruction enlève 'PAUL', mais ne libère pas la place occupée.)

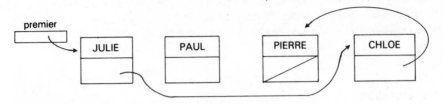

Piles et queues

Le chaînage correspond à la structure de pile, le dernier entré est le premier que l'on peut sortir. Pour créer une structure de queue (premier entré, premier sorti), on doit manipuler les pointeurs de manière moins élégante; si on n'utilise cette chaîne qu'après l'avoir entièrement construite, il est préférable de l'établir comme précédemment et de renverser les pointeurs ainsi:

```
var p1, p2 : pointeur; ......
    p1 := premier; premier := nil;
    repeat p2 := p1↑.suivant;
           p1↑.suivant := premier;
           premier := p1;
           p1 := p2
    until  p1 = nil
```

On passe de:

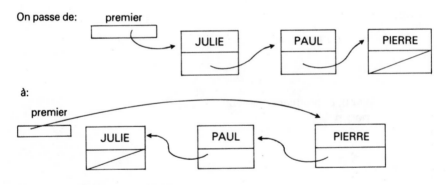

à:

23.4 Le tri par arbre binaire

Une méthode de tri rapide autre que le «quicksort» est le tri par arbre binaire. Par exemple, supposons que nous ayons à classer une série de nombres. La méthode est la suivante:

i) **construction de l'arbre**

Nous plaçons le premier nombre à la racine de l'arbre.

Le second nombre est ensuite comparé avec le premier: s'il est inférieur, on le place comme descendant gauche: sinon, on le place comme descendant droit.

Les nombres suivants sont attachés à l'arbre selon les mêmes critères: on part de la racine, on descend à gauche lorsque le nombre à placer est inférieur à celui du noeud, on descend à droite dans le cas contraire. On attache le nombre, lorsqu'on est parvenu à une feuille. Un exemple de tri est présenté à la Figure 23.5.

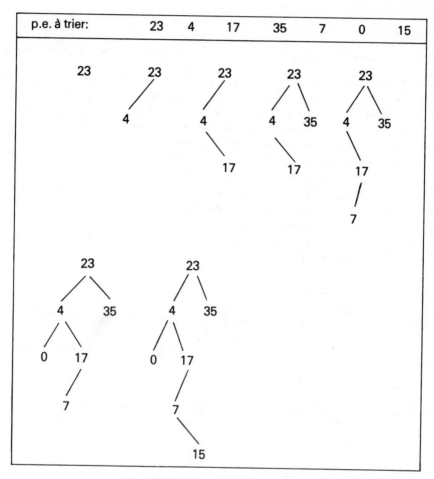

Fig. 23.5 Tri par arbre binaire

Si nous représentons un tel arbre par:

```
type pointeur = ↑ element;
     element = record noeud : integer;
                       gauche, droite: pointeur
          end;
```

La procédure qui permet d'attacher un élément dont l'adresse est n1 au sous-arbre de racine n2 peut s'écrire de manière récursive:

```
procedure attache (n1 : pointeur; var n2 : pointeur);
begin
```

```
        if n2 = nil then n2 := n1
                 else
        if n1↑.noeud  <  n2↑.noeud then attache (n1, n2↑.gauche)
                              else attache (n1, n2↑.droite)
  end;
```

ii) déroulement de l'arbre

On désigne sous ce nom l'opération consistant à lire l'arbre; on le «déroule» de la manière suivante, en imprimant le nombre stocké à chaque noeud:

On part de la racine, on descend le plus à gauche possible jusqu'à ce qu'on arrive à une feuille; on imprime le nombre correspondant, puis on remonte au noeud précédent qu'on imprime avant de descendre à droite où on applique à nouveau le même procédé. Ensuite, on remonte à nouveau au noeud précédent et ainsi de suite.

L'opération consistant à descendre dans l'arbre est facilement réalisable puisqu'on a les pointeurs gauche et droite à sa disposition. Par contre, l'opération consistant à remonter à un noeud est compliquée, puisqu'elle nécessite la mémorisation des noeuds, lorsqu'on descend. Ceci est possible en utilisant une pile ou, plus simplement, en définissant la procédure récursive suivante:

```
        procedure deroule (n: pointeur);
        begin
        if n < > nil then begin deroule (n↑.gauche);
                                write (n↑.noeud);
                                deroule (n↑.droite)
                          end
        end;
```

Maintenant, nous allons appeler la procédure deroule avec comme paramètre l'adresse de la racine de l'arbre que nous avons donné comme exemple et qui se trouve à la Figure 23.6.

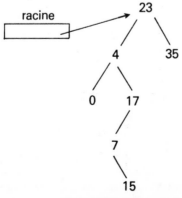

Fig. 23.6 Arbre de tri

On trouve à la Figure 23.7 un schéma montrant le processus de récursivité de la procédure deroule.

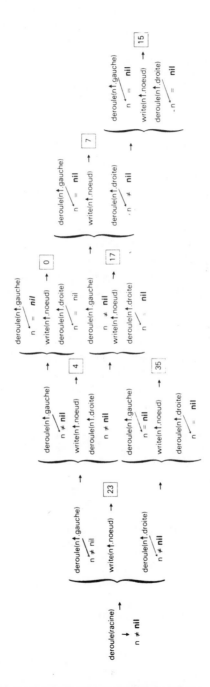

Fig. 23.7 Processus de récursivité de la procédure deroule

Le programme complet de tri par arbre binaire se trouve à la Figure 23.8.

```
PROGRAM ARBRE(INPUT,OUTPUT);
TYPE POINTEUR=^ELEMENT;
     ELEMENT=RECORD NOEUD:INTEGER;
                     GAUCHE,DROITE:POINTEUR
            END;
VAR K:INTEGER; RACINE,P:POINTEUR;

    PROCEDURE ATTACHE(N1:POINTEUR; VAR N2:POINTEUR);
    (*ATTACHE UN ELEMENT A L'ARBRE*)
    BEGIN
    IF N2=NIL THEN N2:=N1
             ELSE
    IF N1^.NOEUD < N2^.NOEUD THEN ATTACHE(N1,N2^.GAUCHE)
                             ELSE ATTACHE(N1,N2^.DROITE)
    END;

    PROCEDURE DEROULE(N:POINTEUR);
    (*DEROULE L'ARBRE POUR L'IMPRIMER*)
    BEGIN
    IF N <> NIL THEN BEGIN DEROULE(N^.GAUCHE);
                     WRITE(N^.NOEUD:5);
                     DEROULE(N^.DROITE)
                     END
    END;

BEGIN WRITELN(' AVANT TRI');
READLN(K); WRITE(K:5);
NEW(RACINE); RACINE^.NOEUD:=K;
RACINE^.GAUCHE:=NIL; RACINE^.DROITE:=NIL;
WHILE NOT EOF(INPUT) DO
    BEGIN READLN(K); WRITE(K:5);
    NEW(P); P^.NOEUD:=K;
    P^.GAUCHE:=NIL; P^.DROITE:=NIL;
    ATTACHE(P,RACINE)
    END;
WRITELN; WRITELN; WRITELN(' APRES TRI');
DEROULE(RACINE); WRITELN
END.
```

```
AVANT TRI
   23    35   56  344  -12  345   34  123    0  -56   84

APRES TRI
  -56   -12    0   23   34   35   56   84  123  344  345
```

Fig. 23.8 Programme de tri par arbre binaire

23.5 Fonctions de type pointeur

Une fonction a généralement comme résultat une valeur de type scalaire. Il est pourtant aussi possible d'avoir un pointeur comme résultat. Ainsi, nous pouvons définir, par exemple, la fonction «renverse» qui renverse les pointeurs d'une chaîne définie par:

```
type pointeur = ↑ personne;
     personne = record nom: alfa;
                       suivant: pointeur
                end;
```

de la manière suivante:

```
function renverse (premier: pointeur): pointeur;
var p1, p2: pointeur;
begin p1 := premier; premier := nil;
repeat p2 := p1 ↑ .suivant;
       p1 ↑ .suivant := premier;
       premier := p1;
       p1 := p2
until p1 = nil;
renverse := premier
end;
```

Supposons qu'on ait maintenant la chaîne:

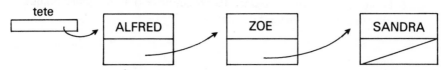

Si on a déclaré **var** tete, tete2: pointeur;

l'assignation tete2 := renverse (tete) modifie la chaîne ainsi:

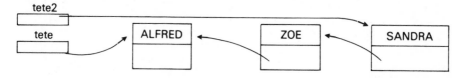

Il faut prendre garde que la nouvelle chaîne commence avec le pointeur tete2. Le pointeur tete n'a pas été modifié par la fonction, puisque le paramètre de renverse est par valeur; mais, maintenant, c'est un pointeur sur le dernier élément.

23.6 Exercices

23.1 Soit les déclarations suivantes:
```
type adr = ↑valeur;
```

valeur = **record** nombre: integer;
suivant: **array** [1..10] **of** adr
end;
var tab: **array** [1..10] **of** adr;

De quel type sont les variables suivantes?
   a) tab [1]
   b) tab [2]↑
   c) tab [2]↑ .suivant [3]↑ .nombre
   d) tab [3]↑ .suivant [4]↑ .suivant [5]

* 23.2 Est-il possible de rencontrer, dans un programme PASCAL, les variables suivantes?
   a) v↑↑
   b) v↑x
   c) v.x↑↑↑

23.3 Ecrire les procédures de création, d'insertion et de suppression d'éléments dans une chaîne.

23.4 Ecrire avec de vrais pointeurs des procédures de gestion de pile semblables à celles du chapitre 18.

23.5 Ecrire avec de vrais pointeurs des procédures de gestion de queue semblables à celles du chapitre 18.

23.6 Ecrire une nouvelle version du programme d'arbre généalogique du chapitre 19 avec de vrais pointeurs.

CHAPITRE **24**

L'OPTIMISATION DES PROGRAMMES

24.1   Notion d'optimisation

En optimisant un programme, on vise une augmentation d'efficacité et une réduction du coût d'exécution. L'efficacité d'un programme comprend deux facteurs:

1) Le temps d'exécution
2) L'espace mémoire utilisé.

Un programme bien structuré, conçu avec des procédures et codé simplement est généralement efficace du point de vue mémoire; par contre, il peut être lent. Dans ce chapitre, nous allons étudier un certain nombre de techniques pour accélérer la vitesse. Un aspect frappant de ces techniques est que, dans la majorité des cas, les gains de vitesse seront obtenus au coût d'augmentation de mémoire soit par des instructions, soit par des variables supplémentaires. Dans un certain sens, on peut dire que

> la vitesse et l'espace sont interchangeables.

Une optimisation de vitesse n'entraîne donc pas nécessairement une réduction du coût d'exécution. Ceci est un premier avertissement au sujet de l'optimisation. Rappelons aussi la priorité de nos critères d'évaluation d'un programme:

1) L'exactitude - le programme doit fonctionner correctement;
2) La clarté   - le programme doit être facile à comprendre et modifier;
3) L'efficacité - le coût global du programme doit être bas.

L'efficacité vient donc en dernière place et encore l'efficacité comprend tous les coûts: coûts de développement, coûts d'entretien et coûts d'exécution. Donc la recherche de la vitesse pure est le moindre de nos soucis et c'est pour ça que nous traitons ce domaine à la fin du livre.

L'optimisation d'un programme demande un effort non négligeable et il est bon de savoir **où** et **quand** l'optimisation est rentable. Nous en parlerons dans les deux prochaines sections du chapitre.

Dans le folklore de l'informatique, il existe une foule de recettes pour accélérer un programme. Afin de structurer un peu la présentation, nous essayerons de développer notre exposé selon certaines maximes générales:

1) | DIVISER POUR REGNER |

2) | IL EST INUTILE DE FAIRE DEUX FOIS LE MEME TRAVAIL |

Au lieu de calculer plusieurs fois la même chose, on pourra stocker le premier résultat dans une variable de travail évitant ainsi les calculs ultérieurs. Comme disait un de nos amis: «la paresse est à la base de tout progrès»! On remarque déjà que cette accélération demande un surcroit d'espace de variable.

3) | LES DONNEES ET PROCEDURES SONT INTERCHANGEABLES |

Ceci sera une extension de la deuxième maxime.

4) | A PLUSIEURS LE TRAVAIL VA PLUS VITE |

Ici nous parlerons des possibilités du calcul parallèle.

24.2   Les modèles de programme

Afin de voir où devrait porter le travail d'optimisation dans un programme, il est utile d'avoir un schéma général ou modèle. Notre modèle est basé sur la **boucle**. La boucle est l'outil essentiel qui permet au programmeur de satisfaire l'appétit vorace d'un ordinateur et de réduire la disparité entre la vitesse d'exécution de la machine et la vitesse de création de programmes. Voici quelques chiffres réalistes qui illustrent cette différence.

TAUX DE PRODUCTION

- programmes d'application : 20-30 énoncés/jour;
- compilateurs   :   6-19 énoncés/jour;
- programmes de contrôle   :   2- 3 énoncés/jour.

VITESSE D'EXECUTION

- l'énoncé en langage machine : 1 μsec.
- l'énoncé en langage évolué   : 5 μsec.

L'ordinateur peut donc exécuter 20×10^9 instructions haut niveau par jour. Sans bouclage, il faudrait 1000 millions de programmeurs à l'oeuvre pour nourrir 1 ordinateur.

Prenons ces chiffres par l'autre bout. Si on suppose qu'il y a 30 programmeurs/ordinateur, ces gens produisent 1000 énoncés par jour et on peut facilement calculer qu'un énoncé est exécuté en moyenne 20 millions de fois. Il est donc évident que les programmes bouclent. Un premier modèle serait donc:

debut
        Boucler N **fois** <S1>
fin.

où N est de l'ordre de 20 millions.

On peut raffiner quelque peu ce modèle. Un programme sert souvent plus qu'une fois. Ceci représente une boucle explicite sur l'ensemble du programme. Le compilateur PASCAL, par exemple, est peut-être utilisé 200 fois par jour. Un modèle plus exact serait donc:

Boucler F **fois**
debut
        Boucler N **fois** <S1>
fin.

On remarque qu'on a deux boucles imbriquées. De fait, les programmes eux-mêmes ont plusieurs niveaux de bouclage et les instructions sont réparties dans ces boucles. Notre dernier modèle sera le suivant:

Boucler F **fois**
    debut
          < S0 > ;
        Boucler M **fois**
        debut
            <S1> ;
            Boucler N **fois**
               <S2> ;
        fin ;
    fin.

Dans ce modèle, < S0 > représente les énoncés d'initialisation du programme. Pour avoir une vérification intuitive du nombre de boucles, prenons un programme commercial qui traite M cartes avec chacune N champs. <S1> serait le code exécuté pour chaque carte et <S2> serait le code exécuté pour chaque champ. Le facteur d'utilisation n'est donc pas le même pour toutes les instructions:

        < S0 > est exécuté F fois
        < S1> est exécuté F * M fois
    et   < S2 > est exécuté F * M * N fois.

Si F, M et N sont de l'ordre de 100, nous avons
        100 exécutions de < S0 >
        10,000 exécutions de <S1>
    et 1,000,000 exécutions de < S2 > .

Le programme passe donc facilement la majorité de son temps dans les boucles les plus intérieures. Ceci concorde avec la **loi empirique de «20/80»** qui dit qu'un programme passe 80% de son temps dans 20% du code.

Conclusions

1. Un programme passe la plupart de son temps dans les **boucles internes** et c'est dans ces endroits < S2 > que l'optimisation devrait se faire.

2. Corollaire de 1: Un programme passe très peu de son temps dans le code d'initialisation < S0 > et il n'est pas rentable d'optimiser cette partie du code.

3. Parfois les parties critiques d'un programme ne sont pas aussi évidentes que dans notre schéma modèle. Dans le programme suivant:

```
begin
      <S0> ;
      while C1 do
      begin
            <S1> ;
            while CX do   <SX> ;
            while CY do   <SY>
      end
end;
```

devrait-on se concentrer sur < SX > ou < SY > ?

Dans ce cas, il serait utile de **mesurer la performance** du programme avec des compteurs qui indiqueraient le nombre de passages dans < SX > et < SY > avant d'entreprendre une optimisation.

24.3   Rentabilité d'une optimisation

Nous avons donc conclu que l'optimisation devrait porter sur les boucles intérieures. Nous avons aussi signalé que l'optimisation avait un effet mixte, c'est-à-dire qu'un programme optimisé était en général plus gros et moins clair que la version non optimisée. Par contre, on espère qu'il sera plus rapide et coûtera moins cher à exécuter.

Dans cette section, nous allons nous concentrer sur le facteur économique en comparant l'économie de temps-machine réalisée avec le coût de programmation nécessaire pour effectuer l'optimisation.

Prenons quelques chiffres optimistes. En une journée, un programmeur réussit à enlever 5 instructions du programme sans changer son fonctionnement et sans en rajouter ailleurs. Vu la productivité des programmeurs et vu le fait que beaucoup de boucles intérieures comprennent seulement 3 ou 4 instructions, ces chiffres sont en effet optimistes.

Avec un coût de programmation de $20,000/année, cette modification coûte $80. On suppose un coût-machine de $360/heure, soit 10 cents/seconde. On supposera en plus que le programme est conforme au modèle présenté avec 2 niveaux de boucles et $M = N$.

Dans notre analyse, nous regarderons le bénéfice réalisé avec N = 100 et N = 1000 si la modification est faite dans <S0>, <S1>, ou <S2>. Pour avoir une réponse simple, on va calculer combien de fois il faut que le programme soit exécuté pour que l'économie de temps-machine soit égale à $80, le coût de la modification.

Avec la modification, le temps sauvé est de 25 microsecondes à chaque boucle. Ceci correspond à $2.5 x 10^{-6}.

Les résultats du tableau de la Figure 24.1 nous permettent de faire certaines constatations générales sur l'optimisation.

Endroit de l'optimisation	Exécutions du programme pour rentabilité	
	M = N = 100	M = N = 1000
< S0 >	32,000,000	32,000,000
< S1 >	320,000	32,000
< S2 >	3,200	32

Fig. 24.1 Etude d'optimisation

1. Vu la disparité entre le coût-machine et le coût de la programmation, l'**optimisation** en soi (pour la beauté de la chose) **est très peu souvent rentable**.

2. **L'optimisation du code d'initialisation** < S0 > **n'est jamais rentable** même pour les programmes systèmes.

3. Même dans le meilleur cas, optimisation de < S2 > où < S2 > est exécuté un million de fois par passage, l'optimisation n'est rentable que si le programme est utilisé 32 fois. **L'optimisation d'un programme destiné à servir une ou deux fois n'est pas rentable**.

Après ces avertissements, regardons le **côté positif**. Si on se concentre sur les endroits critiques d'un programme, les boucles intérieures, un effort d'optimisation est justifié pour les programmes utilisés de manière routinière par une compagnie et pour les programmes utilitaires de système et de programmathèque.

Les techniques que nous allons étudier sont simples et la plupart peuvent être utilisées de façon routinière, sans surplus d'effort ni perte de clarté, dans le codage initial d'un programme. Dans ce cas, le coût d'optimisation est nul et l'emploi de ces techniques fait partie de la bonne programmation.

24.4 Les optimisations particulières aux boucles

Soit un programme simple avec une boucle:

```
begin
      <S0>
      while <C1> do <S1>
end;
```

Si la boucle fait N tours, <S1> est exécuté N fois. Par contre <S0> est exécuté une seule fois quelle que soit la valeur de N. Une première technique, l'épuration de boucles, tente de réduire le travail accompli par <S1>. Une approche fructueuse sera d'identifier dans <S1> les expressions invariantes qui calculent la même valeur à chaque tour. Ces calculs peuvent être enlevés de <S1> pour être mis dans <S0>. Ils seront donc faits une seule fois.

La deuxième section laisse de côté <S1> et se concentre sur le calcul nécessaire pour gérer la boucle. Ce travail de gestion doit être fait à chaque tour de boucle et une réduction de ce travail est tout aussi importante qu'une réduction dans <S1>. Avec la technique des **sentinelles**, nous réduirons le travail nécessaire à l'évaluation de <C1>.

Notons que certaines de ces optimisations sont faites automatiquement par des compilateurs optimisants.

1) Epuration de boucles

Soit une partie de programme qui calcule le volume de sphères d'après leurs rayons. Les volumes et les rayons sont rangés dans deux tableaux v et r.

La formule à utiliser est: $v = 4/3 \ \pi \ r^3$.

```
for i := 1 to 5 do
      v[i] := (4 * pi * r[i] * r[i] * r[i])/3;
```

Dans cette boucle, r[i] change à chaque tour, mais les termes «4», «3» et pi sont constants. Il est donc possible de déplacer la partie invariante du calcul en dehors de la boucle. Ceci nécessite une nouvelle variable de travail et réduit un peu la clarté du programme. Un commentaire est donc de rigueur pour indiquer le rôle de cette variable.

```
k := 4 * pi/3;
      .
      .
      .
for i := 1 to 5 do (*k = 4 * pi/3 *)
      v[i] := k * r[i] * r[i] * r[i];
```

Dans ce même exemple, il y a un autre calcul répétitif caché, c'est l'opération d'indexation qui calcule l'adresse de l'élément i du tableau r. Ce travail qui donne toujours la même réponse est fait 3 fois. On pourrait le réduire avec une variable auxiliaire.

```
k := 4 * pi/3;
   .
   .
   .
for i := 1 to 5 do
    begin ry := r[ i ];
          v[ i ] := k * ry * ry * ry   (*k = 4 * pi/3*)
    end;
```

Dans la même optique, regardons le code pour faire la multiplication de deux matrices carrées (a et b) et donner le résultat en c.

```
for i := 1 to n do
    for j := 1 to n do
        begin c[i,j] := 0;
        for k := 1 to n do
            c[i,j] := c[i,j] + a[i,k] * b[k,j];
        end;
```

L'adresse de c[i,j] est calculée 2 * n fois. Un meilleur code utilisant une variable auxiliaire s est:

```
for i := 1 to n do
    for j := 1 to n do
        begin s := 0;
        for k := 1 to n do
            s := s + a[i,k] * b[k,j];
        c[i,j] := s
        end;
```

2)   Les sentinelles

Dans la vie courante, une sentinelle est placée pour arrêter et vérifier le droit de passage des personnes. En informatique, une sentinelle est placée pour arrêter automatiquement le progrès d'une boucle. Souvent, l'emploi d'une sentinelle sert à accélérer une boucle en simplifiant le test de fin de boucle. On les emploie aussi pour simplifier ou clarifier un programme, même si la vitesse n'est pas augmentée.

Exemple 1: Recherche dans une table

Soit les déclarations suivantes:
```
var t: array [1..n] of integer;
    ttop: 1..n; pos: 0..n;
    valeur: integer;
```

Les éléments 1 à ttop-1 sont remplis de valeurs entières non triées et on cherche l'index pos d'un élément égal à valeur. Si la valeur n'est pas dans t on retourne pos = 0. La recherche simple compare les valeurs successives de t à valeur et s'arrête quand on trouve l'égalité ou quand on a épuisé le contenu de t.

```
pos: = 1;
while (pos < ttop) and (t[pos]< > valeur) do pos: = pos + 1;
if pos = ttop then pos: = 0;
```

La boucle contient deux tests. Le premier sur les valeurs est essentiel à l'algorithme, mais le deuxième sert seulement à empêcher le dépassement des bornes du tableau. On peut éliminer ce deuxième test en mettant une **sentinelle**, valeur, dans t[ttop] .

```
pos : = 1;
t[ttop]. : = valeur;
while t[pos] < > valeur do pos : = pos + 1;
if pos = ttop then pos : = 0;
```

Exemple 2: Ecriture d'un mot

Ici, nous avons un identificateur cadré à gauche dans un tableau compacté de caractères avec des blancs dans les positions libres (si il y en a). On veut écrire une procédure qui écrit les caractères significatifs avec un seul blanc après.

La première solution utilise un test compliqué vérifiant deux choses:

1) qu'on n'a pas trouvé un blanc;
2) qu'on ne dépasse pas la limite du tableau.

```
type mot: packed array [1..20] of char;
var symbole: mot;
procedure outmot (s: mot);
var i: integer; ok: boolean;
begin i : = 1; ok : = true;
while (i < = 20) and ok do
      begin
      if s[i]  = ' ʌ ' then ok : = false
                  else write (s[i]);
      i : = i + 1
      end;
write (' ʌ ')
end;
```

La deuxième solution utilise un tableau de travail ayant une position de plus que mot. Dans cette position extra, à la fin, on place un blanc comme sentinelle. Ceci ralentit légèrement l'exécution, mais simplifie le programme.

```
procedure outmot (s: mot);
var i:integer;
    champ: array [1..21] of char;
begin
for i : = 1 to 20 do champ[i] : = s[i];
```

```
champ [ 21] : = ' ∧ '; i : = 0;
repeat i : = i + 1:
write(champ[i])
until champ [i] = ' ∧ '
end;
```

Une dernière solution est plus rapide que les deux premières, mais demande un caractère de plus par symbole. Ici, on définit

type mot = **packed array** [1..21] **of** char

et on impose comme condition invariante que le dernier caractère de tout mot soit blanc. Cette condition devra être respectée par toutes les routines qui remplissent les MOTS.

```
procedure outmot (s: mot);
var i:integer;
begin i : = 0;
repeat i : = i + 1;
write (s[i])
until s[i] = ' ∧ '
end;
```

24.5   L'utilisation de logiciel existant

Les techniques présentées jusqu'à présent sont basées sur le principe:

IL EST INUTILE DE FAIRE DEUX FOIS LA MEME CHOSE

On pourrait étendre ce principe pour dire:

IL EST INUTILE DE REFAIRE LE TRAVAIL D'AUTRUI

Le développement d'algorithmes optimisés demande beaucoup de travail de conception et de mise au point. Souvent, ces algorithmes existent déjà sous forme d'algorithmes publiés dans la littérature ou sous forme exécutable en programmathèque. Ces packages sont fréquemment le fruit d'années de recherche et de développement. Il serait donc bête de consacrer de l'effort à la création de logiciel qui sera inférieur à des produits existants.

Citons, par exemple, les **TRIS**. Souvent, on demande aux étudiants de programmer des tris soit comme exercices de programmation, soit pour faire une étude comparative d'algorithmes. Pour une application sérieuse, par contre, il serait recommandable d'utiliser les **utilitaires** de la machine qui peuvent faire des tris internes et externes en utilisant toutes les astuces du langage machine.

Il existe aussi des recueils d'algorithmes certifiés. Le plus connu est le "Collected algorithms of the ACM" (ACM = Association for Computing Machinery) disponible dans les bibliothèques. C'est là qu'ont été publiées les méthodes classiques de tri (HEAPSORT, QUICKSORT, etc.).

Pour les calculs de fonctions mathématiques, une bonne référence est le livre "Handbook of Mathematical Functions" compilé par Abramowitz et Stegun et publié par Dover Publications. Si vous aviez à faire une fonction SINUS pour un nouvel ordinateur ou compilateur, il serait mieux de prendre une formule toute prête de ce livre plutôt que d'essayer de la construire d'après vos vagues souvenirs de mathématique.

$$SIN(X) = X - X^3/3! + X^5/5! - X^7/7!... \text{(mais où s'arrêter???)}$$

Par exemple, leur formule pour $0 \leqslant X \leqslant \pi/2$, qui garantit une erreur $\leqslant 2 \times 10^{-4}$, avec seulement 3 termes est

$$SIN(X) = X - 0.6605 X^3 - 0.00761 X^5 \text{ (l'auriez-vous trouvée?)}$$

Dans les sections suivantes, nous allons voir plusieurs techniques qui accélèrent la recherche du résultat d'un calcul sous l'hypothèse que le résultat voulu fait partie d'un ensemble de solutions possibles.

Le principe général qui s'applique ici est: DIVISER POUR REGNER. C'est-à-dire qu'on va tenter, par une suite de calculs ou de tests, de réduire le champ de recherche à soit un petit ensemble de réponses qui peuvent être essayées séquentiellement, soit à une seule possibilité qui est le résultat voulu.

Les techniques que nous allons exposer sont: la division par 2, la division probabiliste et la division par n. La division par 2 utilise de manière répétée un test qui divise les résultats possibles en deux groupes et indique dans quel groupe se trouve la réponse. Cette technique mène à des algorithmes dont le temps d'exécution est proportionnel au logarithme de la taille du problème. La division probabiliste nécessite une connaissance préalable de la probabilité d'occurence de chaque résultat. Les possibilités sont examinées séquentiellement par ordre décroissant de probabilité et, s'il existe une forte disparité dans les probabilités, le temps d'exécution moyen peut être très court; par contre, l'écart type du temps sera assez élevé. La division par n repose sur l'hypothèse que les résultats possibles peuvent être partitionnés en n groupes et qu'un seul test permet de savoir dans quel groupe se trouve la réponse. Après ce test, on examine séquentiellement les possibilités.

Soit 1,000 possibilités pour le résultat qui peuvent être divisées en 100 groupes. La division par 2 demande 7 tests et, dans le cas d'équiprobabilité, la division par n demande 5 tests. Par contre, si un résultat est probable à 99% et les autres à 0.001%, la division probabiliste demande 6 tests en moyenne. Nous allons, maintenant, présenter des exemples concrets d'algorithmes basés sur ces trois techniques.

24.6   La division par 2

L'examen typique de cette technique est la recherche binaire. Soit t un tableau de n éléments ordonné par valeurs croissantes, on cherche la position pos d'un élément de valeur x dans le tableau.

La propriété d'ordonnancement implique que si t[i] > x alors i > pos. A tout moment, l'ensemble des possibilités est noté par deux indices i et j qui marquent les bornes inférieure et supérieure du résultat tel que i ≤ pos < j, c'est-à-dire: t[i] ≤ x ≤ t[j]. Initialement i = 1, j = n + 1 et il y a n possibilités (j - i). L'algorithme suppose l'existence d'un n + 1 ième élément de valeur infinie; comme cet élément n'est jamais consulté, l'hypothèse ne cause aucun problème. Pour réduire l'ensemble des possibilités, on compare l'élément du milieu de l'intervalle avec x et on déplace une des bornes sur ce milieu suivant que x est dans la moitié inférieure ou supérieure de l'intervalle. Cette opération est répétée jusqu'à ce que j = i + 1: comme i ≤ pos < j, le résultat doit être i. Il est facile de constater que le nombre de comparaisons sera égal au logarithme à la base 2 de n (plus exactement, l'entier minimum plus grand que ce logarithme).

Pour traiter la possibilité que x ne soit pas dans le tableau, à la fin de la bande, on vérifie si t[i] = x et on retourne une valeur spéciale (zéro) pour indiquer l'absence. Ce test final traite aussi le cas où l'invariant t[i] ≤ x < t[j] serait faux au départ parce que x < t[i] ; dans ce cas, la boucle termine avec i = 1 et on retourne zéro comme il se doit.

Voici l'algorithme pour un tableau d'entiers:

```
type table = array [1..n] of integer;
function binaire (var t:table; x: integer) : integer;
var
    i, j, mid: integer;
begin
    i := 1;
    j := n + 1;
    while j > i + 1 do
    begin
        mid := (i + j) div 2;
        if x < t[mid]
            then j := mid
            else i := mid
    end;
    if x = t[i]
        then binaire := i
        else binaire := 0
end;
```

Il existe plusieurs variantes de cet algorithme; cette variante est présentée pour sa simplicité.

Comme pour tous les algorithmes d'ordre logarithmique, l'avantage de la recherche binaire sur la recherche séquentielle est évident quand n (la taille du problème) est grand: 10 boucles pour 1000 éléments, 20 boucles pour un million, etc. Par contre, pour n petit (4 boucles pour n = 10), vu la complexité de la boucle, une simple recherche séquentielle serait préférable et une technique probabiliste comme celle que nous présenterons dans la prochaine section serait encore meilleure.

D'autres exemples d'algorithmes rapides classiques basés sur le concept de la division par 2 sont: quicksort, la structuration en arbres et le calcul de racine carrée par la technique de Newton-Raphson.

24.7   La recherche probabiliste

Nous présentons ici la division probabiliste dans un cadre concret: le traitement de texte.

Soit le module d'analyse lexicale d'un compilateur. Ce module lit un texte caractère par caractère et selon le type du caractère se dirige vers un traitement particulier. Voici une description possible de ce procédé (c est le caractère lu).

1. **si** c est alphabétique **alors** traiter identificateur
2. **si** c est un chiffre **alors** traiter nombre
3. **si** c est blanc **alors** sauter c
4. **si** c = «;» **alors** terminer énoncé
5. **si** c est autre chose **alors** traiter opérateur

Ici, nous avons un ensemble de 5 traitements possibles et dépendant de la valeur de «c», il faut s'aiguiller vers le traitement approprié. Une solution utilise une séquence de tests avec des énoncés **if then else**. Pour simplifier le schéma, nous utiliserons <Cn> et <Sn> pour indiquer le test et le traitement de chaque possibilité. Notons que le choix est exclusif.

```
if        <C1>  then  <S1>
else if   <C2>  then  <S2>
else if   <C3>  then  <S3>
else if   <C4>  then  <S4>
else if   <C5>  then  <S5>
else ERREUR
```

Dans le cas où <C1> est vrai, on trouve le traitement à appliquer avec un seul test. Par contre, avant de pouvoir décider que <S5> est le traitement voulu, il faut faire 5 tests.

La vitesse moyenne de l'algorithme de décision dépend fortement de la probabilité de chacun des traitements. Soit p_n la probabilité du choix n, le nombre moyen de tests exécutés, T, est donné par:

$$T = p_1 + 2p_2 + 3p_3 + 4p_4 + 5p_5$$

Soit les probabilités $p_1 = 0.6$, $p_2 = 0.3$, $p_3 = 0.1$, $p_4 = 0.05$, $p_5 = 0.05$, en moyenne, on fera 1.95 tests.

Par contre, si les possibilités sont vérifiées dans le sens inverse ($p_1 = 0.05$, $p_2 = 0.05$, $p_3 = 0.1$, $p_4 = 0.3$, $p_5 = 0.6$), le nombre moyen de tests devient 4.65.

Une simple étude de l'algorithme indique que l'optimum est obtenu quand on

> TESTE DANS L'ORDRE DECROISSANT DE PROBABİLITE

24.8 L'aiguillage calculé

Tous les ordinateurs ont une instruction de branchement conditionnel qui, selon la valeur d'un booléen, permet de choisir entre deux sections de code à exécuter. Cette instruction-machine correspond à l'instruction de haut niveau **if ...then...else.**

Sur les ordinateurs qui ont des registres d'indexation, il existe souvent une instruction encore plus puissante qui permet, selon une valeur entière, un choix entre un grand nombre de possibilités. Voici comment on pourrait programmer un choix entre 4 possibilités.

```
            < charger index R1 avec valeur entre 1 et 4 >  ;
            < GOTO (E-1) indexé avec R1 >
    E   :   < GOTO L1 >    ;
            < GOTO L2 >    ;
            < GOTO L3 >    ;
            < GOTO L4 >    ;

    L1  :        :
              code 1

              :
            < GOTO F >   ;
    L2  :        .
              :
              code 2

              :
            < GOTO F >   ;
    L3  :        .
              :
              code 3

              :
            < GOTO F >   ;
    L4  :        .
              :
              code 4

              :
    F   :   < suite du programme >    ;
```

L'opération «GOTO (E-1) indexé avec R1» calcule l'adresse de destination du GOTO en additionnant le contenu de R1 à l'adresse (E-1). Si R1 = 1, la destination sera «E» et l'instruction, GOTO L1, nous enverra exécuter le «code 1». Si R1 = 2, l'adresse calculée sera celle de «GOTO L2». L'exécution de cette instruction nous dirigera vers «code 2» et ainsi de suite.

On voit tout de suite la puissance de cette instruction. C'est elle qui est à la base de l'instruction **case** de PASCAL.

Pour se servir de cette technique, il faut pouvoir assigner des valeurs entières différentes à notre ensemble de possibilités. On remarque que la vitesse d'exécution d'une instruction **case** est indépendante du nombre de possibilités. Ceci n'est pas le cas avec une suite d'énoncés IF. Par contre, la taille du code machine généré est directement proportionnel à ce nombre. Pire encore, pour que ça marche efficacement, on génère une instruction GOTO pour chacune des valeurs dans l'intervalle des possibilités même si ces valeurs ne sont pas utilisées.

Regardons le code généré pour l'instruction PASCAL.

case i **of**
1, 3 : x: = x + 1;
      6 : x : = x - 1;
end;

ceci devient

```
            <charger RI avec i >
            <si RI < 1, alors GOTO ERREUR >
            <si RI > 6, alors GOTO ERREUR >
            <GOTO (E - 1) indexé par RI>
E   :   < GOTO L1>
            < GOTO ERREUR >
            < GOTO L1>
            < GOTO ERREUR >
            < GOTO ERREUR >
            <GOTO L2 >
L1  :      x := x + 1;
            <GOTO F >
L2  :      x := x - 1
F   :      <reste du programme>
```

On remarque d'abord un test sur l'intervalle des valeurs afin de détecter des erreurs possibles et puis on note que le nombre de <**GOTO**> est égal à l'intervalle (dans ce cas 6) et non au nombre de possibilités, 3 valeurs correctes et 2 alternatives.

Si on a seulement deux possibilités de traitement, l'instruction **if ... then ... else** s'impose, car elle ne demande aucune vérification; l'instruction **case** impose normalement une vérification supplémentaire qui peut demander 4 ou 5 instructions machine.

> Comme règle générale, si on a plus de 3
> possibilités et si les probabilités sont
> à peu près égales, une instruction **case**
> s'impose.

Pour l'exemple de l'analyseur lexical, il serait donc préférable de remplacer la suite d'instructions **if** par une seule instruction **case**.

Le programmeur PASCAL parfois s'offusque du fait que, dans une instruction **case**, il doit écrire en toute lettre chacune des possibilités. Il préférerait se servir d'intervalles pour écrire

    case c **of**
       '0' .. '9' : <S1> ;
                :
                :
    end;

plutôt que:
    case c **of**
       '0', '1', '2', '3', '4',
       '5', '6', '7', '8', '9' : <S1> ;
                :
                :

En somme, cette contrainte du langage lui rappelle le coût d'implantation de l'instruction en espace utilisé et reflète l'implantation en rendant la longueur du code source proportionnelle à la longueur du code machine généré.

> L'utilisation de l'instruction **case** est un des outils
> les plus puissants dans l'arsenal de l'informaticien.

24.9 Application aux dictionnaires

Un dictionnaire est un ensemble d'éléments, chacun ayant une clef et un contenu. Par dictionnaire, on entend toute une foule de tables utilisées dans les programmes. Dans les compilateurs, on en a plusieurs sortes:

- Table des identificateurs : clef = texte de l'identificateur
                           contenu = type, déclaré, adresse
- Table des mots clefs   : clef = texte
                           contenu = type du mot

Dans un programme commercial, on pourrait avoir
- Table des salaires : clef = catégories
                         contenu = salaire

L'opération primitive sur un dictionnaire est la recherche. C'est-à-dire, étant donné une clef, on cherche l'adresse de l'élément ayant cette clef. Par la suite, cette adresse sert à accéder facilement au contenu.

Un dictionnaire pourrait être implanté avec des tableaux parallèles où l'index sert d'adresse, comme le montre la figure 24.2.

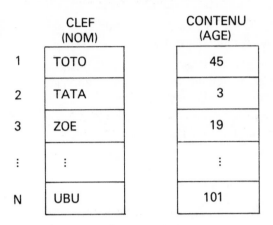

Fig. 24.2 Tableaux parallèles

Il pourrait aussi être implanté en liste où un pointeur sur l'élément est cherché (Figure 24.3).

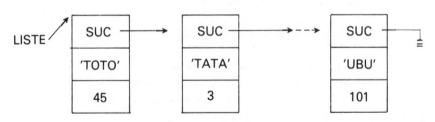

Fig. 24.3 Implantation de dictionnaire par liste

Pour la recherche, nous avons déjà vu des techniques rapides basées sur la **division par 2.** Ici, nous allons étudier des méthodes d'accès basées sur la **division par n**. Nos exemples se serviront de tables, mais les algorithmes proposés s'appliquent tout aussi bien sinon mieux à des listes. Les clefs seront aussi toutes des tableaux compactés de caractères.

Soit m éléments dans le dictionnaire. Il y a donc m résultats possibles à notre recherche. Y a-t-il moyen de diviser ces résultats en n groupes de telle façon qu'on puisse identifier facilement dans quel groupe se trouve notre résultat? Après cette division, on pourrait balayer les possibilités séquentiellement. Ce balayage s'appliquerait, en moyenne, à m/n éléments plutôt qu'à m et la vitesse de la recherche serait multipliée par n.

Comme avec l'instruction **case**, il faut pouvoir assigner facilement un nombre de 1 à n à une clef. Nous appellerons ce nombre le **sélecteur**. Si le dictionnaire est structuré de telle sorte que tous les éléments sont groupés selon la valeur du sélecteur, on pourra limiter notre recherche au groupe ayant un sélecteur identique au sélecteur de la clef cherchée.

De fait, les dictionnaires (livres) utilisés dans la vie courante utilisent un tel schéma pour accélérer la consultation. Les mots sont listés en ordre alphabétique et groupés selon leur première lettre. Un index permet un accès rapide à chaque groupe. De la même façon, dans nos dictionnaires informatisés, on peut grouper nos clefs selon la première lettre et utiliser un tableau auxiliaire, de dimension 26, pour indiquer où débute chaque groupe.

L'exemple qui suit utilise cette technique. On fait l'hypothèse que les éléments sont ordonnés par ordre lexicographique croissant et qu'il y a une sentinelle pour empêcher le débordement du tableau.

Exemple 1: Le premier caractère sert de sélecteur.

```
const imax = ...;
type   alfa = packed array [1..10] of char;
var
       clef: array [1..imax] of alfa;
       index: array ['A'..'Z'] of 1..imax;
```

Ceci nous donne la structure de la Figure 24.4.

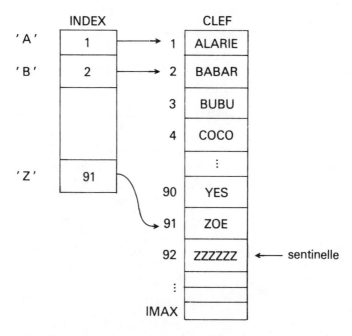

Fig. 24.4 Dictionnaire avec sélecteur (1er caractère)

```
function recherche (c1: alfa) : integer;
var i: integer;
    c: char;
begin
    i := index [c1[1]];
    while clef [i]  < c1 do i := i + 1;
    if clef [i]  = c1
        then recherche := i
        else recherche := 0
end;
```

Il est aussi possible d'utiliser d'autres caractéristiques des clefs comme sélecteurs. Dans ce cas, on perd souvent la propriété utile d'avoir les clefs en ordre lexicographique dans le tableau.

Dans l'exemple suivant, on se sert du nombre de caractères significatifs de la clef. Ceci donne un sélecteur avec 10 possibilités. Comme l'ordre lexicographique n'est plus respecté, dans le tableau des clefs, on se servira de sentinelles avec une position de plus dans l'index et une case de plus pour chacun des 10 groupes.

Exemple 2: La longueur sert de sélecteur (Fig. 24.5).

```
var clef : array [1..imax] of alfa;
    index : array [1..11] of 1..imax;
```

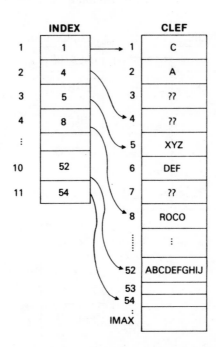

Fig. 24.5 Dictionnaire avec sélecteur (longueur)

```
function recherche (c1: alfa; p: integer) : integer;
var i, top: integer;
begin top : = index [p + 1] - 1;
clef [top] : = c1;(*on place une sentinelle*)
i : = index [p];
while clef [i] <>c1 do i : = i + 1;
if i <> top then recherche : = i
           else recherche : = 0
end;
```

L'accélération maximum qui peut être obtenue est égale à n, l'intervalle du sélecteur. Dans le premier exemple n = 26 et dans le deuxième n = 10. De fait, cette accélération peut seulement être obtenue si les clefs sont uniformément réparties dans les groupes. Ceci n'est pas souvent le cas.

Prenons les 35 mots clefs anglais de PASCAL. Le premier algorithme devrait les répartir en 26 groupes avec une moyenne de 1.35 mots chacun. Le deuxième algorithme devrait avoir 10 groupes de 3.5 éléments. Ceci n'est pas le cas: il n'y a aucun mot de 1 ou 10 lettres et aucun ne commence ni par H ni Z ni Q. La taille moyenne des groupes pondérée par l'accès moyen à chaque groupe est de 2.2 et 6.4 éléments au lieu de 1.35 et 3.5 respectivement. La performance moyenne de ces algorithmes est donc toujours inférieure à l'optimum, Le premier serait particulièrement vulnérable à l'habitude de certains programmeurs de faire débuter tous les identificateurs par les mêmes lettres (v1, v2, v3, sytype, sylong, sytexte, p1, p2, pt, px...).

Le choix d'un **sélecteur robuste** est un problème.

Un autre problème survient quand on veut vraiment utiliser le concept de DIVISION PAR n avec de très grosses valeurs de n (100 ou 1000, par exemple). Certains algorithmes utilisent même un n plus grand ou égal au nombre de clefs, m, quitte à avoir des groupes vides. Les sélecteurs qui représentent des caractéristiques évidentes des clefs (première lettre, longueur, deuxième lettre, etc.) sont de taille assez limitée.

24.10 L'adressage dispersé

Une solution courante est l'adressage dispersé (hash - coding). Il existe plusieurs variantes de cette technique: mais, en gros, on fait intervenir chacun des caractères de la clef dans le calcul du sélecteur. On peut, par exemple, faire l'addition de l'ordinal de chacun des caractères ou, tout simplement, prendre la représentation interne de la clef comme entier. Ceci peut facilement nous donner un sélecteur avec un intervalle trop grand; avec la représentation interne d'une clef de 10 caractères de 6 bits, on a 2^{60} possibilités. Pour réduire cet intervalle à quelque chose de plus abordable, on calcule le **MODULO** avec si possible un nombre premier (jamais une puissance de 2).

Voici deux algorithmes de calcul de sélecteur par l'adressage dispersé qui nous donnent près de 100 possibilités (en réalité, 101 possibilités).

```
function hash1(c1: alfa) : integer;
var i, tot : integer;
begin tot := 0;
for i := 1 to 10 do tot := tot + ord (c1[i]);
hash1 := tot mod 101
end;
function hash2 (c1: alfa) : integer;
var i, tot: integer;
begin tot := 0;
for i := 10 downto 1 do tot := 64 * tot + ord (c1 [i] );
hash2 := tot mod 101
end;
```

Un algorithme de recherche simplifié utiliserait un index avec 101 positions.

```
var index : array [0..101] of 1..imax;
function recherche (c1 : alfa) : integer;
var start : integer;
begin start := index [hash1(c1)]
    < recherche dans clef à partir de start >
end;
```

Avec ces algorithmes, la construction du dictionnaire, le tableau clef, est assez pénible. On utilise souvent des listes et l'index ne contient plus des indices dans un tableau, mais des pointeurs vers le début de chaque liste.

Notons aussi que l'ordre lexical a été perdu et il serait pénible de lister les éléments du dictionnaire en ordre alphabétique.

24.11   L'équivalence entre les données et les fonctions

On a déjà remarqué que certains calculs pouvaient être accélérés en ajoutant des variables pour stocker des résultats intermédiaires et éviter ainsi d'avoir à les recalculer plusieurs fois. Dans la conception de programmes, nous sommes donc souvent appelés à faire des compromis entre données (variables) et fonctions (calculs). Jusqu'à présent, nous avons utilisé le concept d'équivalence **partielle** entre données et fonctions, un peu plus de données pour un peu moins de calculs.

Dans la section présente, nous allons pousser ce concept à fond pour **éliminer complètement les calculs** en faveur des données.

Au début, nous allons reprendre l'opération de consultation de dictionnaire en traitant la consultation comme une fonction qui accepte une clef en paramètre et retourne un contenu comme valeur. Dans certains cas, nous montrerons que ce calcul peut être remplacé par un simple accès indexé dans un tableau.

Puis, nous appliquerons le même principe à des fonctions plus nettement mathématiques comme la factorielle, et le calcul de coefficients binomiaux.

Finalement, nous reviendrons à des calculs en remplaçant l'accès à des tableaux par des énoncés **case**.

24.12 La consultation de dictionnaires

La recherche dans un dictionnaire n'est pas très utile en soi. On l'utilise en général comme étape préliminaire à la consultation du CONTENU de l'élément trouvé. Dans cette optique, l'opération de base est la **traduction**. Etant donné une clef comme paramètre, la fonction de consultation retourne le contenu en total ou en partie.

Par exemple, prenons une table de salaires individuels. Chaque élément est une personne. La clef est son nom (alfa) et le contenu est le salaire. On peut implanter cette table (dictionnaire) avec deux tableaux parallèles, nom et sal (CLEF et CONTENU), et une fonction de consultation salaire.

```
var nom : array [1..imax] of alfa;
    sal : array [1..imax] of real;
function recherche (c1 : alfa) : integer;
    <code de recherche >
function salaire (c1 : alfa) : real;
var i: integer;
begin i : = recherche(c1);
if i = 0 then (*pas trouve*) salaire : = 0
          else salaire : = sal [i]
end;
```

La fonction salaire peut être considérée comme une fonction mathématique qui transforme des noms en dollars. Cette fonction a comme domaine tous les noms possibles (2^{60} possibilités sur CDC CYBER). En fait, elle est seulement définie pour l'ensemble relativement restreint des noms d'employés. Comme nous l'avons implantée, l'opération demande un calcul pour s'effectuer; une recherche de clef suivie d'un accès à un tableau.

Théoriquement, cette recherche n'est pas nécessaire. On aurait pu tout simplement remplacer les deux tableaux avec leurs procédures associées par un seul tableau salaire.

```
var salaire : array [alfa] of real;
```

Pour trouver le salaire de TOTO, on pourrait remplacer l'appel de fonction

```
x : = salaire ('TOTO');
```

par un accès au tableau

```
x : = salaire ['TOTO'] ;
```

La ressemblance syntaxique de ces deux énoncés montre bien l'équivalence des deux méthodes: la première utilisant un algorithme et la deuxième utilisant seulement des données.

En PASCAL, on ne permet pas l'utilisation de type structuré, pour l'index d'un tableau. Il y a de bonnes raisons pour cette restriction, car cette technique mènerait rapidement à des tableaux immenses. Notre exemple demanderait un tableau de 2^{60} réels et la majorité de ces valeurs n'auraient aucun sens, car seuls les noms d'employés sont des clefs (index) valables. Parmi l'ensemble des noms, l'ensemble des noms d'employés est relativement peu rempli.

C'est cette disparité entre la taille du domaine de la transformation et la taille de l'ensemble des valeurs pour lesquelles la fonction est définie qui nous force à implanter l'opération par fonction (lente) plutôt que par tableau (rapide).

Cependant, il est utile de se rappeler qu'une opération peut être implantée soit par fonction, soit par tableau. Quand le domaine est restreint, l'implantation par tableau peut donner des gains appréciables de vitesse.

24.13 Le test d'un caractère

Prenons le problème de déterminer si un caractère quelconque est une voyelle. Conceptuellement, c'est un problème de dictionnaire où les éléments ont les caractères comme clef et un booléen (voyelle, pas voyelle) comme contenu. L'opération devient une transformation d'un symbole en booléen. Le domaine comprend 64 valeurs (CDC Cyber). Ce nombre est relativement petit et une implantation rapide peut se faire par tableau. Associé au tableau, on a besoin d'une procédure d'initialisation.

```
var voyelle : array [char] of boolean;
procedure init;
var c : char;
begin
      for c : = chr(0) to chr(63) do
          voyelle [c] : = false;
      voyelle ['A'] : = true;
      voyelle ['E'] :: = true;
          .
          .
          .
      voyelle ['Y'] : = true;
end;
```

L'opération voyelle s'effectue par indexation:
```
if voyelle [c] then ... else ...;
```

En PASCAL, il est aussi possible d'utiliser des ensembles pour cette opération. Nous parlerons des ensembles plus loin. Signalons seulement que l'implantation suggérée serait plus rapide.

Un dernier point à noter, c'est que cette implantation très rapide demande beaucoup de mémoire, 64 cases. Une implantation par recherche de dictionnaire aurait été beaucoup plus lente, mais aurait seulement requis 14 espaces de données. Pour être juste, il faudrait aussi comparer l'espace pour les procédures: de recherche dans un cas et d'initialisation dans l'autre.

24.14 Coefficients binomiaux

Prenons, comme dernier exemple, un problème combinatoire qui a besoin de calculer souvent les coefficients binomiaux. Ce coefficient, dénoté C_n^p ou $\binom{n}{p}$ intervient dans le calcul de l'expansion de $(x + a)^n$

$$(x + a)^n = \sum_p \binom{n}{p} . x^{n-p} . a^p$$

Nous en avons la définition suivante:

$$C_n^p = \frac{n!}{p! \, (n-p)!} = C_n^{n-p}$$

Pour ce problème, on pourrait écrire une fonction qui fait le calcul.

```
function coef1(n,p : integer) : integer;
var i,res,q : integer;
begin
if p < n-p then p := n-p;
q := n-p ; res := 1;
for i := 1 to q do res := (res * (p + i)) div i;
coef1 := res
end;
```

L'utilisation répétée de cette fonction peut utiliser beaucoup de temps-machine. Si on connaît d'avance les limites du n requis, on pourrait remplacer la fonction par une table des coefficients calculés une fois pour toutes lors de l'initialisation.

```
var coef : array [0..nmax, 0..nmax] of integer;
procedure initc;
var i,j : integer;
begin
for i := 0 to nmax do
    for j := 0 to i do
        begin coef[i,j] := coef1(i,j);
        coef [i,i-j] := coef[i,j]
        end
end;
```

Ainsi, l'appel coef1(n,m) est remplacé par l'accès au tableau coef [n,m].

24.15   Le remplacement de tables par l'instruction case

La fonction factorielle est une autre fonction dont le domaine pratique est limité; pour des arguments plus grand que 20, la valeur entière de la factorielle dépasse les capacités d'un mot-machine. Si cette fonction est souvent utilisée, elle pourrait être remplacée par une table de valeurs précalculées.

En PASCAL, il est pénible d'avoir à initialiser des tables de constantes (pour les constantes simples, par contre, l'initialisation fait partie de la déclaration). Une solution à peu près équivalente se servirait d'une instruction **case**. On utilise ce concept dans l'exemple suivant pour la factorielle (pour rester concis, on limite l'intervalle de l'argument).

```
type zeroacinq = 0..5;
function factorielle (n : zeroacinq): integer;
begin
    case n of
        0,1 : factorielle : = 1;
          2 : factorielle : = 2;
          3 : factorielle : = 6;
          4 : factorielle : = 24;
          5 : factorielle : = 120
    end
end;
```

Cette section démontre encore une fois l'équivalence entre données et fonctions. Nous avons débuté en remplaçant l'exécution par l'indexation dans des tableaux de valeurs précalculées. Finalement, on retrouve l'utilisation de l'instruction **case** qui fait la sélection d'énoncés par indexation dans une table de GOTO's, une opération analogue à la sélection de variables dans un tableau.

La décision d'implanter une opération soit en fonction, soit en tableau n'est pas toujours facile. Ça dépend de la fréquence d'utilisation de l'opération ainsi que du coût relatif du temps de calcul par rapport au coût de stockage de la table. Il est intéressant de noter comment le progrès technologique peut influencer cette décision. Autrefois, le calcul des fonctions trigonométriques se faisait par consultation de table. Aujourd'hui, avec les calculateurs de poche, ces livres de référence sont remplacés par des algorithmes cablés (fonction) qui font le calcul sur demande.

24.16   Le calcul parallèle

Soit une tâche de calcul qui demande N opérations. Si l'état de la technologie fixe un temps minimum T à chaque opération, combien de temps faut-il pour faire le calcul? La réponse dépend du degré de parallélisme qu'on peut faire. Si on est forcé de faire les opérations de façon séquentielle, le temps sera N * T. Si, par contre, la tâche est composée d'opérations indépendantes et qu'on dispose de N unités de calcul, le temps sera T seulement. Le matériel requis est cependant beaucoup plus important.

Il est souvent difficile de découper une tâche en activités indépendantes. En général, une opération a besoin des résultats des opérations précédentes. Dans le programme suivant:

```
1. a := a + 1;
2. b := c * d;
3. if a > b then
4.    x := z
5. else x := y;
```

les opérations 1 et 2 pourraient se faire indépendamment, mais le test 3 ne peut être fait avant le calcul de 1 et 2, et les opérations 4 et 5 dépendent du résultat de 3.

Le plus souvent, les opérations parallèles s'expriment dans un programme par des boucles sur des vecteurs. Par exemple:

```
for i := 1 to n do
    t[i] := t[i] + 1

for i := 1 to n do
    a[i] := b[i] * c[i] ;
```

Ces deux énoncés dénotent n opérations parallèles indépendantes. Parce que l'ordinateur contemporain est essentiellement une machine séquentielle, la possibilité d'accélération de calcul par un facteur de N ne peut pas être réalisée.

Il y a une exception à cette contrainte d'opération séquentielle: les opérations booléennes. Les opérations-machine classiques permettent de faire les opérations ET, OU, COMPL (NOT) entre deux mots-machine. Ces opérations sont faites en parallèle sur tous les bits d'un mot dans le même temps que pour une opération simple telle que le chargement d'un registre ou l'addition. Si chaque mot contient b bits, il existe donc la possibilité d'accélérer les opérations entre booléens par ce facteur b.

Soit deux vecteurs booléens
```
var m,n : array [1..b] of boolean;
```

Une boucle du style
```
for i := 1 to b do
    m[i] := m[i] and n[i] ;
```

pourrait être accélérée, si la possibilité existe d'exprimer ce parallélisme en langage de haut niveau avec, par exemple, un énoncé comme:
```
m := m and n;
```

PASCAL présente à l'usager cette possibilité parallèle du matériel sous forme **d'ensembles**.

L'opération décrite plus haut sur les deux tableaux de booléens serait faite en déclarant m et n comme ensembles et en utilisant l'opération INTER-SECTION.

```
var m,n : set of 1..b;
    m := m * n;
```

L'accès à chaque bit, par contre, est un peu plus complexe:
1) pour consulter le bit 3, on teste si l'élément 3 est dans l'ensemble:
   c := 3 in m;
2) pour mettre le bit 3 à faux, on enlève l'élément 3:
   m := m - [3] ;
3) pour mettre le bit 3 à vrai, on ajoute l'élément 3:
   m := m + [3] ;

Les ensembles sont utiles et efficaces pour exprimer des tests multiples. Par exemple, en traitement de textes:

if c **in** ['0'..'9'] **then** ... (*c est un chiffre*)
if c **in** ['A', 'E', 'I', 'O', 'U', 'Y'] **then** ... (*c est une voyelle*)

ou dans le dépistage d'information. Soit f un fichier défini par:

```
var f : file of record nom : packed array [1..10] of char;
            attributs : set of (beau,riche,marie,male,anglais,français)
        end;
```

La recherche d'un bel anglais célibataire se ferait par:
```
while not eof(f) do
    begin
    if (f↑ .attributs >= [beau,male,anglais]) and
            not (marie in f↑ .attributs)
                then writeln (f↑ .nom);
    get(f)
    end;
```

Non seulement les ensembles accélèrent le traitement par l'application de calculs parallèles, mais, en plus, ils permettent l'expression claire et compacte d'algorithmes. Leur emploi est donc à recommander fortement.

24.17 Les entrées/sorties

Ce chapitre a étudié seulement le calcul sur des données déjà en mémoire et nous n'avons pas traité le domaine des entrées/sorties (E/S). Des données volumineuses sont stockées sous forme de fichiers sur mémoire auxiliaire (bandes, disques, cartes, etc.) et le traitement de ces données exige l'exécution d'opérations d'E/S. Il y a un rapport disproportionné entre le temps requis pour une opération E/S (ordre de 1/10 sec) et le temps requis pour une opération de calcul (10^{-6} sec). Souvent donc le temps d'exécution d'un travail dépend surtout du volume des E/S et non du calcul à effectuer. L'effort d'optimisation devrait donc porter sur l'E/S plutôt que sur les boucles internes. Encore une fois, une mesure du programme afin d'identifier la zone critique devrait précéder l'optimisation.

Cependant, quand vous étudierez les structures de données externes (les fichiers), vous verrez que les mêmes principes développés ici s'appliqueront. Par exemple, la technique de blocage des fiches pour accélérer le traitement demandera plus de mémoire pour les tampons (équivalence données fonctions). De même, la technique de division par N avec l'utilisation d'index auxiliaires sera tout aussi valable.

Un facteur nouveau, propre aux supports d'information externes, demandera une réévaluation des techniques d'optimisation internes. C'est la différence du temps d'accès sélectif comparé au temps d'accès séquentiel.

24.18 Conclusions

L'accélération des algorithmes est un domaine intéressant et le volume de ce chapitre est une indication du grand nombre de techniques applicables.

Afin de structurer la présentation, nous avons suivi quatre principes généraux:
1) DIVISER POUR REGNER
2) IL EST INUTILE DE FAIRE DEUX FOIS LE MEME TRAVAIL
3) DONNEES ET FONCTIONS SONT DES CONCEPTS EQUIVALENTS
4) A PLUSIEURS, LE TRAVAIL VA PLUS VITE.

A mesure que vous allez progresser dans la carrière d'informaticien, vous apprendrez beaucoup d'autres techniques et algorithmes d'optimisation, mais les principes exposés resteront valables et il sera utile de classifier vos nouvelles acquisitions selon notre schéma.

Vous avez été avertis que l'optimisation en soi n'était pas toujours rentable. Il faut savoir OÙ (boucles intérieures critiques) et QUAND (programmes utilitaires) optimiser.

Souvent un programme optimisé perd sa clarté. Ceci peut entraîner des coûts de modification et d'entretien qui seront supérieurs au gain en temps d'exécution. Les techniques d'optimisation à retenir et à utiliser sont donc celles qui détruisent le moins la structure du programme.

Les techniques à retenir sont:
1) optimisation des boucles intérieures critiques,
2) utilisation de sentinelles,
3) utilisation de logiciels et d'algorithmes existants,
4) utilisation de l'instruction **case**,
5) adressage dispersé (hash-coding),
6) remplacement de fonctions par des tables,
7) utilisation d'ensembles.

CHAPITRE 25

LA QUALITÉ DES

PROGRAMMES

25.1 La résolution d'un problème

Résoudre un problème par ordinateur, ce n'est pas "aligner" une suite d'instructions dans un langage de programmation. Au contraire, cette phase que l'on qualifie de **codification** ne devrait être qu'une phase de routine, conséquence de deux phases beaucoup plus importantes:

i)   **la spécification du problème**

ii) **la spécification de la solution**

La Figure 25.1 montre le processus normal de conception et de développement d'un programme. À partir de buts précis, on arrive à un programme final, après avoir passé par quatre phases distinctes:

i)   la spécification du problème,
ii)   la spécification de la solution,
iii) la codification,
iv)   la recherche d'erreurs.

Nous allons maintenant discuter brièvement de ces quatre phases tout en notant qu'elles doivent conduire à la validation d'un programme et à son utilisation.

25.2 La spécification du problème

On ne peut pas résoudre un problème, si on ne l'a pas clairement défini. Cela signifie qu'il est indispensable de se poser un certain nombre de questions et d'y répondre.

Quel est le problème à résoudre?

A-t-il une solution?

Est-elle utile?

Sait-on vraiment ce qu'on veut obtenir?

Les besoins de l'utilisateur sont-ils clairement exprimés?

Où veut-on les résultats? Sous quelle forme?

Les données seront-elles disponibles? Sous quelle forme?

Si on ne peut pas répondre à l'une de ces questions, il faut renoncer à envisager tout développement d'un programme.

Prenons un exemple très simple, on désire disposer d'un programme de tri de fichier du personnel d'une entreprise. Il est possible que deux employés portent le même nom. Faut-il alors les trier selon leur prénom, leur numéro d'assurance sociale ou selon un autre critère? C'est le genre de question qu'il faut se poser et résoudre au moment de la spécification du problème et surtout pas lors de la codification!

25.3 La spécification de la solution

C'est la phase de conception d'algorithmes résolvant le problème. Cette phase doit être indépendante d'un langage de programmation; mais elle doit être réaliste, dans le sens où elle doit conduire à une codification. Il faut distinguer deux étapes dans cette phase:

1° une division logique de la résolution du problème en **modules**;

2° une formalisation des **actions logiques** et des données traitées par chaque module.

1° La "modularité"

Dans des systèmes complexes tels que la réservation de vols aériens ou les banques, les possibilités sont multiples. Il est donc difficile d'organiser la logique de la résolution d'un problème, pour que toutes les possibilités soient traitées correctement. On en vient rapidement à l'idée de découpage en une multitude de **modules** ayant des connections entre eux.

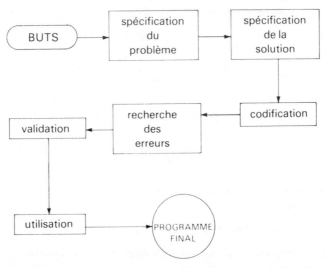

Fig. 25.1 Processus de conception et de développement d'un programme

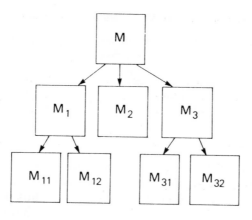

Fig. 25.2   Hiérarchie de modules

Si l'idée est bonne, elle introduit une complexité additionnelle.

1. Certaines fonctions identiques risquent d'être effectuées dans différents modules et d'entraîner une redondance.

2. Les liens entre les modules peuvent conduire à des résultats inattendus.

L'organisation des modules est donc très importante. La meilleure approche est très certainement **la conception descendante.**

On commence par définir le module principal M qui conduit au résultat cherché, puis on examine quelles sont les étapes principales de ce module, ce qui conduit à une décomposition en module M_i. Chaque module M_i peut être lui-même décomposé en modules M_{ij} et ainsi de suite. On obtient une hiérarchie de modules comme le montre la Figure 25.2.

Il faut remarquer que cette démarche est très difficile à entreprendre si on n'a pas une vue claire du problème et de sa solution. Elle possède pourtant des avantages certains:

- elle évite les problèmes de liens entre les modules;

- le développement, l'intégration et les tests des programmes peuvent se faire parallèlement;

- la qualité et la productivité sont meilleures;

- lors d'achats de nouveau matériel, seuls quelques modules de dernier niveau doivent être modifiés;

- si quelques utilisateurs désirent des modifications (p.e. dans la présentation des résultats), il est beaucoup plus facile de les satisfaire.

2° La formalisation des actions logiques

Tout problème peut se résoudre en termes d'actions. Nous avons vu au chapitre 1 que celles-ci sont de trois types:

i) les actions séquentielles,
ii) les actions sélectives,
iii) les actions répétitives.

25.4 La codification

On désigne sous ce terme l'écriture, dans un langage de programmation, de toute la résolution du problème sous la forme d'un programme. Le découpage en modules correspond à la division en **sous-programmes** tandis que la formalisation des actions logiques se fait grâce aux instructions de contrôle des langages de programmation.

25.5 Les erreurs

Ces dernières années, le logiciel ne fait qu'augmenter de coût alors que le prix du matériel baisse. La cause principale de cet état de fait est la complexité des programmes qui entraîne de très nombreuses erreurs.

A) Les sortes d'erreurs

On peut distinguer:

i) Les erreurs de conception

- Elles demandent des changements dans les spécifications utilisées par le programmeur.

- Elles représentent un manque de compréhension et/ou de communication.

- Elles amènent à la résolution d'un faux problème.

ii) Les erreurs de logique

Elles sont commises lors de la phase de spécification du problème.

iii) Les erreurs de syntaxe

Elles résultent de la non-conformité à la grammaire d'un langage particulier.

Le coût des erreurs de conception est très élevé, il représente en moyenne 83% du coût total des erreurs. Le coût des erreurs de logique est évalué à environ 12% et celui des erreurs de syntaxe à 5%.

B) La recherche des erreurs

Avant de pouvoir corriger les erreurs d'un programme, il faut en découvrir la cause. Cette recherche qui peut s'avérer longue s'appelle en anglais la phase de "debugging". Les erreurs de syntaxe ne posent généralement pas de problèmes, car elles sont signalées assez précisément par les compilateurs. Nous ne discuterons pas ici de la réparation des erreurs de conception, car elles demandent une meilleure spécification du problème.

Les erreurs de logique sont par contre difficile à dépister. Elles peuvent se manifester par une erreur à l'exécution du programme qui est signalée: par exemple, une division par 0 ou un dépassement de la valeur d'un indice dans un tableau. Elles sont souvent détectées en inspectant les résultats qui ne correspondent pas à ce qu'on attend.

Que faut-il alors faire?

1° Inspecter le code et vérifier s'il correspond à la logique choisie. Une simple erreur de perforation peut être ainsi détectée.

2° Faire imprimer des valeurs intermédiaires.

Enfin, comme il vaut mieux "prévenir que guérir", il faut être conscient que des erreurs sont fréquemment dues à:

1° la modification de variables globales dans un sous-programme (effet de bord);

2° la non-initialisation de variables;

3° le dépassement d'indices dans des tableaux (lorsque ce n'est pas contrôlé à l'exécution).

Enfin, il faut signaler que lorsque l'exécution d'un programme est arrêtée par un dépassement du temps prévu pour celle-ci, il ne faut jamais augmenter cette limite de temps sans avoir réfléchi aux causes probables de cet excès de temps d'exécution.

25.6 Les qualités d'un programme

Les langages de haut niveau ont été développés pour faciliter la relation entre l'humain et la machine. La programmation structurée, née à la fin des années 60, constitue une prise de conscience de l'importance de construire des programmes corrects dont le programmeur est maître du comportement dans tous les cas. Ceci implique bien entendu un certain nombre de qualités qu'un programme doit posséder. Dans la Figure 25.3, nous montrons ces principales qualités et les liens existant entre elles. Nous allons maintenant définir chacun des termes se trouvant dans cette figure.

Un programme est d'utilité générale s'il permet de résoudre un problème donné sans demander trop d'efforts de la part de son utilisateur et à la satisfaction de celui-ci. Un tel programme doit aussi pouvoir être compris, vérifié et modifié par tout programmeur compétent. De plus, il est souhaitable qu'un tel programme ne soit pas uniquement utilisable avec l'ordinateur sur lequel il a été developpé. Ceci nous amène à considérer trois qualités essentielles: l'**utilité sous sa forme actuelle,** la **facilité d'entretien** et la "**portabilité**".

25.7 La fiabilité, l'aspect humain et l'efficacité

L'utilité sous sa forme actuelle peut se définir ainsi: un programme n'est utile que s'il est **fiable, humain** et **efficace.** Nous allons maintenant définir ces trois termes.

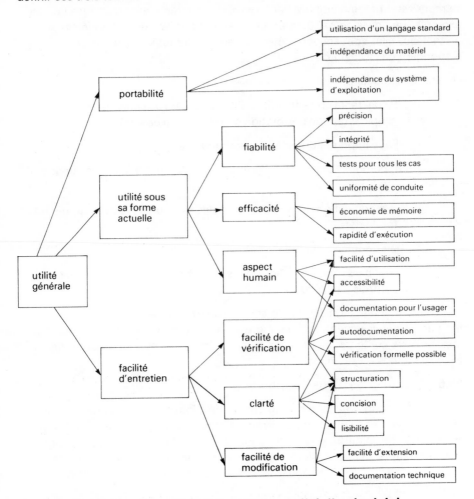

Fig. 25.3   Caractéristiques de la qualité d'un logiciel

(adapté de Boehm, B.W. et al. "Quantitative Evaluation of Software Quality", IEEE)

I) La fiabilité

C'est la qualité première que l'on doit exiger de tout programme. Un programme **fiable** est un programme qui effectue les actions et fournit les résultats escomptés en toutes circonstances. Ceci implique qu'un programme doit répondre à quatre conditions essentielles: **la précision, l'intégrité, l'uniformité de conduite** et **les tests de tous les cas possibles.**

1° La précision

Dans un ordinateur, tout nombre est limité dans sa précision par sa re-présentation interne. Il faut être conscient de cette limite. Par exemple, le pro-gramme de la Figure 25.4 n'est pas précis et donne un résultat complètement faux, car l'effet d'additionner 1 à b ne peut être enregistré vu l'ordre de gran-deur de b; ainsi c qui vaut normalement $\sqrt{b + 1} - \sqrt{b}$ aura une valeur de 0.

Un autre exemple intéressant est celui de la Figure 25.5, où l'on addi-tionne 0.1 jusqu'à ce qu'on dépasse 2.0. Comme la représentation binaire de 0.1 n'est pas exacte, ou n'arrive jamais exactement à 1.0 et on n'imprime pas "ARRIVE".

2° L'intégrité

On désignera sous ce nom la qualité d'un programme qui garantit que les informations sont complètes. Par exemple, le programme de la Figure 25.6 ne répond pas à cette qualité, car il perd l'information concernant DUPONT pour lequel le sexe n'a pas été précisé correctement (M au lieu de H).

3° Les tests pour tous les cas

Un programme devrait, en théorie, avoir été vérifié dans tous les cas. Prenons le cas suivant:

< instruction – 1 >;

if < condition > **then** < instruction – 2 >;

< instruction – 3 >

Si la condition n'est pas vérifiée, l'instruction 3 est exécutée à la suite de l'instruction 1. Par contre, si la condition est vérifiée, l'instruction 2 est exé-cutée entre les instructions 1 et 3. Il faudrait donc tester le programme avec des données qui rendent la condition vraie et fausse. Le programme de la Figu-re 25.7 n'a pas été testé pour une valeur négative, on a la surprise de constater une division par 0 lorsqu'on l'utilise avec une telle valeur.

En pratique, il est impossible de prouver qu'un programme est correct par des tests. Néanmoins, il est important de ne pas laisser des parties de programme non testées. Ce n'est pas à l'utilisateur à découvrir des erreurs dans des instruc-tions que le programmeur n'a jamais vérifiées!!

4° L'uniformité de conduite

Sauf certains programmes qui font appel à des événements extérieurs (interruptions d'horloge, contrôle de processus, …), un programme qu'on exécute deux fois avec les mêmes données ou sans données devrait se com-porter de la même façon. Il devrait être **uniforme dans sa conduite.** Un pro-gramme qui utilise des données non initialisées ne répond pas à ce critère.

```
PROGRAM INEXACT(OUTPUT);
(*RESOLUTION DE L'EQUATION AX^2 + BX + C = 0
 AVEC A=6*10^26    B=12*A^(1/2)  ET   C=(B+1)^(1/2) - B^(1/2) *)

CONST A=6E26;
VAR B,C,X1,X2,DISCR:REAL;
BEGIN B:=12*SQRT(A); C:=SQRT(B+1)-SQRT(B);
DISCR:=SQR(B)-4*A*C;
X1:=(-B-SQRT(DISCR))/(2*A);
X2:=(-B+SQRT(DISCR))/(2*A);
WRITELN(C,DISCR,X1,X2)
END.
```

Fig. 25.4   Exemple d'inexactitude

```
PROGRAM IMPRECIS(OUTPUT);
VAR NOMBRE:REAL;
BEGIN NOMBRE:=0;
REPEAT NOMBRE:=NOMBRE+0.1;
        IF NOMBRE=1.0 THEN WRITELN(' ARRIVE')
UNTIL NOMBRE > 2
END.
```

Fig. 25.5   Exemple d'imprécision

```
PROGRAM NONINTEGRE(INPUT,OUTPUT,HOMMES,FEMMES);
CONST LONG=10;
TYPE INTER=1..LONG;
     ALFA=PACKED ARRAY [INTER] OF CHAR;
VAR HOMMES,FEMMES:TEXT; NOM:ALFA;
    SEXE:CHAR; ASSOCIALE:INTEGER;

    PROCEDURE LECTURE(VAR NOM:ALFA);
    VAR TAB:ARRAY[1..LONG] OF CHAR; I:INTEGER;
    BEGIN
    FOR I:=1 TO LONG DO BEGIN READ(TAB[I]);
                         WRITE(TAB[I])
                         END;
    PACK(TAB,1,NOM)
    END;

BEGIN REWRITE(FEMMES); REWRITE(HOMMES);
WHILE NOT EOF(INPUT) DO
    BEGIN LECTURE(NOM);
    READLN(SEXE,ASSOCIALE);
    IF SEXE='F' THEN WRITELN(FEMMES,NOM,ASSOCIALE);
    IF SEXE='H' THEN WRITELN(HOMMES,NOM,ASSOCIALE)
    END
END.
LAJOIE      H 117654231
LAVOIE      F 345234156
DUPONT      M 453213567
DUPOND      F 234567892
DUCHARME    H 112112345
SMITH       F 234234567
```

Fig. 25.6   Exemple de non-intégrité

```
PROGRAM NONTESTE(INPUT,OUTPUT);
VAR A,B:REAL;
BEGIN READLN(A); WRITELN(A);
IF A<0 THEN A:=0;
B:=1/SQRT(A);
WRITELN(A,B)
END.
-2
```

Fig. 25.7   Exemple d'absence de tests

```
PROGRAM NONUNIFORME(OUTPUT);
VAR CRITERE:INTEGER;
BEGIN
IF CRITERE>0 THEN WRITELN(' BONJOUR')
             ELSE WRITELN(' AU REVOIR')
END.
```

Fig. 25.8   Exemple de non-uniformité

Le programme de la Figure 25.8, par exemple, peut imprimer "BON-JOUR" ou "AU REVOIR" suivant la valeur de la variable "critere" qui n'a pas été initialisée. Sur certains ordinateurs, cette valeur est dépendante du contenu de la mémoire laissé par le programme précédent.

II)   L'aspect humain

Un programme ne présente des aspects humains que s'il répond à trois critères principaux: **il est facile à utiliser, il est aisément accessible** et **il est décrit dans un guide d'usager.**

Nous allons discuter maintenant ces trois critères.

1°   La facilité d'utilisation

Un programme qui demande un gros effort de compréhension à un utilisateur qui connaît bien le problème à résoudre est un **mauvais programme**. De même, un programme qui demande un format de données contraire à la logique du problème est inadmissible. Par exemple, un programme de calcul matriciel qui exige d'entrer les matrices par colonnes a été mal conçu, car il complique la vie de l'utilisateur.

2°   L'accessibilité

Il est important que tout programme d'utilité générale soit facilement **accessible.** Cela signifie que l'utilisateur doit pouvoir se servir du programme avec le minimum d'instructions de contrôle, sous son propre numéro d'usager. Un programme qui se trouve sur une bande magnétique dont le créateur ne se souvient plus du mode d'enregistrement est typiquement un programme

peu accessible. En fait, un programme d'utilité générale devrait faire partie de **la bibliothèque de programmes**, ensemble de programmes documentés, accessibles à tous et maintenus par le centre de calcul.

3° La documentation pour l'usager

Un programme ne peut pas être d'utilité générale, s'il n'est pas accompagné d'un **manuel** ou **guide de l'usager**.

Un tel guide doit contenir **au minimum** les informations suivantes:

i) **Une brève description du programme**

A quoi sert-il? Quels sont ses domaines d'application?

ii) **Les fondements théoriques** du problème résolu par le programme.

iii) **L'algorithme** utilisé.

iv) **La procédure d'emploi**

Ceci revient généralement à décrire les cartes de contrôle à utiliser pour se servir du programme.

v) **La description des données**

Un programme n'est utilisable que si **la forme** et **le sens des données** ont été clairement énoncés.

vi) **L'explication des résultats de sortie**

Il est indispensable de commenter clairement les résultats imprimés par le programme.

vii) **L'explication des messages d'erreur**

Dans un programme, on prévoit généralement un certain nombre de messages d'erreur, correspondant à une mauvaise utilisation du programme. Si ces messages ne sont pas assez explicites, il faut les expliquer plus en détail dans le guide d'usager.

viii) **La description des ressources d'ordinateur nécessaires**

Il est indispensable d'indiquer à l'usager si le programme utilise des bandes magnétiques, un traceur digital ou tout autre périphérique. De même, si le programme a accès à des fichiers-disques, l'utilisateur devrait en être averti.

ix) **Les performances du programme**

Tout utilisateur d'un programme doit connaître à l'avance les performances du programme en termes de temps d'exécution et d'occupation-mémoire. Ces performances sont généralement liées aux données du programme et doivent donc être décrites en fonction de celles-ci. Par exemple, les performances d'un programme de tri doivent être exprimées en fonction du nombre de données, de la longueur des informations à trier, de l'ordre préalable des données.

x) **Les restrictions du programme**

Il faut clairement indiquer à l'utilisateur les restrictions du programme. Il est décevant et inadmissible qu'un usager prépare 2000 données pour un programme qu'il désire employer et s'aperçoive à l'utilisation que le programme ne peut accepter plus de 1000 données.

xi) **Un exemple d'utilisation et d'exécution**

Même si une description est claire et détaillée, rien ne vaut un exemple complet.

Il faut également signaler que dans le cas d'un sous-programme d'utilité générale, les paramètres doivent être décrits complètement et avec précision. Ceci implique de définir le nombre de paramètres, leur signification, leur type, le mode de passage, les paramètres d'entrée, les paramètres de sortie.

25.8 La facilité d'entretien

Un programme d'utilité générale, par définition même, doit survivre longtemps, ce qui implique son **entretien.** Ce dernier ne peut pas toujours être assuré par l'auteur du programme. Il est donc indispensable qu'un tel programme réponde à trois critères essentiels: il doit être **clair, facile à vérifier** et **facile à modifier.** Ces trois qualités sont fonctions de propriétés communes comme nous allons le voir.

I) La clarté

La maxime bien connue "ce qui se conçoit bien, s'énonce clairement" s'applique aussi à des programmes. Un programme est **clair** s'il est **bien structuré, concis, lisible** et **autodocumenté.**

```
PROGRAM MALSTRUCTURE(INPUT,OUTPUT);
LABEL 1,2,3,4,5;
CONST NLIM=10;
VAR MIN,MAX,COMPTEUR,N:INTEGER;
BEGIN COMPTEUR:=1;
READLN(MIN); MAX:=MIN;
2: COMPTEUR:=COMPTEUR+1;
   READLN(N);
   IF COMPTEUR < NLIM THEN GOTO 3;
   WRITELN(' MINIMUM:',MIN:4,'  MAXIMUM:',MAX:4);
   GOTO 4;
3: IF N < MIN THEN GOTO 1;
   IF N > MAX THEN GOTO 5;
1: MIN:=N;
   GOTO 2;
```

```
5: MAX:=N;
   GOTO 2;
4: END.
```

Fig. 25.9   Exemple de mauvaise structuration

```
PROGRAM MIEUXSTRUCTURE(INPUT,OUTPUT);
LABEL 1,2,3;
CONST NLIM=10;
VAR MIN,MAX,COMPTEUR,N:INTEGER;
BEGIN COMPTEUR:=1;
READLN(MIN); MAX:=MIN;
2: COMPTEUR:=COMPTEUR+1;
   READLN(N);
   IF COMPTEUR >= NLIM THEN GOTO 3;
   IF N >= MIN THEN GOTO 1;
   MIN:=N;
   GOTO 2;
1: IF N <= MAX THEN GOTO 2;
   MAX:=N;
   GOTO 2;
3: WRITELN(' MINIMUM:',MIN:4,'   MAXIMUM:',MAX:4)
END.
```

Fig. 25.10   Exemple de meilleure structuration

1°   La structuration

Les règles de **la programmation structurée** ont conduit à la conception de langages dont les instructions de contrôle ont **un seul point d'entrée et un seul point de sortie.** Ceci amène, dans la mesure du possible, au rejet des instructions de branchement du type **goto.** Pourtant, certains langages comme FORTRAN ou BASIC, ne permettent pas d'éviter l'usage de ces instructions de branchement. Il faut, dans ce cas, une grande discipline de programmation et s'interdire la construction de séquences d'instructions à multiples entrées et sorties, et sauts incohérents. Par exemple, le programme de la Figure 25.9 qui cherche le plus petit et le plus grand d'une série de 10 nombres est mal structuré et peut être transformé en un programme mieux structuré (Figure 25.10). Pour cet exemple, on s'est limité volontairement à un sous-ensemble de PASCAL ne comprenant que l'affection et les instructions if ... then (sans else) et goto.

2°   La concision

Il faut toujours se demander l'utilité de chaque instruction et chaque variable d'un programme en se référant au vieux dicton: "Pourquoi faire compliqué, quand on peut faire simple?" Il arrive fréquemment que des parties entières de programme ne puissent même pas être exécutées. Ainsi dans le programme de la Figure 25.11, il est parfaitement inutile de tester si i est négatif ou plus grand que 10, vu que la boucle fait varier i de 1 à 10.

3°   La lisibilité

Il est évidemment très difficile, voire impossible, de vérifier, de corriger ou de modifier un programme peu lisible. De quoi dépend donc cette lisibilité? Elle dépend principalement de la disposition des instructions. Il est essentiel d'utiliser les avantages du format libre pour "aérer" le programme. Des cartes (ou lignes) blanches doivent séparer les sous-programmes. Mais ce qui est certainement encore plus important est l'**indentation**, dont nous avons déjà discuté au paragraphe 6.2.

```
PROGRAM NONCONCIS(OUTPUT);
VAR I:1..10;
BEGIN
FOR I:=1 TO 10 DO
    IF I < 0 THEN WRITELN(' NOMBRE NEGATIF')
    ELSE IF I > 10 THEN WRITELN(' NOMBRE TROP GRAND')
        ELSE WRITELN(I:3,SQRT(I):8:6)
END.
```

Fig. 25.11   Exemple de non-concision

4°   L'autodocumentation

Un programme peut et doit être autodocumenté, ceci implique:

i)   Le choix d'identificateurs significatifs

Le salaire d'un employé, par exemple, doit être représenté par l'identificateur "salaire" et non "x" ou "a".

ii)   L'introduction de commentaires judicieux

Un programme doit renfermer des commentaires dans tous les cas où les choix du programmeur ne sont pas évidents. Il ne faut pas abuser des commentaires; ainsi il est parfaitement inutile et même nuisible de commenter un ordre tel que nombre : = nombre + 1, surtout si le commentaire est (* on additionne 1 au nombre *).

Par contre, chaque sous-programme devrait contenir un commentaire initial définissant son but et toutes les caractéristiques de ses paramètres.

II)   La facilité de vérification

On introduit sous ce terme les possibilités de tester la validité du programme. Comme on l'a déjà vu, on ne peut pas tester tous les cas possibles dans un programme. Plusieurs solutions s'offrent à nous:

1°   La génération de données aléatoires

Il est possible de produire aléatoirement un grand nombre de jeu de données qui peuvent permettre de tester relativement bien le programme. Cette facilité n'est possible que si on peut intégrer cette génération aléatoire au programme sans trop d'efforts.

2° La vérification formelle

Cette technique encore peu applicable à la plupart des programmes permet de prouver formellement qu'un programme est correct. Nous allons essayer d'expliquer brièvement le principe, avant de donner un exemple.

On introduit au début du programme une **assertion d'entrée**

$$(* \text{ on assume: } <\text{expression booleenne} > *)$$

Vérifier qu'un programme est correct revient à prouver que l'**assertion de sortie** (en fin de programme) est vraie, lorsque celle d'entrée est supposée vraie. L'assertion de sortie peut être notée:

$$(* \text{ on prouve: } <\text{ expression booleenne } > *)$$

A titre d'exemple, nous allons prendre une procédure qui calcule le produit de deux nombres entiers positifs m et n par des additions et des soustractions. Le principe est très simple: on additionne m copies de n; pour cela on utilise "produit" qui représente la somme partielle et "compteur", une variable locale qui compte le nombre de n qu'il reste à additionner. On a deux phases:

i) Mettre la somme à zéro et le compteur à m.

ii) Répéter jusqu'à ce que le compteur soit nul le processus suivant:

additionner n à "produit" et diminuer "compteur" de 1.

Les assertions d'entrées et de sorties sont:

$$(* \text{ on assume: } m > 0 \text{ et } n > 0 *)$$

$$(* \text{ on prouve: } produit = m * n *)$$

Il nous faut donc prouver formellement que

$$m > 0 \text{ et } n > 0 \Rightarrow produit = m * n$$

Nous utiliserons la notation suivante pour les assertions intermédiaires:

$$(* \text{ assertion } *) \text{ instructions } (* \text{ assertion } *)$$

où les assertions sont des expressions booléennes.

On a:

$$m > 0 \text{ et } n > 0 \Rightarrow m*n = m*n \text{ et } m > 0$$

$$\Rightarrow (* m*n = m*n \text{ et } m > 0 *)$$

$$produit := 0; compteur := m \qquad .$$

$$(* produit + compteur * n = m*n \text{ et } compteur > 0 *)$$

$\Rightarrow$ (*produit + compteur*n = m*n **et** compteur > 0*)

produit: = produit + n; compteur: = compteur−1

(*produit + compteur*n = m*n **et** compteur > = 0*)

$\Rightarrow$ (*produit + compteur*n = m*n **et** compteur >0*)

repeat produit: = produit + n; compteur: = compteur−1

until compteur = 0

(*produit + compteur*n = m* n **et** compteur > = 0

et compteur = 0*)

$\Rightarrow$ produit = m*n

On trouvera à la Figure 25.12, la procédure avec les assertions.

```
TYPE POSITIF=0..MAXINT;

PROCEDURE PROUVE(M,N:POSITIF; VAR PRODUIT:POSITIF);
VAR COMPTEUR:POSITIF;
BEGIN
(*ON ASSUME: M > 0 ET N > 0 *)

(* M*N = M*N ET M>0 *)

PRODUIT:=0; COMPTEUR:=M;

(* PRODUIT+COMPTEUR*N = M*N ET COMPTEUR > 0 *)

REPEAT PRODUIT:=PRODUIT+N;
       COMPTEUR:=COMPTEUR-1
UNTIL COMPTEUR=0

(* PRODUIT+COMPTEUR*N = M*N ET COMPTEUR >= 0 ET COMPTEUR = 0 *)

(*ON PROUVE: PRODUIT = M*N *)
END;
```

Fig. 25.12   Exemple de vérification formelle

III)   La facilité de modification

Un programme peut être modifié principalement dans deux buts:

i)   améliorer ses performances,

ii)   l'adapter à des situations nouvelles, aux nouvelles exigences des utilisateurs.

```
PROGRAM NONADAPTABLE(INPUT,OUTPUT);
VAR I,J:1..10;
    NOMBRE:ARRAY[1..10] OF INTEGER; STOCK:INTEGER;
BEGIN
FOR I:=1 TO 10 DO READLN(NOMBRE[I]);
FOR I:=1 TO 9 DO
    FOR J:=I+1 TO 10 DO
        IF NOMBRE[I] > NOMBRE[J] THEN
            BEGIN STOCK:=NOMBRE[I];
            NOMBRE[I]:=NOMBRE[J];
            NOMBRE[J]:=STOCK
            END;
FOR I:=1 TO 10 DO WRITELN(NOMBRE[I])
END.
```

Fig. 25.13   Exemple de non-adaptabilité

Ceci exige d'une part toutes les qualités d'un programme clair, d'autre part des qualités d'**adaptabilité** et de **documentation technique.**

1° L'adaptabilité

Un programme est **adaptable** si on peut facilement l'adapter à de nouvelles contraintes ou l'étendre à de nouvelles possibilités. Ceci implique de suivre les règles suivantes:

i)   développer le programme selon l'**approche descendante,**

ii)   **paramétriser** les constantes.

Par exemple, le programme de la Figure 25.13 permet de trier une série de 10 nombres dans l'ordre croissant; il devient fastidieux de l'adapter à 20 nombres, tandis que celui de la Figure 25.14 est facilement adaptable.

2° La documentation technique

Un manuel technique est nécessaire au programmeur qui doit modifier le programme. Ce manuel doit comprendre au moins:

i)   La description complète des algorithmes avec la motivation des choix.

ii)   La description complète des variables et des structures de données.

iii) Le texte complet du programme.

iv)   Des explications concernant toute particularité.

25.9 La portabilité

On peut la définir comme la mesure de la facilité avec laquelle un programme peut être transporté d'un environnement informatique vers un autre. La portabilité des programmes est devenue une nécessité pour les raisons suivantes:

```
PROGRAM ADAPTABLE(INPUT,OUTPUT);
CONST NB=10;
TYPE INTER=1..NB;
VAR I,J:INTER;
     NOMBRE:ARRAY[INTER] OF INTEGER; STOCK:INTEGER;
BEGIN
FOR I:=1 TO NB DO READLN(NOMBRE[I]);
FOR I:=1 TO NB-1 DO
    FOR J:=I+1 TO NB DO
       IF NOMBRE[I] > NOMBRE[J] THEN
           BEGIN STOCK:=NOMBRE[I];
           NOMBRE[I]:=NOMBRE[J];
           NOMBRE[J]:=STOCK
           END;
FOR I:=1 TO NB DO WRITELN(NOMBRE[I])
END.
```

Fig. 25.14   Exemple d'adaptabilité

```
PROGRAM NONPORTABLE(OUTPUT);
CONST LONG=10;
TYPE INTER=1..LONG;
     ALFA=PACKED ARRAY [INTER] OF CHAR;

FUNCTION CONVERSION(CHAINE:ALFA) : INTEGER;
VAR I,J:INTER; NOMBRE:INTEGER;
BEGIN I:=1;
NOMBRE:=0;
WHILE CHAINE[I] = ' ' DO I:=I+1;
FOR J:=I TO LONG DO NOMBRE:=NOMBRE*10+ORD(CHAINE[J])-27;
CONVERSION:=NOMBRE
END;

BEGIN WRITELN(CONVERSION('     65345'))
END.
```

Fig. 25.15   Exemple de non-portabilité

i)   Cela coûte cher de transporter des programmes d'une machine à une autre lorsqu'ils ne sont pas portables.

ii)   Le matériel doit être souvent changé et lorsque les programmes ne sont pas portables, il faut les réécrire.

iii) L'avènement des réseaux d'ordinateurs est favorisé par la portabilité.

iv)   À cause de la rapide évolution des mini et des micro-ordinateurs, il est nécessaire d'écrire des programmes portables.

On peut ajouter deux considérations d'ordre humain:

v)   Il n'est pas très intéressant de réécrire le programme d'une autre personne uniquement parce qu'on n'a pas la même machine.

vi)   Pourquoi faut-il apprendre les particularités de chaque système?

La portabilité implique trois qualités: l'**utilisation d'un langage standard**, l'**indépendance du matériel** et l'**indépendance du système d'exploitation.**

I)   L'utilisation d'un langage standard

Cela signifie qu'il faut éviter à tout prix d'utiliser, dans un programme, des instructions particulières à l'implantation locale, c'est-à-dire au compilateur d'une machine donnée. On évitera, par exemple, d'utiliser les fichiers segmentés en PASCAL sur CDC-Cyber, si on désire transporter le programme sur une autre machine.

Il faut donc s'en tenir au langage standard pour autant qu'il existe.

II)   L'indépendance du matériel

Les langages de haut niveau, généralement, ne font pas directement référence au matériel. Il est pourtant facile et (malheureusement) parfois nécessaire de manipuler des informations fortement liées au type d'ordinateur. Par exemple, la taille maximale des ensembles en PASCAL, la précision des nombres et les codes des caractères dans tous les langages sont généralement fonctions du matériel. On peut éviter certaines difficultés en paramétrisant les programmes. Il existe, par exemple, la constante "maxint" en PASCAL qui est définie comme le plus grand entier disponible dans l'ordinateur.

La fonction de la Figure 25.15 transforme une chaîne de caractères contenant un nombre entier cadré à droite en une valeur entière. Cette fonction est dépendante du matériel car 27 est l'ordinal de '0' uniquement sur CDC-Cyber. Il aurait fallu utiliser ord ('0').

III)   L'indépendance du système d'exploitation

Certains langages permettent d'utiliser des particularités du système d'exploitation, ce qui est fortement à déconseiller.

CHAPITRE 26

PASCAL 6000

26.1 L'évolution du langage PASCAL

Le grand succès qu'a connu le langage PASCAL depuis sa création par N. Wirth et l'accessibilité au compilateur, écrit lui-même en PASCAL, a incité de nombreuses équipes à développer un compilateur PASCAL pour l'ordinateur qu'elles avaient à leur disposition. C'est ainsi qu'on a vu naître successivement des compilateurs pour CDC 6600 (compilateur développé par l'équipe de Wirth), ICL 1900, Xerox Sigma 6, D.E.C. PDP 10, IBM 370, UNIVAC 1100. Certains compilateurs ont été adaptés à partir de celui pour CDC, d'autres ont été développés à l'aide du compilateur PASCAL-P, destiné à la transportabilité de PASCAL et également conçu par l'équipe de Wirth. Bien entendu, d'autres stratégies ont été développées. On remarque que toutes les premières versions de PASCAL ont fonctionné sur des ordinateurs de grande ou moyenne puissance. Pourtant, bientôt le premier compilateur pour mini-ordinateur allait apparaître: un compilateur pour D.E.C. PDP 11. Mais l'évolution n'allait pas s'arrêter là. L'envahissement des micro-ordinateurs sur le marché allait entraîner des implantations de PASCAL sur ces machines: Texas Instruments développa le "Microprocessor PASCAL", tandis que l'équipe de K. Bowles de UCSD (Université de Californie à San Diego) développait un système PASCAL pour différents types de micro-ordinateurs. Enfin, l'avènement des ordinateurs individuels allait permettre encore un plus grand développement de PASCAL; on peut notamment citer l'implantation du PASCAL UCSD sur APPLE II.

Il y a malheureusement le revers de la médaille: la prolifération de compilateurs PASCAL sur différentes machines a entraîné de nombreuses modifications du langage. Aujourd'hui, un effort dans le sens d'une standardisation est accompli et cet ouvrage en est la preuve; il ne faut pourtant pas s'attendre rapidement à un ralliement massif vers une version standardisée.

Nous n'allons évidemment pas étudier toutes les modifications, corrections ou extensions apportées au langage. Néanmoins, nous présenterons dans ce chapitre celles du PASCAL 6000, développé conjointement par l'École polytechnique fédérale de Zurich et l'Université du Minnesota, et dans le dernier chapitre celle de PASCAL UCSD.

26.2 Qu'est-ce que PASCAL 6000?

PASCAL 6000 est le compilateur PASCAL développé à l'École polytechnique fédérale de Zurich (ETH) par l'équipe de N. Wirth, le créateur de

PASCAL. Le compilateur accepte en entrée une version du langage PASCAL (que nous appellerons le langage PASCAL 6000) proche du langage PASCAL ISO, mais comportant néanmoins quelques restrictions, changements et extensions. Ce sont ces modifications que nous allons décrire. Nous nous baserons sur la version 3 du compilateur, distribuée par l'Université du Minnesota. PASCAL 6000 fonctionne sur les ordinateurs des séries CDC 6000, Cyber 70 et Cyber 170.

26.3   L'ordre des déclarations

Contrairement à ce qui a été montré tout au cours de cet ouvrage, l'ordre des déclarations **label, const, type, var, procedure** et **fonction** n'est pas strict et chaque sorte de déclaration peut être répétée plusieurs fois, ce qui permet de grouper des éléments se reliant au même thème. L'exemple suivant permettra de mieux comprendre ce concept:

```
const dim = 20;
type inter = 1.. dim;
     vecteur = array [inter] of real;
procedure add (var v1, v2, v3: vecteur);
begin
...
end;
var vec1, vec2, vec3: vecteur; int: inter;
const maxfreq = 1000;
type intfreq = 0.. maxfreq;
     couleur = (rouge, vert, bleu, jaune);
var freq: array [couleur] of intfreq;
```

26.4   La section value

Une nouvelle section de déclaration a été introduite: la section **value** qui permet d'initialiser des variables au moment de la compilation. **Cette section ne peut figurer que dans le programme principal.** Des variables de tous les types peuvent être initialisées de cette façon sauf les fichiers. La syntaxe est donnée par le diagramme de la Figure 26.1.

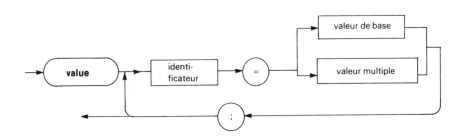

Fig. 26.1   Diagramme syntaxique de la section value

Les valeurs de base permettent d'initialiser des variables de type scalaire (integer, real, char, scalaire défini par l'utilisateur, intervalle), de type pointeur (seulement par nil), de type chaîne (**packed array** [...] **of** char) et de type ensemble. Le diagramme de la Figure 26.2 montre de telles possibilités.

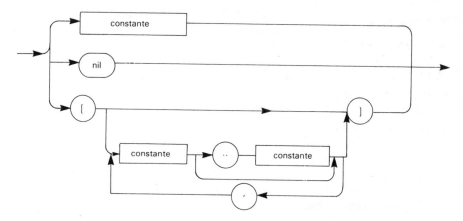

Fig. 26.2   Diagramme syntaxique d'une valeur de base

Les valeurs multiples permettent d'initialiser des tableaux (autres que les chaînes) et des enregistrements à l'aide de **constructeurs.** Un constructeur consiste en une série de valeurs séparées par des virgules. La série est entre parenthèses et peut être précédée ou non du nom du type. Toutes les valeurs doivent être présentes, mais si on en a plusieurs identiques de suite, on peut utiliser un facteur de répétition consistant en une constante entière suivie de **of.** Les constructeurs peuvent être emboîtés, ce qui permet d'initialiser des tableaux multiples, des tableaux d'enregistrements, etc.

La Figure 26.3 montre la syntaxe de ces valeurs multiples.

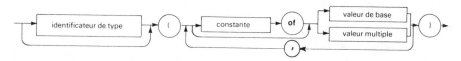

Fig. 26.3   Diagramme syntaxique d'une valeur multiple

Considérons maintenant un exemple:

const dim = 2;
type matrice = **array** [1..dim] **of array** [1..dim] **of** real;
        date = **record**
                an: 1900..2000;

```
                    mois: (janvier, fevrier, mars, avril, mai, juin, juillet,
                    aout, septembre, octobre, novembre, decembre);
                    jour: 1..31
              end;
         couleur = (bleu, jaune, rouge, vert);
         element = record
                    nom: packed array [1..10] of char;
                    somme: real;
                    suivant: ↑ element
                  end;
         couleurs = set of couleur;
var  mat: matrice; jour: date;
     coul: couleur; elem: element;
     couls: couleurs;
value mat = matrice ( (4.2, 6.3) (3.2, 6.1) );
     jour = date (1980, novembre, 23);
     coul = vert;
     elem = element ('LAPLUME~~~ ', 1410.15, nil);
     couls = [jaune, rouge];
```

26.5 Les fichiers segmentés

PASCAL 6000 permet de définir et d'utiliser des fichiers segmentés. Un fichier segmenté est un fichier séquentiel formé de parties non nécessairement de même longueur que l'on appelle **segments**. On peut se positionner au début de n'importe quel segment, mais **il ne faut pas considérer un fichier segmenté comme un fichier à accès direct**, surtout du point de vue de l'efficacité.

Un fichier segmenté se déclare en faisant précéder le mot **file** du mot **segmented.**

p.e. **type** segfichier = **segmented file of** integer;

On peut aussi écrire:

type fich = **file of** integer;
     segfichier = **segmented** fich;

Le type segtext est prédéfini comme:

type segtext = **segmented** text;

On peut manipuler un fichier segmenté grâce aux procédures suivantes (en plus des opérations de lecture et écriture habituelles).

putseg (f)   - termine l'écriture du segment courant du fichier f;
getseg (f)   - initialise la lecture du prochain segment du fichier f;
getseg (f, n) - initialise la lecture du n^{ième} segment à partir du segment courant du fichier f; si n est négatif, on recule dans le fichier; si

n est positif, on avance; si n = 0, on recommence la lecture du segment courant; remarquons que getseg (f, 1) est équivalent à getseg (f);

rewrite (f, n) - initialise l'écriture du n^{ième} segment à partir du segment courant; il faut prendre garde que rewrite (f, 1) n'est pas équivalent à rewrite (f) qui initialise l'écriture du premier segment du fichier f.

Il existe aussi une fonction booléenne eos (f) permettant de tester la fin d'un segment du fichier f.

Les fichiers input et output peuvent être déclarés segmentés en faisant suivre leur nom d'un " + " dans l'en-tête du programme.

p.e. **program** copie (input+ , output+);

26.6 Quelques autres différences entre PASCAL 6000 et PASCAL ISO

1° Restrictions

Aucune.

2° Extensions

a) La variable de contrôle d'une boucle **for** peut être déclarée comme variable globale.

b) L'instruction **case** peut comporter une clause **otherwise**; dans ce cas, l'instruction correspondant à cette clause est exécutée lorsque le sélecteur n'est égal à aucune des constantes données. Le diagramme syntaxique de la Figure 10.2 est alors remplacé par celui de la Figure 26.4.

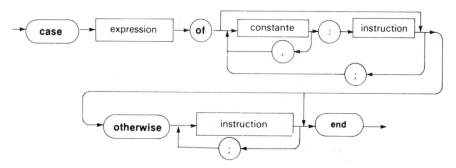

Fig. 26.4   Diagramme syntaxique de l'instruction case

Par exemple, l'instruction **case** de l'exemple du paragraphe 10.3 devient:

case categorie **of**

    'A', 'C': somme: = somme + 1.06* prix;

    'B': somme: = somme + prix;

    'D': somme: = somme + 1.08* prix;

'E': somme: = somme + 1.11 * prix
otherwise writeln ('ERREUR DE CATEGORIE')

end;

Il est important de noter que lorsqu'on utilise la clause **otherwise**, on ne peut plus distinguer les cas prévus par le programme qui ne répondent à aucune des constantes mentionnées et les cas non prévus.

c) On peut déclarer le fichier input comme interactif, en faisant suivre son nom, dans l'en-tête d'un programme, d'un signe "/". Dans ce cas, l'appel à readln sans paramètre va imprimer un "?". Ensuite, on lit des valeurs à l'aide de read et non de readln.

d) Il existe un type prédéfini:

type alfa = **packed array** $[1..10]$ **of** char

correspondant à des chaînes de 10 caractères, occupant un mot-mémoire.

e) Les procédures prédéfinies suivantes sont disponibles:

- release (p)   libère la place occupée par toutes les variables dynamiques allouées depuis que p ↑ a été alloué; l'usage de cette procédure est déconseillé;

- date (a)   fournit la date dans la variable a de type alfa;

- time (a)   fournit l'heure dans la variable a de type alfa;

- linelimit (f, x)   fixe un nombre limite x de lignes de sortie sur le fichier de texte f;

- message (s)   écrit la chaîne de caractères s sur le journal de bord (dayfile);

- halt   termine l'exécution du programme en erreur fatale;

- halt (s)   termine l'exécution du programme en erreur fatale et écrit la chaîne s sur output et le journal de bord (dayfile).

f) Les fonctions prédéfinies suivantes sont disponibles:

- card (s)   fournit le nombre d'éléments de l'ensemble s;

- clock   fournit un entier valant le nombre de millisecondes de temps CPU déjà utilisé par le travail (job) en cours;

- expo (x)   retourne l'exposant de la représentation en point flottant de l'expression réelle x;

- undefined (x)   est une fonction booléenne vraie si x est un nombre réel indéfini.

Il faut encore signaler les formes étendues des fonctions suivantes:

- trunc (x, n)   retourne la partie entière de l'expression réelle $x * 2^n$;

- ord (ns)   retourne la représentation entière d'un pointeur ns ou d'un ensemble ns.

3° Modifications

a) La constante **nil** n'est pas un mot réservé, mais un identificateur standard.

b) Les tableaux conformants sont implantés différemment. Il suffit d'ajouter le mot réservé **dynamic** devant l'identificateur de type d'un paramètre tableau. Les tableaux multiples peuvent être dynamiques, mais non pas ceux qui sont des champs d'enregistrements. Les fonctions low (a, n) et high (a, n) retournent respectivement la borne inférieure et supérieure de la $n^{ième}$ dimension du tableau a.

Le paramètre n doit être un entier constant et on peut omettre ce paramètre pour les tableaux à une dimension. L'exemple du paragraphe 15.6 devient alors:

```
procedure somme (var a, b, c: dynamic matrice);

var i, j: limite;

begin

for i: = low (a, 1) to high (a, 1) do
    for j: = low (a, 2) to high (a, 2) do c [i, j]: = a [i, j] + b [i, j]

end;
```

CHAPITRE **27**

PASCAL UCSD

27.1 Qu'est-ce que PASCAL UCSD?

PASCAL UCSD est un système développé à l'Université de Californie à San Diego, par l'équipe de K. Bowles. Le système disponible sur la plupart des micro-ordinateurs comprend un système de gestion de fichiers, un éditeur de texte, un compilateur PASCAL, un éditeur de liens et un assembleur. Dans ce chapitre, nous ne décrirons que les aspects du langage PASCAL qui s'écartent du standard.

27.2 Le traitement des chaînes de caractères

Le type string

L'une des principales extensions de PASCAL UCSD est la présence d'un nouveau type prédéfini: le type string. Ce nouveau type correspond à nos chaînes de caractères vues au chapitre 17. On peut donc considérer qu'on a la déclaration implicite suivante:

type string = **packed array** [1..80] **of** char.

Cependant, les règles strictes de compatibilité de types vues au paragraphe 17.2 ne sont plus observées. Cela signifie qu'une variable de type string est une chaîne de caractères d'**au maximum** 80 caractères. Ce maximum peut d'ailleurs être fixé à une valeur inférieure en utilisant la notation string [n] où n est une constante positive entière inférieure à 80.

Mais quelles sont les conséquences de cette nouvelle définition sur les opérations déjà connues impliquant des chaînes de caractères? Pour répondre à cette question, nous allons déclarer trois variables de type chaîne par:

var ch1, ch2, ch3: string;

Nous initialisons ces trois chaînes de la manière suivante:

ch1 : = 'LE CHIEN MANGE';
ch2 : = ' UN OS';
ch3 : = ' DEVANT LE POSTE DE TELEVISION';

Comme dans le cas des tableaux compactés du chapitre 17, on peut atteindre un caractère précis, en utilisant un indice; ainsi ch2[5] vaut 'O' tandis que ch3 [23] vaut 'L'.

Lecture de chaînes

Nous pouvons lire directement des chaînes de caractères, ce qui n'était pas possible avec les tableaux compactés comme on l'a vu au paragraphe 17.3. Ainsi, si on déclare **var** ch4 : string, l'instruction read (ch4) va lire une suite de caractères jusqu'à la rencontre d'une fin de ligne. Si la suite de caractères dépasse le maximum (ici 80), les autres caractères ne sont pas mémorisés.

Procédures et fonctions de manipulation de chaînes

Deux procédures et quatre fonctions prédéfinies permettent de manipuler facilement les variables de type chaîne. Nous allons les décrire en prenant des exemples basés sur les trois chaînes ch1, ch2 et ch3 définies ci-dessus. A chaque exemple, nous repartirons des chaînes initiales.

1°   La procédure insert (s, d, nb) insère la chaîne s dans la chaîne d à partir du nb^{ième} caractère de d. Ainsi insert ('GROS ', ch2,5) correspond à la transformation de ' UN OS' en ' UN GROS OS'.

2°   La procédure delete (d, nb, k) enlève de la chaîne d k caractères à partir du nb^{ième}. Par exemple, delete (ch3, 17, 14) transforme ' DEVANT LE POSTE DE TELEVISION' en ' DEVANT LE POSTE'.

3°   La fonction concat (s1, s2, s3, ..., sn) fournit une concaténation, c'est-à-dire une chaîne formée en mettant bout à bout s1, s2, s3, ..., sn. Le type du résultat est donc string, ce qui entre parenthèses n'est pas autorisé pour les fonctions définies par l'utilisateur. Si nous écrivons, par exemple :

ch1 : = concat (ch1, ch2, ch3)

nous avons évidemment dans ch1 la chaîne :

'LE CHIEN MANGE UN OS DEVANT LE POSTE DE TELEVISION'.

4°   La fonction copy (d, nb, k) retourne la sous-chaîne de d commençant au nb^{ième} caractère et comprenant k caractères. Ainsi copy (ch1, 4, 5) est évidemment la chaîne 'CHIEN'.

5°   La fonction length (s) fournit le nombre de caractères de la chaîne s. Ainsi length (ch3) vaut 30.

6°   La fonction pos (s1, s2) cherche si la chaîne s1 est une sous-chaîne de la chaîne s2; si c'est le cas, le résultat retourné est la position (index) du premier caractère de la sous-chaîne présente dans la chaîne. S'il n'y a aucune sous-chaîne de ce type, 0 est retourné. Ainsi pos ('OS', ch1) vaut 0 tandis que pos ('OS', ch2) vaut 5.

27.3 La gestion des fichiers

Il existe cinq sortes de fichiers:

1°   les fichiers de composantes (autres que char),
2°   les fichiers de texte,
3°   les fichiers interactifs,
4°   les fichiers sans type,
5°   les fichiers à accès direct.

Nous décrirons les 3 premières sortes dans ce paragraphe et les 2 dernières dans le paragraphe 27.4.

1° Les fichiers de composantes (autres que les fichiers de texte)

De tels fichiers qu'on déclare par **file of** <type> ne peuvent être manipulés qu'avec put et get. La procédure reset peut avoir un deuxième paramètre qui est une chaîne de caractères donnant le nom du fichier, p.e. reset (f, 'INFO. TEXT'). La procédure rewrite, elle, **doit** avoir ce second paramètre; cela signifie que le fichier créé a nécessairement un nom externe et peut être retrouvé après l'exécution du programme, à condition d'avoir appelé la procédure close (f, lock) (voir ci-dessous).

2° Les fichiers de texte

Ces fichiers correspondent à ceux décrits au paragraphe 21.4. Les modifications, vues ci-dessus, concernant les procédures reset et rewrite s'appliquent aussi, de même que la procédure close.

3° Les fichiers interactifs

PASCAL UCSD a été principalement développé pour des applications interactives. Or, la définition standard de read et reset (paragraphe 21.4) n'est pas propice à ce type d'application. C'est la raison pour laquelle le type "interactive" a été introduit. Un fichier de type "interactive" est semblable à un fichier de texte, mais les procédures read et reset sont redéfinies de la manière suivante:

$$read~(f, ch) \Longleftrightarrow get~(f);~~ch := f\uparrow$$
$$\textbf{et non}~~ch := f\uparrow; get~(f)$$

reset(f) positionne le fichier à son début, mais laisse

$f\uparrow$ indéfini (ne fait pas de get (f) implicite).

Trois fichiers interactifs sont prédéfinis: input (clavier), output (écran) et keyboard (clavier sans écho sur l'écran).

A titre d'exemple, nous montrons un programme lisant un texte donné sur le clavier et qui compte le nombre de points-virgules.

```
program compte;
var nombre: integer;
    ch: char;
```

```
begin
nombre: = 0;
read (ch);
while not eof do
  begin
  while not eoln do
    begin
    if ch = ';' then nombre: = nombre + 1;
    read (ch)
    end;
  readln
  end;
writeln ('NOMBRE DE POINTS-VIRGULES:', nombre)
end.
```

La procédure close

Cette procédure, qui s'applique à tous les types de fichiers, doit être appelée lorsqu'on n'utilise plus un fichier au cours d'un programme. Elle a 2 paramètres: le nom du fichier et un paramètre optionnel qui peut être:

normal, lock, purge ou crunch.

normal (qui est la valeur par défaut) signifie l'abandon du fichier; dans ce cas, un fichier en écriture est détruit;

lock signifie qu'un fichier en écriture est conservé après l'exécution du programme, il devient donc permanent et prend le nom donné dans l'appel à rewrite;

purge provoque la destruction du fichier dont le nom a été associé à l'appel à rewrite;

crunch correspond à un "lock" avec suppression de toutes les composantes à partir de la dernière atteinte par get ou put.

La fonction ioresult

C'est une fonction sans paramètres de type integer qui retourne une valeur spécifiant comment s'est déroulée la dernière opération d'entrée-sortie.

0 signifie pas d'erreur tandis que les valeurs de 1 à 16 correspondent à différentes erreurs (erreurs de parité, opération illégale, etc.).

27.4 L'accès direct

1° Les fichiers sans type

PASCAL UCSD permet la manipulation de fichiers sans variable-tampon. De tels fichiers sont considérés sans type et se déclarent par le seul mot **file**. En fait, l'accès à ces fichiers est un accès direct au niveau du bloc, c'est-à-dire de la plus petite unité d'information accessible sur une diskette. Un bloc correspond à 512 octets. Les entrées-sorties se font en utilisant 2 fonctions:

```
blockread (nom, tab, nbloc, relbloc)
blockwrite (nom, tab, nbloc, relbloc)
```

Les deux fonctions sont de type integer et retournent le nombre de blocs effectivement transférés; nom est le nom du fichier (variable de type **file**); tab est un tableau de N caractères où N doit être un multiple entier de 512; c'est évidemment la zone mémoire où sont mémorisés des blocs transférés; nbloc est le nombre de blocs que l'on veut transférer; relbloc est le numéro de bloc relatif au début du fichier (ce paramètre peut être omis, si on transfert les blocs séquentiellement).

2° Les fichiers à accès direct

Ce sont des fichiers déclarés comme les fichiers séquentiels par **file of** <type>, mais l'accès aux composantes du fichier peut se faire dans un ordre quelconque; c'est-à-dire qu'on peut atteindre chaque composante par un numéro de composante comme on atteint chaque composante d'un tableau par un indice.

L'accès à une composante se fait par l'utilisation de la procédure seek (nom, n), où nom désigne le fichier et n le numéro de composante. Les composantes sont numérotées à partir de zéro. L'appel à seek se fait avant l'appel à get ou à put. Il est possible d'alterner les opérations de lecture et d'écriture, ce qui facilite considérablement la mise à jour d'un fichier. Ainsi, dans l'exemple du paragraphe 22.5, nous pouvons nous contenter seulement d'un fichier-maître et d'un fichier de transactions; le fichier de transactions est toujours un fichier séquentiel, mais il n'a plus besoin d'être trié tandis que le fichier-maître devient un fichier à accès direct. La clé peut jouer le rôle de numéro de composantes, ou une correspondance peut se faire par la technique d'adressage dispersé du paragraphe 24.10.

Ainsi la boucle de recherche séquentielle de l'enregistrement dans le fichier-maître dont la clé correspond à la transaction pourra se remplacer par:

```
numero: = hash (t↑. cle);
seek (maître, numero);
get (maître);
maître↑. montant: = maître↑. montant + t↑. montant;
seek (maître, numero);
put (maître);
```

La fonction hash est supposé donner un numéro d'enregistrement correspondant à la clé. Les fichiers vm et nm ont été remplacés par un unique fichier: maître: **file of** compte. Le deuxième appel à seek est obligatoire, car get fait passer automatiquement à la composante suivante.

27.5 Quelques autres différences entre PASCAL UCSD et PASCAL ISO

1° Restrictions

a) Les procédures pack et unpack n'existent pas. Comme leur usage n'était justifié que pour des raisons d'efficacité, le problème n'est pas grave.

b) Il n'est pas possible de définir des procédures et des fonctions comme paramètres formels. Cette restriction est difficile à contourner!

c) Il n'est pas permis d'imprimer des expressions booléennes à l'aide de write ou writeln. Pour remédier à cette restriction, on peut suggérer de définir une procédure du genre:

```
procedure ecrirebool (b: boolean);
begin
if b then write ('TRUE') else write ('FALSE')
end;
```

d) L'instruction **goto** ne peut se référer qu'à une étiquette dans le même bloc. Ainsi, il n'est pas possible de prévoir une sortie anormale d'une procédure par une instruction **goto**. On peut par contre utiliser la procédure exit décrite dans les extensions.

2° Extensions

a) Il existe une procédure exit (p) qui permet de sortir immédiatement de la procédure dont le nom est p et de continuer l'exécution à l'instruction suivant l'appel à p. L'usage de cette procédure est à déconseiller.

b) Il est possible de segmenter un programme PASCAL en déclarant certaines procédures comme des segments. Cela signifie que de telles procédures n'auront pas besoin de résider en mémoire pendant toute l'exécution du programme. On peut donc écrire des programmes dont la longueur du code-objet excède la mémoire disponible. Il est évident qu'une telle stratégie ne s'applique qu'à des programmes qui peuvent être découpés en étapes logiques se déroulant séquentiellement. Ainsi, on déclarera une phase d'initialisation par:

```
segment procedure init;
begin
...
end;
```

c) Il existe un certain nombre d'autres procédures et fonctions (graphiques, mathématiques, systèmes).

3° Modifications

a) Dans une instruction **case**, si le sélecteur a une valeur qui ne correspond à aucune des constantes présentes, l'instruction suivant le **case** est exécutée. Ainsi notre remarque du paragraphe 10.2 ne s'applique plus et l'exemple avec l'instruction **case** correspond à la série de **if** donnée en exemple.

b) La procédure de libération de mémoire dispose n'est pas disponible. On peut par contre utiliser les procédures mark et release. Ces deux procédures doivent être appelées avec un paramètre i de type ↑integer.

> mark (i) mémorise dans i l'adresse du sommet de la zone pour les variables dynamiques;

> release (i) libère la place allouée par tous les appels à new depuis l'appel à mark qui a retourné la valeur de i correspondante.

L'exemple du paragraphe 23.2 devient alors:

```
type pointeur = ↑tableau;
     tableau = ...;

var  p: pointeur;
     i : ↑integer;

begin mark (i); (* memorisation du sommet de la zone dynamique *)
new (p); (* allocation dynamique *)
 .
 .
 .

new (p);(* nouvelle allocation *)
 .
 .
 .

release (i)  (* liberation *)
end;
```

c) La fonction arctan s'appelle atan.

EXERCICES SUPPLEMENTAIRES

Première partie: questions

Pour chacune des questions suivantes, une seule réponse sur les 4 suggérées est correcte, laquelle?

1) Soit le programme suivant:

```
program mystere(input, output);
var a: array [1..10] of integer; i, j, t : integer;
begin for i : = 1 to 10 do read (a[i]);
         for i : = 1 to 9 do
             for j : = i + 1 to 10 do if a[j]  < a [i ] then
                                      begin
                                      t : = a[i];
                                      a[i] : = a[j];
                                      a[j] : = t
                                      end;
             for i : = 1 to 10 do write (a[i])
end.
```

Que fait ce programme?
a) Il lit, classe dans l'ordre croissant et imprime 10 valeurs.
b) Il lit, classe dans l'ordre décroissant et imprime 10 valeurs.
c) Il lit, permute 2 à 2 et imprime 10 valeurs.
d) Il lit et imprime 10 valeurs telles qu'il les a lues.

2) Laquelle des instructions suivantes ne peut jamais se trouver dans un programme Pascal?
a) a : = '''' ;
b) b[b] : = 0;
c) c[0] : = 0;
d) x[y] : = y;

3) Soit le programme suivant:

```
program erreurs (input, output);
type tab = array [3..10] of real;
var a, b: tab ; x: real;
begin for i : = 1 to 10 do read (a[i]);
b : = a; x : = 2.0 + a[i];
```

for i := 1 **to** 10 **do** write (b[i] + x)
end.

Combien d'erreurs a ce programme?
a) aucune
b) 1
c) 2
d) 3

4)   Une variable de type scalaire définie par l'utilisateur
a) peut servir d'indice
b) peut être imprimée
c) peut servir de variable de contrôle dans 1 boucle
d) peut être utilisée dans l'instruction case

5)   Soit l'extrait du programme suivant:

```
        .
        .
a := 1 ; b := 1;
repeat a := succ (a + 1); b := succ (b);
        while a < = 5 do a := succ (a)
until   b = 3
write   (a);
        .
        .
```

Quelle valeur de a sera imprimée?
a) 6
b) 7
c) 8
d) 9

6)   Soit l'extrait du programme suivant:

```
        .
        .
a :=  [1,2,5];
for i := 1 to 5 do a := a +  [i + 3] ;
b := a *[3..5] ;
c :=  [1..5] - b ;
        .
        .
```

Que contient l'ensemble c?
a) [ ]
b) [1,2]
c) [1,2,3]
d) [1,2,3,4]

7) On a les déclarations suivantes:
var a,b : **set of** 'A'..'Z';
c : char ;
x : boolean ;

Laquelle de ses 4 instructions est impossible dans le langage Pascal?
a) a : = a- ['A'] ;
b) x : = a $<$ = b;
c) x : = c **in** [b] ;
d) a : = a * b ;

8) Soit le programme suivant:
program erreurs(output);
type personne = **record** nom: **packed array** [1..10] **of** char;
age: 0..100
end;
var p: **array** [1..20] **of** personne;
begin p. age [1] : = 20;
p [1] . nom : = 'DUPONT';
p [2] . age : = 101;
write (p) ; write (p[1]; write (p[1] . age)
end.

Combien ce programme a-t-il d'erreurs?
a) aucune
b) 1 ou 2
c) 3 ou 4
d) plus de 4

9) On désire calculer l'expression $e^{\sqrt{a + \sin^2(x) - |x|}}$
laquelle des 4 expressions est correcte:
a) exp (sqrt (a + sin(x) * 2 - abs (x)))
b) exp (sqrt (a + sin(x) * sin (x) - abs (x)))
c) exp (sqr (a + sin(x) * sin (x) - abs (x)))
d) ln (sqrt (a + sqr(sin(x)) - abs (x)))

10) Laquelle des instructions suivantes ne peut jamais se trouver dans un programme PASCAL:
a) b : = (k **in** [k-x, k + x]) = ([k] $<$ = a);
b) quantite : = quantite $>$ 0;
c) **for** ch : = 'A' **to** 'Z' **do** write (ch);
d) x : = y = (z = 0);

11) a : = 6 ; b : = ? ;
case a - b **of**
1 : **begin** a : = a + 1 : b: = b - 1 **end** ;
2 : **repeat** a : = a + 1 **until** a = b ;
3 : **while** a $>$ = b **do** a : = a - b;

4 : **for** i : = 1 **to** a **do** b : = a + b
end;
write (a);

Sachant que l'ordre write imprime 0, que valait b avant l'instruction case?
a) 5
b) 4
c) 3
d) 2

12) Laquelle de ces affirmations concernant les tableaux est incorrecte?
a) un indice peut être indicé
b) les indices peuvent être de type différent
c) les indices peuvent être des ensembles
d) les composantes peuvent être des ensembles

13) On a 2 variables a et b. Quelles instructions permettent d'échanger leurs valeurs?
a) a : = b ; b : = a ;
b) **if** a < > b **then** b : = a **else** a : = b;
c) t : = a; a : = b, b : = t;
d) t : = a ; b : = a ; t : = b;

14) On a les déclarations suivantes:
var a: integer;
    w, b: **array** [1..10] **of** integer;
    c : **record** a, b : integer;
                z : **array** [1..10] **of** integer
    end;

Laquelle de ces 4 instructions est incorrecte?
a) c.z [1] := a ;
b) c.a : = a;
c) w : = c.z ;
d) c [1] .z : = w [e] ;

15) Laquelle de ces déclarations de type est possible en PASCAL?
a) **type** t = **array** [1..10] **of record** x,y : integer
                                    end;
b) **type** t = **set of** integer;
c) **type** t = **array** [integer] **of** real;
d) **type** t = **set of** - 3.5..3.5;

16) Soit l'extrait de programme suivant:
a : = 3 ;
b : = 2 * ord (a = 3) ;
c : = succ (pred (b) + 2) + 1 ;
d : = a + b - c ;

Que vaut d?
a) 1
b) 0
c) -1
d) 5

17) On désire tester si le contenu de la variable a est pair. Laquelle de ces 4 propositions n'est pas possible?
a) **if not** odd (a) **then** ...
b) **if** a **mod** 2 = 0 **then** ...
c) **if** 2* (a **div** 2) = a **then** ...
d) **if** a **div** 2<> a/2 **then** ...

18) On désire imprimer la plus grande des 2 variables entières a et b. Laquelle des 4 propositions suivantes n'est pas possible?
a) write ((abs(a-b) + a + b) **div** 2) ;
b) max := a ;
   if b > a **then** write (max) ;
c) **if** b > a **then** write (b) **else** write (a) ;
d) max := a ;
   if b > a **then** max := b ; write (max) ;

19) Soit le programme suivant:
0 **program** faune (output);
1 **type** animal = (chat, chien, lapin, autruche) ;
2 **var** tab : **array** [animal] **of** animal ;
3 **begin** tab [chat] := lapin ;
4 tab [tab[chat]] := autruche;
5 chien := chat ;
6 write ('FINI')
7 **end**.

Quelle ligne de ce programme n'a pas de sens?
a) 2
b) 4
c) 5
d) 6

20) **program** secret (input, output);
var a, b, c : integer ;
begin readln (a,b,c) ;
while a > 0 **do begin if** b > a then write (c) **else**
                if b > c **then** write (a) **else** write (b);
                readln (a,b,c)
        end
end.

En supposant que le programme lise 3 cartes:
5   4   2

```
6     3     5
0     4     2
```

Que va-t-il imprimer?

a) 5   3
b) 5   6
c) 5   3   2
d) 5   6   2

21) Soit le programme suivant:

```
program essai(output);
var k: integer;
    procedure p(x: integer);
            procedure q (var y: integer);
            begin y : = y + 1
            end;
    begin q(x); x : = x + 1
    end;
begin k : = 5 ; p(k); write(k)
end.
```

Qu'imprime ce programme?

a) 5
b) 6
c) 7
d) 0

22) Soit le programme suivant:

```
program etrange(output);
        function f2(x: integer) : integer; forward;
        function f1(x: integer) : integer;
        begin if x  < 0 then f1 : = f2(-x) else f1 : = x
        end;
        function f2 ;
        begin if x  > 0 then f2 : = f1(x) else f2 : = -x
        end;
begin write (f1 (-f2(f1(-1))))
end.
```

Que va faire ce programme?

a) il va boucler indéfiniment
b) il va imprimer 1
c) il va imprimer -1
d) il va signaler une erreur

Réponses

1) a   2) b   3) d   4) b   5) c   6) c   7) c   8) d   9) b
10) b   11) c   12) c   13) c   14) d   15) a   16) b   17) d
18) b   19) c   20) a   21) a   22) b

Deuxième partie: programmes

1- Ecrire un programme qui donne toutes les permutations de:
(a) $A = \{1; 2; 3\}$
(b) $A = \{1; 2; 3; 4\}$
(c) $A = \{1; 2; 3; 4; 5\}$

Estimer, dans le programme, le temps nécessaire pour trouver les permutations d'un ensemble de 4 éléments, en déduire le temps nécessaire pour un ensemble de m éléments.

2- Ecrire un programme général d'algèbre matricielle pour déterminer les matrices suivantes:

1. A . B
2. A . ^{t}B   A,B sont 2 matrices
3. ^{t}A . B α, β sont 2 réels
4. ^{t}A . ^{t}B
5. αA + βB
6. ^{t}A

Rappel: Si $A = [\alpha_{ij}]$, alors ^{t}A $= [\alpha_{ji}]$.

3- Ecrire un programme qui lit une suite de nombres positifs et les additionne. La suite de nombres est terminée par un zéro. Prévoir un message d'erreur si un nombre négatif est lu.

4- Ecrire une procédure
      nombre (**var** car: char; **var** nb: nomb; **var** error: integer)
qui lit et calcule la valeur d'un nombre, «car» est le premier caractère lu dans le programme d'appel qui a permis de détecter qu'on avait affaire à un nombre. Au retour, «car» contiendra le caractère délimitant la fin du nombre.

nb est du type nomb où
      nomb = **record case** sorte: typenb **of**
             entier : (valint:integer);
             reel   : (valreel:real)
         end;
      et typenb = (entier, reel);
error est un entier qui retourne le numéro d'une éventuelle erreur.
0 = pas d'erreur.

On admettra que les entiers sont formés d'une chaîne de digits et les réels peuvent être de l'une des formes suivantes:
      m.n
    ou m.nEp

m,n et p sont des chaînes de digits non vides.

5- Ecrire un programme qui trouve et qui imprime tous les polygones distincts de surface 6, qui ont leurs côtés parallèles aux axes de coordonnées et dont les dimensions sont des nombres entiers. Par exemple:

6- Ecrire un programme PASCAL qui simule une petite machine à calculer avec les caractéristiques suivantes:
   - 26 registres nommés A..Z
   - 4 opérations + - / *
   - Toute l'arithmétique s'effectue en entier tant qu'il n'apparaît pas de nombre réel et que le résultat des divisions reste entier. Autrement, on travaille en réel (impression : 10:4).
   - Toute instruction est exécutée immédiatement (interprétée). Si elle se termine par le signe = , elle est imprimée avec son résultat.
   - Chaque instruction est précédée d'un nombre n qui l'identifie. Les n sont en ordre croissant mais non nécessairement consécutifs.
   - Le simple fait de taper un numéro branche à la ligne portant ce numéro, l'imprime et arrête.
   - Un numéro suivi d'un ! provoque un débranchement à cette ligne de programme et l'exécution de toutes les instructions jusqu'à la position courante.
   - 0 (zéro) provoque le listage du programme.

Exemple

```
10 S = 45
20 S = S + 365
21 S =
```

$\boxed{S = 680}$

```
30 S = S + 53.15
```

```
40 S =
```

$\boxed{S = 733.15}$

```
30!
```

$\boxed{S = 786.30}$

```
50 S/6 =
```

$\boxed{S/6 = 131.05}$

REPONSES AUX EXERCICES CHOISIS

1.1   a) **si** le chien a faim **alors** il mange **sinon** il dort
       b) **pas de structure plus simple**
       c) **si** a = b **alors** imprimer «les nombres sont égaux»

1.4

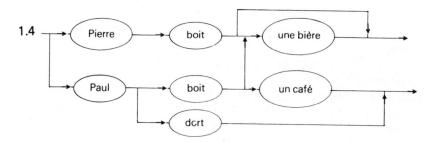

1.5   **chiffre non nul**

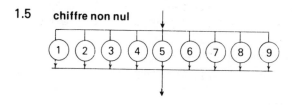

chiffre

nombre entier

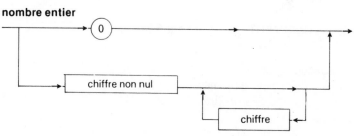

327

2.1   2ab3 et program

2.2   **program** liste(output);
      begin
      writeln ('UN DEUX TROIS');
      writeln ('QUATRE CINQ SIX');
      writeln ('SEPT HUIT NEUF')
      end.

2.3   **program** sante(output) ;
      begin
      writeln ('A');
      writeln ('   VOTRE');
      writeln ('   SANTE')
      end.

2.4   **program** noel (output);
      begin
      writeln ('N   N OOOOO EEEEE L');
      writeln ('NN   N O   O E   L');
      writeln ('N NN O   O EEEEE L');
      writeln ('N NN O   O Ɛ   L');
      writeln ('N   N OOOOO EEEEE LLLLL')
      end.

3.1   entiers : a)
      réels   : c) e) f) g) i)
      non admis: b) d) h)

3.3   a) 9   b) 6.5   c) 20   d) 1   e) 18.49   f) 3.24

3.5   **program** perimetre (output);
      begin
      writeln ('LE PERIMETRE VAUT: ', 4.24 + 2.73 + sqrt (sqr(4.24) - sqr(2.73)))
      end.

3.6   **program** sphere (output);
      const pi = 3.14159;
      begin
      writeln ('LE VOLUME VAUT:', 4/3 * pi * sqr(5.21) * 5.21)
      end.

3.8   **program** essence(output);
      const mille = 1.6; (*valeur d'un mille en km*)
             gallon = 4.2; (*valeur en litres d'un gallon*)

      begin
      writeln ('QUANTITE D''ESSENCE EN LITRES:', 1750*gallon/(22*mille))
      end.

4.1 a) e ;= 1/2 * g * sqr(t)

   b) v := 4/3 * pi * sqr(r)* r

   c) x1 := (-b + sqrt (sqr(b) - 4 * a * c))/(2 * a) et
      x2 := (-b - sqrt (sqr(b) - 4 * a * c))/(2 * a)

4.2 (r + s)/2 - sqrt(r*s)

4.3 par l'affectation suivante:
                somme := round (somme * 20)/20

5.1 Il suffit de remplacer tous les «and» par des «or» et vice-versa dans le programme de vérification de la première loi.

5.2
```
program idempotence (output)
var p: boolean;
begin p := false;
writeln (p = p and p);
p := true;
writeln (p = p and p)
end.
```

5.3
```
program distribue (output);
var p, q, r: boolean;
begin p := false; q := false; r := false;
writeln ('P', 'Q', 'R', 'EXPR');
writeln (p, q, r, p and (q or r) = (p and q) or (p and r));
r := true;
writeln (p, q, r, p and (q or r) = (p and q) or (p and r));
q := true; r := false; writeln (...); (*idem*)
r := true; writeln (...);
p := true; q := false; r := false; writeln (...);
r := true; writeln (...);
q := true; r := false; writeln (...);
r := true;  writeln (...);
end.
```

5.4 En vérifiant que l'expression booléenne suivante est vraie:
                nombre **mod** diviseur = 0

6.1
```
program table (output);
const conver = 0.0174533; (*facteur de conversion degrés-radians*)
var dangle: integer; (*angle en degrés*)
    rangle: real; (*angle en radians*)
    s,c: real;
begin dangle := 0;
while dangle  <= 45 do
            begin rangle := dangle * conver;
            s := sin(rangle); c := cos(rangle);
            writeln(s,c,s/c);
```

```
                dangle : = dangle + 1
                end
    end.
```

6.2　**program** milles (output);
　　const conver = 0.6214;
　　var mille : integer;
　　begin
　　mille : = 0; writeln (' MILLE ': 8, ' KM ': 8);
　　while mille < = 100 **do**
　　　　　　　begin writeln (mille: 8, mille/conver: 8:2);
　　　　　　　mille : = mille + 1
　　　　　　　end
　　end.

6.3　**program** degre (output);
　　const coeff = 1.8; (*9/5*)
　　var ftemp : integer; (*en fahrenheit*)
　　begin ftemp : = -100;
　　repeat writeln(ftemp,(ftemp - 32)/coeff);
　　　　　ftemp : = ftemp + 1
　　until　ftemp > 212
　　end.

7.1　**program** alphabet(output);
　　var lettre: char;
　　begin lettre : = 'A';
　　while lettre < = 'Z' **do**
　　　　　　begin write (lettre);
　　　　　　　　　lettre : = succ(lettre)
　　　　　　end
　　end.

8.1　**program** variance (input, output);
　　var n1, n2, n3, n4, n5, m, variance: real;
　　begin readln (n1, n2, n3, n4, n5);
　　　　m : = (n1 + n2 + n3 + n4 + n5)/5;
　　variance : = (sqr(n1 - m) + sqr(n2-m) + sqr(n3-m) + sqr(n4-m) +
　　　　　　　sqr(n5-m))/4;
　　writeln ('VARIANCE:', variance)

　　end.

Il n'est pas possible de généraliser le programme en employant la formule donnée, puisqu'il faut connaître la moyenne pour calculer la variance. Il est donc nécessaire de mémoriser les nombres lorsqu'on calcule la moyenne, ce qui ne peut pas se faire avec nos moyens actuels. Une autre solution est évidemment d'employer une autre formule comme:

$$\sum_{i=1}^{N} \frac{x_i^2}{N} - \frac{(\Sigma \quad x_i)^2}{N}$$

8.2
```
program pluspetit(output);
var nombre, petit: integer;
begin readln(petit);
while not eof(input) do
        begin readln(nombre);
        if nombre < petit then petit := nombre
        end;
writeln ('LE PLUS PETIT NOMBRE EST:', petit)
end.
```

9.1 a1 vaut lapin et a2 vaut chien

9.3 a) l'expression est incorrecte, car chat et chien sont des types.
b) d) e) sont incorrects

9.4 a) 1 b) paris c) amsterdam d) incorrect car succ(amsterdam)
n'existe pas e) amsterdam f) 4

10.1
```
program sommecube (output);
var i: 1..100; somme: integer;
begin somme := 0;
for i := 1 to 100 do somme := somme + sqr(i) * i;
writeln ('LA SOMME DES CUBES VAUT:', somme)
end.
```

10.4 Non, car si a est différent de 1, une erreur est détectée dans l'exécution de la seconde instruction.

11.1 b) c) d)

11.2 a) b) d)

11.3
```
program pascal(output);
type inter = 0..15;
var i, j: inter; ligne: array [inter] of integer;
begin for i := 0 to 14 do ligne [i] := 0;
ligne [15] := 1;
for j := 0 to 15 do
    begin write ('    ': 55-3*j);(*centrage*)
    if j < > 0 then for i := 0 to 14 do
                    begin ligne[i] := ligne[i] + ligne [i+1];
                    if ligne [i] < > 0 then write(ligne[i] : 6)
                    end;
```

```pascal
        writeln (ligne[15] : 6)
      end
   end.
```

13.2
```pascal
   type tab = array [1..50] of char;
   procedure compte (c: char; t: tab);
   var i, compteur: 0..50;
   begin compteur : = 0;
   for i : = 1 to 50 do if c = t [i] then compteur : = compteur + 1;
   writeln (compteur)
   end;
```

13.3
```pascal
   const k = ...;
   type inter = 1..k;
             serie = array [inter] of real;
   procedure approche (n: real; nombre: serie);
   var diff, diff2, proche : real; i: inter;
   begin diff : = abs (nombre [1] - n); proche : = nombre [1];
   for i : = 2 to k do
      begin diff2 : = abs(nombre [i] - n  );
      if diff2 < diff then begin diff : = diff2;
                                 proche : = nombre [i]
                           end
      end
   writeln ('NOMBRE LE PLUS PROCHE:', proche)
   end;
```

14.1 oui

14.2
```pascal
   function puissance (a: real; b: positif): real;
   var facteur: positif; puiss: real;
   begin puiss : = 1;
   for facteur : = 1 to b do puiss : = puiss * a;
   puissance : = puiss
   end;
```

14.4
```pascal
   function special (c: char) : boolean;
   begin
   special : = ((c < 'A') or (c > 'Z')) and ((c < '0') or (c > '9'))
   end;
```

15.1
```pascal
   type inter = 1..10;
             matrice = array [inter, inter]  of integer;
   procedure produit (a, b: matrice; var c: matrice);
   var i, j, k: inter;
   begin
   for i : = 1 to 10 do
           for j : = 1 to 10 do
```

```
                        begin c [i, j] := 0;
                        for k := 1 to 10 do c[i, j] := c[i, j] + a[i, k] * b[k, j]

            end
      end;
```

15.5
```
      const n = ...;
      type inter = 1..n;
            serie = array [inter] of real;
      procedure annule (var nb: serie; v: real);
      var i: inter;
      begin
      for i := 1 to n do if nb[i] < v then nb[i] := 0.0
      end;
```

16.2
```
      function puissance (base: real; exposant: positif) : real;
      begin
      if exposant = 0 then puissance := 1
                        else puissance := base * puissance (base, exposant-1)
      end; (*version itérative, voir 14.2*)
```

17.1
```
      type chaine = packed array [1..80] of char;
      procedure convertir (var c: chaine);
      var i, j: 1..81;
      begin i := 1; j := 1;
      repeat
            if (c [i] = 'S') and (c [i + 1] = 'S') then j := j + 1;
            c[i] := c[j];
            i := i + 1;  j := j + 1
      until j > 80;
      for j := i + 1 to 80 do c[j] := ' '
      end;
```

18.1

| x[1,1,'A'] | x[1,1,'B'] | x[1,2,'A'] | x[1,2,'B'] | x[1,3,'A'] | x[1,3,'B'] |
| x[2,1,'A'] | x[2,1,'B'] | x[2,2,'A'] | x[2,2,'B'] | x[2,3,'A'] | x[2,3,'B'] |

18.2

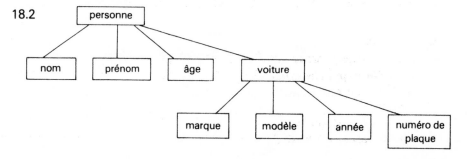

19.2 On peut former un seul tableau des enfants de toutes les personnes et ne prévoir dans l'enregistrement d'une personne que deux champs pour ses enfants: l'indice du premier enfant dans le tableau et le nombre d'enfants.

20.2
```
type lettres = 'A' .. 'Z';
     enslettres = set of lettres;
function card(ens: enslettres): integer;
var n: integer; c: lettres;
begin n := 0;
for c := 'A' to 'Z' do if c in ens then n := n + 1;
card := n
end;
```
N.B. Une fonction standard «card» existe sur certains compilateurs.

21.1 Dans ce programme, on suppose que le fichier ne contient pas plus de max entiers et qu'il est possible de mémoriser ces valeurs dans un tableau.

```
program tri (output, fichier);
label 1;
const max = ...;
type inter = 1..max;
     tab = array [inter] of integer;
var fichier: file of integer; compteur, i, j : integer; nb: tab;
begin reset (fichier); compteur := 0;
while not eof (fichier) do
      begin compteur := compteur:+ 1;
            if compteur > max then
              begin
              writeln ('FICHIER TROP GRAND')
              goto 1
              end;
            nb [compteur] := fichier↑;
            get (fichier)
      end;
for i := 1 to compteur-1 do
   for j := i + 1 to compteur do
      if nb [i] > nb[j] then
                     begin stock := nb[i];
                           nb[i] := nb[j];
                           nb[j] := stock
                     end;
rewrite (fichier);
for i := 1 to compteur do
                     begin fichier↑ := nb[i];
                           put (fichier)
                     end
1: end.
```

334

23.1 a) adr   b) valeur   c) integer   d) adr

23.2 a) oui, si on a déclaré par exemple:

       type point = ↑ suivant;
            suivant = ↑ personne;
            personne = ...
     var v : point;

  b) non

  c) oui, si on a déclaré par exemple:

       type point = ↑ suivant;
            suivant = ↑ prochain;
            prochain = ↑ personne;
            personne = ...
     var v : **record** x : point ; ....**end**;

REFERENCES BIBLIOGRAPHIQUES

A. LIVRES

i) Manuels de référence

- JENSEN, K. et WIRTH, N. *PASCAL User Manual and Report*, 1976, Springer-Verlag (il existe une traduction française faite par P. Kruchten et J.A. Hernandez).

ii) Manuels didactiques

- BOWLES, K.L. *Problem-Solving Using PASCAL*, 1977, Springer-Verlag.

- CONWAY, R., GRIES, D. et ZIMMERMAN, E. *A Primer on PASCAL*, 1976, Winthrop.

- GROGONO, P. *Programming in PASCAL*, 1978, Addison-Wesley.

- KIEBURTZ, R. *Structured Programming and Problem-Solving with PASCAL*, 1977, Prentice-Hall.

- ROHL, J.S. et BARRETT, H.J. *Programming via PASCAL*, Cambridge University Press.

- SCHNEIDER, G.M., WEINGART, S.W. et PERLMAN, D.M. *An Introduction to Programming and Problem-Solving with PASCAL*, 1978, John Wiley.

- WEBSTER, C.A.G. *Introduction to PASCAL*, 1976, Heyden.

- WILSON, I.P. et ADDYMAN, A.M. *A Practical Introduction to PASCAL*, MacMillan Press Ltd., London, 1978.

iii) Autres ouvrages basés sur le langage PASCAL

- ALAGIC, S. et ARBIB, M.A. *The Design of Well-Structured and Correct Programs,* Springer-Verlag, New York, 1978.

  COLEMAN, D. *A Structured Programming Approach to Data,* MacMillan Ltd, London, 1978.

- WIRTH, N. *Algorithms + Data Structures = Programs*, 1976, Prentice-Hall.

- WIRTH, N. *Systematic Programming - An Introduction*, 1973, Prentice-Hall (il existe une traduction française par O. Lecarme).

B. ARTICLES

i) Articles concernant la définition du langage PASCAL

- ADDYMAN, A.M. *A Draft Proposal for Pascal*, Sigplan Notices vol. 15 n° 4 (Avril 80), pp. 1-66.

- ADDYMAN, A.M. *Pascal Standardisation*, Sigplan Notices vol. 15 n° 4 (Avril 80) pp. 67-69.

- BAKER, H.G. *A Source of Redundant Identifiers in Pascal,* Programs Sigplan Notices Vol. 15 n° 2 (Fév. 80) pp. 14-16.

- BISHOP, J.M. *On Publication Pascal,* Software Practice and Experience. Vol. 9 n° 9 (Sept. 79) pp. 711-717.

- BOND, R. *Another Note on Pascal Indentation*, Sigplan Notices Vol. 14 n° 12 (Déc. 79) pp. 47-49.

- BRON, C. et DIJKSTRA, E.J. *A Discipline for The Programming in Interactive I/O in Pascal*, Sigplan Notices Vol. 14 n° 12 (Déc. 79) pp. 59-61.

- CICHELLI, R.J. *Fixing Pascal's I/O*, Sigplan Notices Vol. 15 n° 5 (Mai 80) p. 19.

- CLARCK, R.G. *Input in Pascal*, Sigplan Notices Vol. 14 n° 11 (Nov. 79) pp. 7-8.

- CONRADI, R. *Further Critical Comments on PASCAL, Particularly as a System Programming Language*, Sigplan Notices, Vol. 11 n° 11(Nov. 1976) pp. 8-25.

- HABERMANN, A.N. *Critical Comments on the Programming Language PASCAL*, Acta Informatica, Vol. 3 n° 1, 1973, pp. 45-57.

- HOARE, C.A.R. et WIRTH, N. *An Axiomatic Definition of PASCAL*, Acta Informatica, Vol. 3, 1973, pp. 335-355.

- KITTLITZ, E.N. *Block Statements and Synonyms in PASCAL*, Sigplan Notices, Vol. 11 n° 10, Oct. 1976, p. 32.

- LECARME, O. et DESJARDINS, P. *More Comments on the Programming Language PASCAL*, Acta Informatica, 4, 1974, pp. 231-243.

- LECARME, O. et DESJARDINS P. *Reply to a Paper by A.N. Habermann on the Programming Language PASCAL*, Sigplan Notices, Vol. 9 n° 10 (Oct. 1974) p. 21.

- LEINBAUGH, D.W. *Indenting for the Compiler*, Sigplan Notices, Vol. 15 n° 5 (Mai 80) pp. 41-48.

- LJUNGKVIST, S. *Pascal and Existing Fortran Files*, Sigplan Notices, Vol. 15 n° 5 (Mai 80) pp. 54-55.

- ROUSE, T.K. *Pascal's Input and Output Procedures are powerful, yet easy to master*, Electron. Design USA, Vol. 26 n° 23 (1978) pp. 100-104.

- SALE, A. *Minuscules and Majuscules*, Software Practice and Experience. Vol. 9 n° 11 (Nov. 79), pp. 915-919.

- SALE, A. *Pascal Stylistics and Reserved Words*, Software Practice and Experience. Vol. 9 n° 10 (Oct. 79) pp. 821-825.

- WIRTH, N. *The Programming Language PASCAL*, Acta Informatica, Vol. 1, 1971, pp. 35-63.

- WELSH, J. et al. *Ambiguities and Insecurities in PASCAL*, Software-Practice and Experience, Vol. 7, 1977, pp. 685-696.

- WIRTH, N. *An Assessment of the Programming Language PASCAL*, Trans. Software Eng., Vol. SE-1, N° 2 (June 1975) pp. 192-198.

ii) Articles concernant l'implantation du langage PASCAL

- AMMANN, U. *On Code Generation in a PASCAL Compiler*, Software-Practice and Experience, Vol. 7, 1977, pp. 391-423.

- BATES, D. et CAILLIAU, R. *Experience with PASCAL Compilers on Mini-computers*, Sigplan Notices, Vol. 12 n° 11, (Nov. 1977) pp. 10-22.

- BRON, C. et DeVRIES, W. (1976) *A Pascal Compiler for the PDP-11*, Software-Practice and Experience, Vol. 6, 1976, pp. 109-116.

- BYRNES, J.L. *NPS—Pascal: A Pascal Implementation for Microprocessor-Based Com-*

puter Systems, Naval Post-graduate School Monterey CA, USA (Juin 79), 283 p.

- DESJARDINS, P. *A PASCAL Compiler for the Xerox Sigma 6*, Sigplan Notices, Vol. 8, n° 6, (June 1976), pp. 34-36.

- GROSSE-LINDEMANN, C.O. et NAGEL, H.H. *Postlude to a PASCAL Compiler for the DEC System 10*, Software-Practice and Experience, Vol. 6, 1976, pp. 29-42.

- THIBAULT, D. et MANUEL, P. *Implementation of a PASCAL Compiler for the CII Iris 80 Computer*, Sigplan Notices, Vol. 8, n° 6 (June 1973) pp. 189-190.

- WELSH, J. et QUINN, C. *A PASCAL Compiler for the ICL 1900 Series Computer*, Software-Practice and Experience, Vol. 2, 1972, pp. 73-77.

iii) Articles concernant les extensions du langage PASCAL

- BIEDL, A. *An Extension of Programming Languages for Numerical Computation in Science and Engineering with Special Reference to PASCAL*, Sigplan Notices, Vol. 12, n° 4 (April 1977) pp. 31-33.

- BISHOP, J.M. *Implementing Strings in Pascal*, Software P. et E. Vol. 9 n° 9 (Sept. 79) pp. 779-788.

- CONDICT, M.N. *The PASCAL Dynamic Array Controversy and a Method for Enforcing Global Assertions*, Sigplan Notices, Vol. 12, n° 11 (Nov. 1977) pp. 23-27.

- KITTLITZ, E.N. *Another Proposal for Variable Size Arrays in PASCAL*, Sigplan Notices, Vol. 12, n° 1 (Jan. 1977) p. 82.

- LEBLANC, R.J. *Extensions to PASCAL for Separate Compilation*, Sigplan Notices, Vol. 13, n° 9 (Sept. 1978) pp. 30-33.

- LUCKHAM, D.C. et al. *Stanford Pascal Verifier User Manual*, Université de Stanford, réf. STAN-CS-79-731 (Mars 79) 121 p.

- LUCKHAM, D.C. et SUZUKI, N. *Verification of Array, Record, and Pointer Operations in Pascal*, ACM TOPLAS, Vol. 1 n° 2 (Oct. 79) pp. 226-244.

- MAGNENAT-THALMANN, N. et THALMANN, D. *A Graphical PASCAL Extension Based on Graphical Types*, Software Practice and Experience, vol. 11, 1981, p. 53-62.

- McLENNAN, B.J. *Note on Dynamic Arrays in PASCAL*, Sigplan Notices, Vol. 10, n° 9, (Sept. 1975) pp. 39-40.

- NOODT, T. et BELSNES, D. *A Simple Extension of Pascal for Quasi-Parallel Processing*, Sigplan Notices, Vol. 15 n° 5 (Mai 80) pp. 56-65.

- POKROVSKY, S. *Formal Types and their Application to Dynamic Arrays in PASCAL*, Sigplan Notices, Vol. 11 n° 10 (Oct. 1976) p. 36.

- SALE, A. *Implementing Strings in Pascal - Again*, Software P. et E. Vol. 9 n° 10 (Oct. 79) pp. 839-841.

- THALMANN, D. et MAGNENAT-THALMANN, N. *Design and Implementation of Abstract Graphical Data Types*, Proc. COMPSAC ' 79, IEEE Press, pp. 519-524.

- THALMANN, N. et THALMANN, D. *A Structured Approach to Computer Graphics*, Proc. 6th Man-Computer Conf., Ottawa, NRC, 1979, pp. 140-150.

- WIRTH, N. (1976b) *Comment on a Note on Dynamic Arrays in PASCAL*, Sigplan Notices, Vol. 11, n° 1 (Jan. 1976) p. 37.

iv) Articles concernant l'enseignement du langage PASCAL

- LECARME, O. *Structured Programming, Programming Teaching and the Language PASCAL*, Sigplan Notices, Vol. 9, n° 7 (July 1974) pp. 15-21.

- THALMANN, N. et THALMANN, D. *The Use of PASCAL as a Teaching Tool in Introductory, Intermediate and Advanced Computer Science Courses,* Proc. SIGCSE/CSA Symposium, ACM, 1978, pp. 277-281.

v) Articles concernant des applications développées dans le langage PASCAL

- HEARN, A.C. *A One-Pass Prettyprinter*, Sigplan Notices, Vol. 14 n° 12 (Déc. 79) pp. 50-58.

- HUERAS, J. et LEDGARD, H.F. *An Automatic Formatting Program for PASCAL,* Sigplan Notices, Vol. 12, n° 7 (July 1977) pp. 82-84.

- LECARME, O. et BOCHMANN, G.V. *A (Truly) Usable and Portable Translator Writing System,* Proc. IFIP 74, Amsterdam, North Holland, 1974.

- MATWIN, S. et MISSALA, M. *A Simple Machine Independant Tool for Obtaining Rough Measurements of PASCAL Programs*, Sigplan Notices, Vol. 11, n° 8 (Aug. 1976) p. 42.

- MOHILNER, P.R. (1977) *Using PASCAL in a FORTRAN Environment,* Software-Practice and Experience, Vol. 7, 1977, pp. 357-362.

- SINGER, A., HUERAS, J. et LEDGARD, H.F. *A Basis for Executing PASCAL Programmers*, Sigplan Notices, Vol. 12, n° 7 (July 1977) pp. 101-105.

- THALMANN, D. *Evolution in the Design of Abstract Machines for Software Portability,* Proc. 3rd Intern, Conf. on Software Engineering, Atlanta, IEEE Press, 1978, pp. 333-340.

- THALMANN, D. et LEVRAT, B. *SPIP: a Way of Writing Portable Operating Systems*, Proc. Intern. Comp. Symp. 1977, Liège, ACM, North Holland, pp. 451-459.

- TRAVIS, L. et al. *Design Rationale for TELOS, a PASCAL based AL Language,* Sigplan Notices, Vol. 12, n° 8 (Aug. 1977) pp. 67-76.

vi) Revues consacrées au langage PASCAL

en anglais: *PASCAL News*, numéros 1 à 16 (actuellement)

en français: *Bulletin de liaison du sous-groupe PASCAL*, numéros 1 à 8 (actuellement).

ANNEXE "A"

LA REPRÉSENTATION INTERNE

DE L'INFORMATION

I) **Le bit**

C'est l'unité élémentaire d'information qui ne peut prendre que deux valeurs 0 ou 1.

ii) **Le mot**

C'est une suite numérotée de N bits. N caractérise un ordinateur, sa valeur peut varier entre 8 (microprocesseurs INTEL 8080) et 60 (CDC Cyber). La plupart des opérations d'un ordinateur s'effectuent sur un mot. La mémoire d'un ordinateur peut être vue comme un ensemble ordonné de mots.

iii) **Les nombres entiers positifs**

Les nombres entiers sont représentés dans la plupart des machines par un mot, donc, le système numérique est de base 2 ou binaire. Ainsi, 472 est représenté en binaire dans une machine à 16 bits par 0000000111011000 car:

$$472 = 1.2^8 + 1.2^7 + 1.2^6 + 1.2^4 + 1.2^3 = 256 + 128 + 64 + 16 + 8$$

iv) **Les nombres entiers négatifs**

Pour représenter les nombres négatifs, deux techniques sont couramment utilisées:

a) **le complément à 1** (ou complément logique)

Les nombres négatifs sont représentés en inversant chaque bit du nombre positif correspondant.

p.e. - 472 est représenté dans une machine à 16 bits par 1111111000100111

b) **le complément à 2** (ou complément arithmétique)

Les nombres négatifs sont représentés par leur complément logique + 1.

p.e. - 472 est représenté dans une machine à 16 bits par 1111111000101000

```
car:  1111111000100111
+                   1
      1111111000101000
```

Dans les deux représentations, le bit le plus significatif (le plus à gauche) est à 1 pour un nombre négatif et à 0 pour un nombre positif. On a donc N-1 bits pour représenter les nombres positifs. Ainsi, on a les limitations suivantes sur un nombre entier x:

en complément à 1

$$- 2^{N-1} + 1 \leqslant x \leqslant 2^{N-1} - 1 \quad \text{(0 à 2 représentations, une positive, une négative)}$$

en complément à 2

$$- 2^{N-1} \leqslant x \leqslant 2^{N-1} - 1 \quad \text{(0 n'a qu'une représentation positive)}$$

v) **Les nombres réels**

Ils sont représentés en découpant un mot en deux parties: une mantisse est un exposant. Lorsque la dimension des mots (N) est trop petite, on en utilise 2.

vi) **Les caractères**

Les caractères usuels (lettres, chiffres, caractères spéciaux) sont représentés par des ensembles de K bits appelés **codes**.

Ce sont des conventions et il en existe plusieurs dont les principaux sont:

code BCD: 6 bits
code ASCII: 7 bits
code EBCDIC: 8 bits

Il est évidemment possible de compacter («pack» en PASCAL) plusieurs caractères dans un mot (au maximum PE (N/K)). L'accès aux caractères devient plus difficile à réaliser sur certaines machines, mais l'encombrement de la mémoire est évidemment nettement plus faible.

ANNEXE "B"

LES DIAGRAMMES SYNTAXIQUES

DU LANGAGE PASCAL

Les diagrammes sont présentés ici dans l'ordre alphabétique de leurs noms.

Bloc

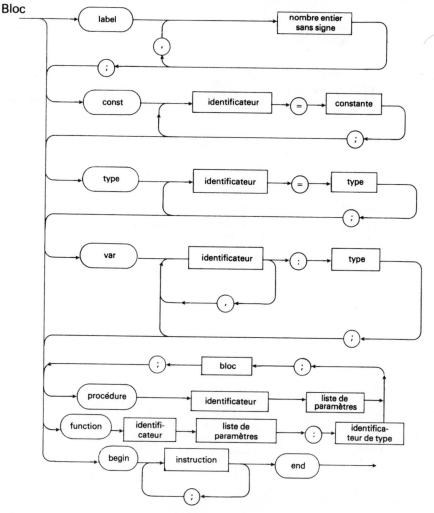

Constante

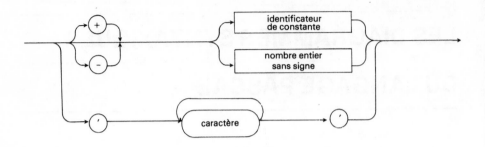

Constante sans signe

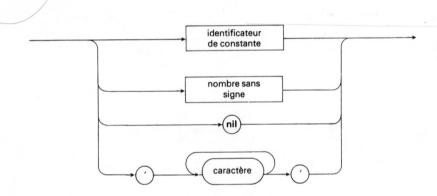

Expression

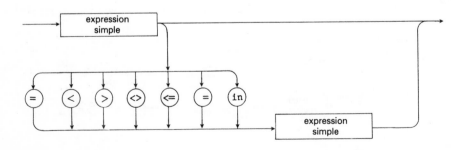

Expression simple

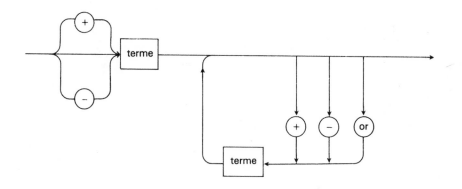

Facteur

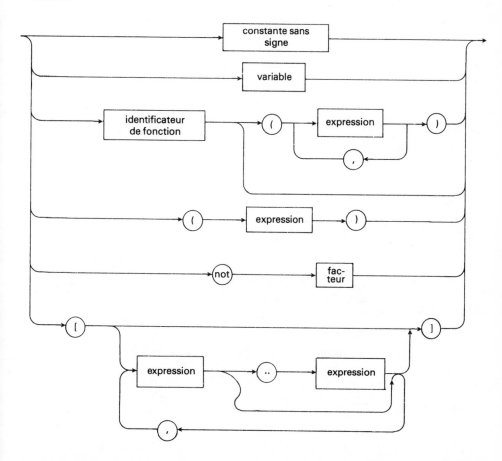

Identificateur

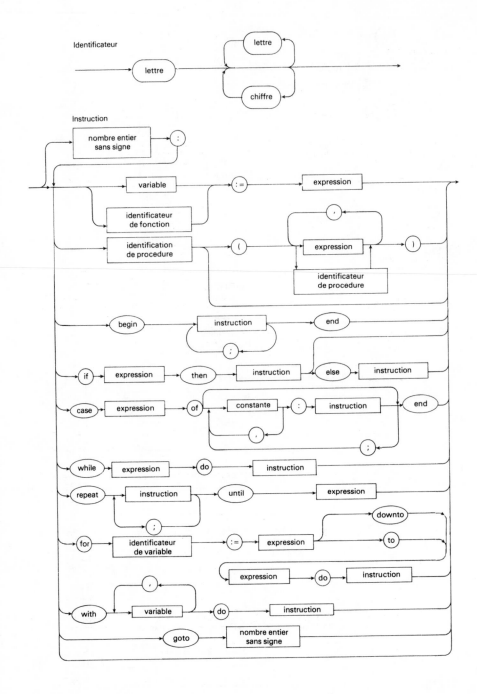

Instruction

Liste de champs

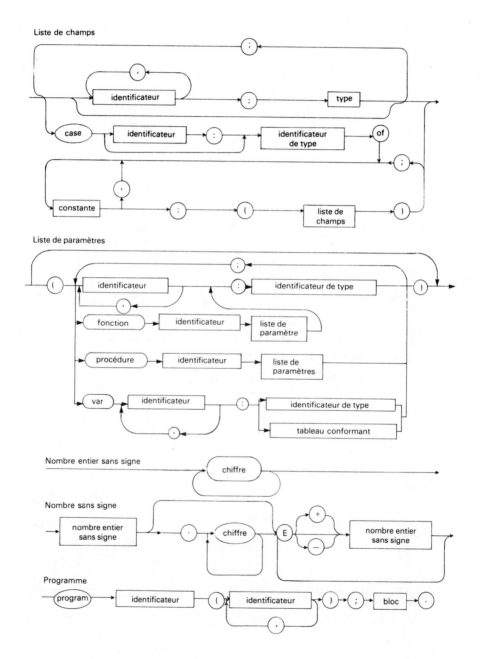

Liste de paramètres

Nombre entier sans signe

Nombre sans signe

Programme

Terme

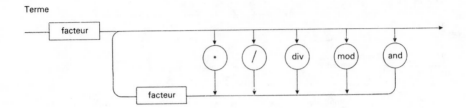

Type

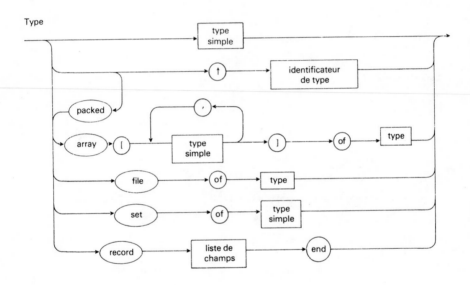

Type simple

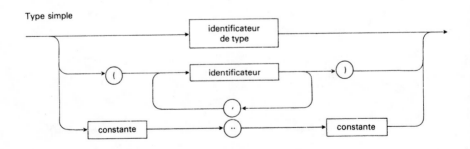

Variable

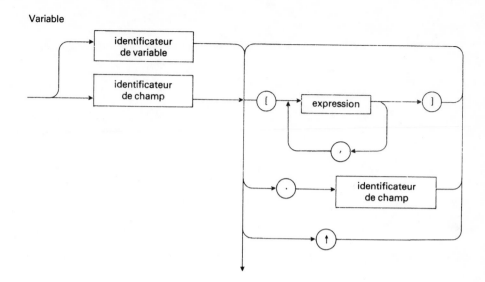

ANNEXE "C"

LES MOTS RESERVES ET

LES IDENTIFICATEURS STANDARDS

i) **Les mots réservés**

On donne ici une liste des mots réservés du langage PASCAL avec le numéro du paragraphe où ils sont introduits pour la première fois.

and	5.2	mod	3.3
array	11.1	nil	23.1
begin	2.2	not	5.2
case	10.2	of	10.2
const	3.6	or	5.2
div	3.3	packed	17.2
do	6.4	procedure	12.2
downto	10.1	program	2.2
else	6.3	record	19.1
end	2.2	repeat	6.5
file	21.1	set	20.1
for	10.1	then	6.2
forward	16.4	to	10.1
function	14.1	type	9.1
goto	10.4	until	6.5
if	6.2	var	4.2
in	20.4	while	6.4
label	10.4	with	19.5

ii) **Les identificateurs standards**

On donne ici une liste des identificateurs standards avec le numéro du paragraphe où ils apparaissent pour la première fois et leur signification.

a) **constantes**

false	5.1	faux
true	5.1	vrai
maxint	3.6	plus grand entier disponible

b) types

integer	4.2	entier
real	4.2	réel
boolean	5.1	booléen = (vrai, faux)
char	7.1	tous les caractères disponibles
text	21.4	fichier de texte

c) fichiers

input	8.1	dispositif d'entrée standard
output	2.2	dispositif de sortie standard

d) procédures

dispose(p)	23.2	libération dynamique (pointeur)
get (f)	21.2	transfert d'une composante du fichier f dans la variable tampon f $\uparrow$
new (p)	23.2	allocation dynamique (pointeur)
pack (a,i,b)	17.3	compactage de tableaux
page (f)	21.4	saut d'une page
put (f)	21.2	écriture de la valeur de la variable-tampon f$\uparrow$ dans le fichier f.
read (f,a1,a2,...a_n)	8.1	lecture sans saut de ligne
readln (f,a1,a2,...a_n)	8.1	lecture avec saut de ligne
reset (f)	21.2	positionnement d'un fichier en lecture
rewrite (f)	21.2	positionnement d'un fichier en écriture
unpack (a,b,i)	17.3	décompactage de tableaux
write (f,e_1,e_2,...e_n)	2.1	écriture sans saut de ligne
writeln (f,e_1,e_2,...e_n)	2.1	écriture avec saut de ligne

e) fonctions

abs (x)	3.5	$\lvert x \rvert$
arctan (x)	3.5	arctg (x)
chr (x)	7.3	caractère d'ordinal x
cos (x)	3.5	cos x
eof (f)	8.3	fin de fichier
eoln (f)	8.4	fin de ligne
exp (x)	3.5	e^x
ln (x)	3.5	ln x

odd (x)	5.3	parité de x (vrai si x est impair)
ord (x)	7.3	ordinal de x
pred (x)	7.3	prédécesseur de x
round (x)	3.5	arrondi de x
sin (x)	3.5	sin x
sqr (x)	3.5	x^2
sqrt (x)	3.5	$\sqrt{x}$
succ (x)	7.3	successeur de x
trunc (x)	3.5	troncation de x

MOTS RESERVES ET

IDENTIFICATEURS STANDARDS

FRANÇAIS

Il existe sur certaines machines (CDC Cyber p.e.) une version française du langage PASCAL. Nous donnons ci-dessous une liste des mots réservés français avec leurs correspondants anglais.

Anglais	Français
abs	abs
and	et
arctan	arctan
array	tableau
begin	debut
boolean	booleen
case	cas
char	car
chr	carac
const	const
cos	cos
dispose	rendre
div	div
do	faire
downto	bas
else	sinon
end	fin
eof	fdf
eoln	fdln
exp	exp
false	faux
file	fichier
for	pour
forward	plusloin
function	fonction

get	prendre
goto	allera
if	si
in	dans
input	entree
integer	entier
label	etiqu
ln	ln
maxint	entmax
mod	mod
new	nouveau
nil	nil
not	non
odd	impair
of	de
or	ou
ord	ord
output	sortie
pack	tasser
packed	paquet
page	page
pred	pred
procedure	procedure
program	programme
put	mettre
read	lire
readln	lireln
real	reel
record	struct
repeat	repeter
reset	relire
rewrite	recrire
round	arrondi
set	ensemble
sin	sin
succ	succ
sqr	carre
sqrt	rac2
text	texte
then	alors
to	haut
true	vrai
trunc	tronc
type	type
unpack	detasser

until	jusque
var	var
while	tantque
with	avec
write	ecrire
writeln	ecrireln

ANNEXE "D"

COMPILATION ET EXÉCUTION

D'UN PROGRAMME PASCAL

a) **Sur un très gros ordinateur: la CDC Cyber (Univ. de Montréal) en traitement par lots**

```
V20CHER,CM60000,T10.
CODE (1920,TOTO)
PASCAL.
LGO.
   < carte orange  >
      ... le programme va ici ...
   < carte orange  >
      ... les données vont ici ...
   < carte rose   >
```

Notons que ce n'est pas la couleur des cartes qui est importante. Ces cartes sont déjà perforées en colonne 1 avec des combinaisons de trous spéciales qui les distinguent des cartes normales. La carte rose (perforation 6/7/8/9) signale la fin d'un travail au système d'exploitation. Les cartes oranges (perforation 7/8/9) séparent le travail en trois parties: cartes de contrôle, programme et données.

La première carte (carte JOB) donne un nom qui sera imprimé sur la sortie imprimée et permettra de retrouver les résultats. Sur cette carte, on indique aussi la mémoire (60 000 mots, notation octale) et le temps de machine (10 secondes) nécessaire.

La deuxième carte (carte CODE) donne le numéro et le mot de passe de l'usager. Cette carte fonctionne comme une carte de crédit et devrait être protégée jalousement. Elle permet la comptabilisation des services informatiques utilisés et empêche l'emploi non autorisé de l'ordinateur.

Les deux cartes suivantes signalent les services demandés. «PASCAL» demande la traduction par le compilateur PASCAL du paquet de cartes après la première carte orange (le programme PASCAL). «LGO» demande l'exécution du programme compilé; il lira le deuxième paquet de cartes comme données.

b) **Sur la plupart des micro-ordinateurs (PASCAL de l'Université de Californie à San Diego) en interactif**

```
EDIT
INSRT
PROGRAM SIMPLE (OUTPUT);
BEGIN WRITELN ('BONJOUR')
END.<etx>
QUIT
UPDATE
COMP
RUN
```

Les différentes commandes et le programme sont tapés au terminal. EDIT permet d'entrer dans le mode d'édition; la commande INSRT (insertion) indique que le programme va être inséré, <etx> est un caractère de contrôle indiquant la fin du texte à insérer. QUIT signale qu'on a terminé et comme on est satisfait du programme entré, on désire faire effectivement la mise à jour par UPDATE. COMP a pour effet de faire compiler le programme entré et RUN de le faire exécuter.

INDEX

Pour les mots réservés et les identificateurs standards, consulter l'annexe C.

IMPRIMERIE
L'ÉCLAIREUR
BEAUCEVILLE
6452